욘게이 밍규르 린포체에 대하여

1975년 '영혼의 땅'이란 뜻의 마나슬루 히말라야가 바라보이는, 티베트와 네팔 경계에 있는 누브리 계곡에서 태어났다. 3세에 위대한 스승이었던 17세기 고승 욘게이 밍규르 린포체의 7대 환생이자, 20세기 뛰어난 지도자인 캉규르 린포체의 환생자로 인정받는다. 두 명의 뛰어난 스승이 하나의 육체로 동시에 환생한 것이다.

밍규르는 어린 시절 공황장애에 시달리는 예민하고 소심한 아이였다. 자연스럽게 삶에 대한 고뇌도 많아졌지만, '마음의 문제와 친해지는 법'을 배운 뒤, 마음의 문제를 오히려 자신의 참본성을 깨닫는 도구로 사용할 수 있게 된다. 이것은 어떤 삶의 문제도 수행의 방편이 될 수 있음을 깨닫는 소중한 경험이 된다.

밍규르의 아버지 툴쿠 우르겐 린포체 역시 이름난 스승으로 많은 외국인 수행자들이 그의 문하에 모였다. 아버지를 비롯해 여러 뛰어난 스승들로부터 가르침을 받은 밍규르는 아버지의 외국인 제자들을 통해 서양 심리학에도 심취했다. 이러한 배움의 과정을 통해 밍규르 린포체는 불교의 핵심 개념들을 뇌과학이나 심리학 이론과 접목시켜 설명하는 독보적인 능력을 갖게 되었다.

1998년부터 세계 각국을 여행하며 마음의 문제로 번민하는 사람들과 대화를 나누던 그는, 2011년 6월 자신의 사원에 작별 편지만 남겨둔 채 10여 년의 가르침의 여행을 접고 3년 동안의 수행에 들어갔다.

밍규르 린포체의 가르침은 두 권의 책으로 나왔다. 〈조이 오브 리빙(*The Joy of Living: Unlocking the Secret and Science of Happiness*)〉은 뉴욕타임스가 선정한 베스트셀러로 20개 이상의 언어로 번역되어 출간되었으며, 〈조이풀 위즈덤(*Joyful Wisdom: Embracing Change and Finding Freedom*)〉은 〈티베트의 즐거운 지혜〉라는 제목으로 국내에 번역되어 큰 반향을 일으켰다.

티베트 린포체의
세상을 보는 지혜

The Joy of Living

Copyrightt © 2007 by Yongey Mingyur Rinpoche
Foreword Copyrightt © 2007 by Daniel Goleman

Korean translation copyrightt © 2012 by The Forest of Literature(God'sWin Publishers, Inc.)
This translation published by arrangement with Harmony Books, an imprint of the Crown
Publishing Group, a division of Random House, Inc. through EYA(Eric Yang Agency).

티베트 린포체의
세상을 보는 지혜

욘게이 밍규르 린포체 | 이현 옮김

문학의숲

차례

1
추구의 시작 · 18

2
마음이란 무엇인가 · 42

3
마음을 넘어, 뇌를 넘어 · 68

4
실체 속의 실체 · 88

5
거친 꿈들 너머 · 112

6
마음의 진정한 힘 · 140

7
모든 살아 있는 것들과의 연결 · 158

8
우리는 왜 행복하지 않은가 · 168

9
자신에게 자유를 허락하라 · 194

10
대상 없는 명상 · 208

11
대상에 집중하기 · 218

12
생각과 느낌 다루기 · 242

13
마음 깊은 곳을 열기 · 264

14
삶 속에서 깨어 있기 · 296

15
끊임없는 변화와 진정한 평화 · 316

16
고통의 감옥으로부터 탈출하기 · 334

17
행복의 생물학 · 354

18
삶은 선택의 결과 · 372

옮긴이의 글 · 386

자신을 발견한
그곳에서
여행은 시작된다

지금 우리는 과학의 역사에서 유례없는 사건을 목격하고 있다. 과학자와 명상가들 사이에서 진행되고 있는 진지한 대화가 그것이다. 과학적인 시각에서 볼 때 이 만남들 중 몇몇은 매우 의미 있는 일이었다. 나의 전공 학문인 심리학에서는 이런 대화가 20세기 초 유럽과 미국에서 시작된 것이라고 생각해 왔다. 하지만 그런 시각은 문화적인 편견과 근시안적인 역사관에서 비롯된 것임이 드러나고 있다. 마음에 대한 이론, 그리고 마음의 작용에 대한 이론들-즉 심리학-은 위대한 종교들 안에서 오래전부터 발전해 왔으며, 이 종교들 모두는 동양에서 기원한 것들이었다.

1970년대에 대학원생 신분으로 인도를 여행하는 동안 나는 그런 고대 심리학 중에서 가장 뛰어난 것으로 손꼽히는, 불교의 아비달마(붓다가 설한 경을 해설하고 주석한 것)를 공부했다. 백 년도 아닌 천 년 전부터 마음에 대한 과학적인 물음들이 탐구되어 왔다는 사실을 발견하고 무척 놀랐다. 당시 내 분야이던 임상 심리학에서는 다양한 감정적인 고통을 줄이는 데 도움이 되는 방법을 찾고 있었다. 놀랍게도 천 년이나 된 이 불교 심리학은 단지 마음의 고통을 치유할 뿐 아니라 자비와 공감 같은 긍정적인 마음을 확대시키는 방법들을 분명하게 설명해 놓았다. 내 연구 분야 어디에서도 이러한 심리학은 들어본 적이 없었다.

오늘날 이 고대의 '마음의 과학'을 따르는 수행자들과 현대 과학자들 사이에 활발한 대화가 이루어지면서 적극적인 협력으로 이어지고 있다. 이 공동 연구는 달라이 라마가 주도하는 마음생명협회가 촉매 역할을 해 왔다. 이 협회에서는 지난 여러 해 동안 불교도들과 불교 학자들이 현대 과학자들과 토론하는 자리를 마련해 왔다. 처음에는 탐구적인 대화로 출발한 것이 공동의 연구로 발전되었다. 영적 수행이 뇌신경에 영향을 미치는 증거를 밝히기 위해 불교 쪽 마음 과학 전문가들이 뇌신경 학자들과 함께 일하고 있다.

욘게이 밍규르 린포체는 이 상호 연구에 깊이 관여하고 있는 뛰어난 수행자로, 위스콘신 대학의 와이즈먼 뇌 시각화 및 행동 연구소 소장 리처드 데이비드슨과 함께 일했다. 이 연구는 체계적인 명상 수행이 여러 해 동안 꾸준히 이어질 경우 뇌 활동에 긍정적인 변화를 일으키는 정도가 현대 인지 과학에서 꿈조차 꾸지 못한 수준까지 높아질 수 있다는 놀라운 결과를 내놓았다. 만약 다른 연구에서도 동일한 결과가 나온다면, 이것은 과학의 기본적인 가정을 영구히 바꿔 놓을 것이다.

지금까지의 가장 경이로운 결과는 욘게이 밍규르 린포체가 이 책에서 설명하고 있듯이 그를 포함한 몇몇 뛰어난 명상 수행자들에 대한 연구에서 나온 결과이다. 그들이 자비 명상을 하고 있는 동안 행복의 감정을 담당하는 뇌 중심부의 신경 활동이 무려 800퍼센트까지 증가했다! 이제 막 명상을 배우기 시작한 일반인의 경우는 같은 부위의 신경 활동이 단지 10에서 15퍼센트 정도만 증가했다. 이 명상 수행자들의 훈련은 올림픽 육상 선수의 훈련 수준과 맞먹는다. 이들은 수년에 걸친 안거 기간 동안 명상법을 연마하면서 평생 1만 시간에서 5만 5천 시간을 수련으로 보낸다.

욘게이 밍규르 린포체는 이 점에서 독보적이다. 어린 소년이었을 때부터 그는 아버지 툴쿠 우르겐 린포체 밑에서 진지한 명상 지도를 받았다. 툴쿠 우르겐은 중국의 침략이 있기 직전 티베트를 탈출한 매우 이름난 스승들 중 한 명이다. 열네 살 나이에 욘게이 밍규르는 3년의 긴 안거 수행에 참가하고 싶은 마음이 일었다. 그리고 그것을 마쳤을 때 그는 그곳에서 또다시 시작된 3년 안거 수행의 지도 법사로 지명되었다.

현대 과학에 깊은 관심을 가지고 있다는 점에서도 밍규르 린포체는 남다르다. 그는 수차례 열린 마음생명협회 모임의 적극적인 참가자였다. 그곳에서 그는 자신들의 전문 분야에 대해 더 많은 설명을 들려줄 서구 과학자들과 일대일로 만날 기회를 가졌다. 이런 대화들을 통해 심리학뿐 아니라 최근의 양자물리학의 새로운 발견들로 얻어진 우주 이론들까지, 불교와 현대 과학의 주요 핵심들이 놀라울 만큼 일치하고 있음이 드러났다. 그 대화들의 핵심이 이 책에서 다루어지고 있다.

욘게이 밍규르 린포체는 약간 어려울 수도 있는 이 이론들을 많은 예화들과 구체적인 기초 명상법들을 통해 접근하기 쉽게 만든다. 다시 말해 이 책은 삶을 변화시키는 실질적인 안내서이다. 그리고 그 여행은 우리가 자신을 발견한 그곳에서 첫걸음을 떼며 시작된다.

대니얼 골먼
심리학자, 뇌와 행동과학 연구가

내게 웃는 법을
가르쳐 준 사람

이 책은 욘게이 밍규르 린포체가 세계 여러 장소에서 행한 강연들을 모아 체계적인 원고로 편집하는 비교적 단순한 일에서 시작되었다. 린포체라는 이름은 '존귀한 이'라는 뜻의 티베트 어로, 뛰어난 스승의 이름 뒤에 붙이는 호칭이다. 현대 학문의 각 분야에서 전문가로 인정된 사람의 이름에 붙이는 '박사'와 비슷하다. 티베트 전통에서는 린포체 칭호가 부여된 스승은 종종 그 칭호만으로 불린다.

 그러나 종종 그렇듯이, 단순했던 일이 처음 범위를 뛰어넘어 훨씬 큰 프로젝트로 커지는 경우가 있다. 내가 받은 강연 채록 원고 대부분은 린포체의 초기 가르침에서 뽑은 것들이기 때문에, 후에 유럽과 북미 과학자들과 나눈 대화들과 마음생명협회 참석을 통해 얻은 현대 과학에 대한 이해들은 담겨 있지 않았다. 위스콘신 대학의 와이즈먼 뇌 시각화 및 행동 연구소의 실험 대상자가 되어 얻은 개인적인 경험도 들어 있지 않았다.

 다행히 욘게이 밍규르가 해외 순회강연 일정을 잠시 중단하고 네팔에 머물고 있던 해, 나는 원고들을 놓고 욘게이 밍규르 린포체와 직접 일할 기회가 생겼다. 그때 나는 정부와 반정부 조직 간의 갈등으로 몸살을 앓는 나라에서 몇 달을 보내야 한다는 예상에 솔직히 설렘보다 두려움이 앞섰음을 고백하지 않을 수 없다. 하지만 그곳에 머무는 동안 겪을 불편이 무엇이든, 지금까지 내가 만나 온 영적 스승들 중 가장 열정 넘치고 지성적이며 뛰어난 지식을 갖춘 인물과 보내는 매일 한두 시간의 드문 기회는 그 불편함을 상쇄하고도 남았다.

1975년 네팔 누브리에서 태어난 욘게이 밍규르 린포체는 새로운 세대의 티베트 불교 스승들 중 떠오르는 별이다. 수행적으로나 사상적으로나 고대 전통에 정통해 있는 그는 세상의 주된 이슈들에 대해서도 놀라울 정도로 밝다. 10년 넘게 세계 도처에서 가르침을 전하면서, 국제적으로 이름난 과학자들부터 화가 난 이웃과의 사소한 불화를 해결해야 하는 시골 주민에 이르기까지 다양한 계층의 사람들과 만나 대화를 나눈 결과이다.

해외 순회강연 중에 맞닥뜨리는 복잡하고 때로는 감정을 자극하는 상황들을 밍규르 린포체가 손쉽게 헤쳐 나갈 수 있었던 것은 부분적으로 어린 시절부터 공인으로서의 혹독한 삶에 단련되었기 때문이 아닐까 추측한다.

겨우 세 살이었을 때, 그는 17세기 불교 명상의 대가이며 학자이고 특히 고급 과정의 수행 지도자로 뛰어났던 욘게이 밍규르 린포체의 7대 환생자임이 밝혀졌다. 20세기 티베트 불교 스승으로 높이 존경받는 16대 카르마파가 이를 공식적으로 인정했다. 거의 동시에, 딜고 켄체 린포체는 밍규르의 부모에게 그가 또한 실천적인 면에서 천재로 꼽힌 명상 지도자 캬브제 캉규르 린포체의 환생자임을 알렸다. 캬브제 캉규르 린포체는 1950년대 티베트를 뒤흔든 정치적 격변기에 스스로 조국을 떠나 망명길에 오른 뛰어난 불교 스승으로, 세상을 떠나기 전까지 동서양 양쪽의 많은 제자들을 가르쳤다.

티베트의 환생 체계가 생소한 이들을 위해 잠시 설명이 필요할 것이다. 티베트 전통에 따르면, 높은 깨달음의 경지에 오른 스승은 무한한 자비의 마음이 일어 모든 생명 가진 존재들이 고통과 아픔에서 벗어나 완전한 자유에 이르도록 돕기 위해 거듭 환생을 한다. 이처럼 열정적으로 자신을 희생하는 이를 가리키는 티베트 어는 '툴쿠'이며, 이는 '활불'로 번역된다. 의심할 여지 없이 우리 시대에 가장 유명한 툴쿠는 달라이 라마이다. 현 달라이 라마 환생자는 타인의 행복을 위해 다시 육체를 갖고 태어난 자비심 많은 헌신자의 전형이다.

현재의 욘게이 밍규르 린포체가 연속적인 환생에도 불구하고 구체적인 방법론과 지적 능력들을 잊어버리지 않고 계속해서 똑같은 수준을 유지해 온 것인지, 아니면 보기 드문 그만의 근면함으로 그것들에 다시 통달하게 되었는지는 알 수 없다. 어느 쪽을 믿는가는 독자의 선택에 달린 일이다. 현 욘게이 밍규르 린포체가 과거 똑같은 호칭을 받았던 린포체들과 특별히 구분되는 점은 그의 영향력과 명성이 외부 세상에까지 널리 전해졌다는 것이다. 이전의 욘게이 밍규르 린포체 환생자들은 티베트라는 지리적이고 문화적으로 고립된 영역에 제한되어 있었지만, 현재 이 호칭을 받는 이는 시대 상황에 힘입어 말레이시아부터 뉴욕 맨해튼, 캘리포니아 주 몬터레이에 이르기까지 수천 명의 청중들에게 자신이 정통한 세계의 깊이와 넓이를 나눌 수 있게 되었다.

하지만 호칭과 혈통이 개인적인 역경을 막아 주는 보호막이 되지는 못한다. 욘게이 밍규르 린포체 역시 어려운 시기가 있었다. 그가 매우 솔직하게 이야기하듯이, 때 묻지 않은 아름다움을 간직한 곳으로 정평이 난 네팔의 시골에서 태어나 사랑 넘치는 가정에서 자랐지만 어린 시절 대부분을 서양 의사들이 공황장애라고 진단했음직한 증상에 시달려야 했다. 그의 유년기를 지배한 극심한 불안증에 대해 들었을 때, 나는 이토록 온화하고 매력적이며 카리스마 넘치는 린포체가 어린 시절을 끝없는 두려움의 상태에서 보냈다는 것이 믿어지지 않았다. 그런 두려움의 극복은 그의 보기 드문 강인한 성격을 말해 줄 뿐 아니라, 이 책에서 설명하고 있는 티베트 불교 수행의 효과를 입증해 준다. 그는 약물이나 병원 치료에 의지하지 않고 고통을 정복하고 이겨낼 수 있었다.

밍규르 린포체의 개인적인 증언은 파괴적인 감정을 극복한 일에 대한 것만이 아니다. 그는 2002년, 프란시스코 바렐라(칠레의 신경 과학자) 밑에서 훈련받은 신경 과학자 앙투안 루츠, 그리고 세계적으로 이름난 신경 과학자이자 국립정신건강협회의 과학 자문위원인 리처드 데이비드슨이 실시한 연구에 참가한 여덟 명의 불교 명상 수행자 중 한 사람으로 위스콘신 대학의 와이즈먼 연구소 실험실에서 일련의 뇌신경계 테스트를 받았다. 이 수행자들은 오랜 기간 명상 수행을 해 온 이들이었다. 그 테스트는 두뇌나 신체 활동의 정지된 화면을 촬영하는 표준 MRI(자기 공명 영상 장치)와는 다른, 두뇌 각 부위의 활동 변화를 순간순간 영상으로 캡처하는 최첨단 기술의 fMRI(기능성 자기 공명 영상 장치)를 동원한 것이었다. 뇌세포들 사이의 소통이 매우 복잡미묘할 때 발생하는 미세한 전기적 자극을 측정하기 위해 EEG(뇌파검사) 장치도 사용했다. 일반적인 EEG 방식은 두개골 표면의 전기 활동을 측정하기 위해 16개의 전극이 두피에 부착되지만 와이즈먼 실험실에서는 실험 대상자의 두뇌 안쪽 깊은 곳에서 일어나는 전기 활동의 미세한 변화까지도 측정하기 위해 128개의 전극을 사용했다.

이 여덟 명의 명상 수행자들의 fMRI와 EEG 연구 결과는 두 가지 차원에서 매우 인상적이었다. 뇌 스캔을 받기 일주일 전부터 날마다 명상 수행을 하도록 지시 받은 대조군 실험자들보다, 오랜 기간 명상을 해 온 이 불교 수행자들은 자비 명상을 실시하는 동안 모성적인 사랑과 감정이입 상태에서 반응하는 뇌 부위의 활동이 훨씬 더 눈에 띄게 활성화되었다. 이타적이고 긍정적인 의식 상태를 일으키는 용게 이 밍규르의 능력은 실로 놀라웠다. 공황 발작에 자주 시달리지 않는 사람도 종종 fMRI 스캐너의 좁은 공간에 누우면 밀실 공포증을 경험하게 되는데, 그는 그 같은 공포를 불러일으키는 상황에서도 강력하게 마음을 집중할 수 있었다. 그것은 명상 수행이 그의 공황 발작 성향을 물리쳐 버렸음을 암시한다.

눈에 띄는 점은, 장기간 명상 수행을 한 사람들은 명상 상태에서의 EEG 활동 수치가 평균적인 EEG 눈금 범위를 명백히 뛰어넘는다는 것이었다. 실험실 기술진들이 처음에 기계 장치 오작동으로 착각할 정도였다. 서둘러 장비를 재점검한 후에야 그들은 기계 오작동 가능성을 배제하고, 그 수치가 고도의 정신 집중과 뛰어난 각성 능력과 관계있다는 사실을 받아들일 수밖에 없었다. 리처드 데이비드슨은 2005년 〈타임〉지와의 인터뷰에서, 현대 과학자들이 흔히 갖고 있는 조심스러운 언어 선택과는 사뭇 달리, 당시 상황을 이렇게 설명했다.

"매우 흥분되는 일이었습니다. 우리들 중 누구도 그런 극적인 일을 직접 눈으로 확인하게 되리라고는 예상하지 못했습니다."

이 책에서 욘게이 밍규르 린포체는 자신의 개인적인 문제와 그것을 극복하기 위한 노력들을 솔직하게 털어놓는다. 또한 어린 시절, 20세기 최고의 신경 과학자 중 한 사람이 된 칠레 출신의 젊은 과학도 프란시스코 바렐라와의 첫 만남을 들려준다. 바렐라는 욘게이 밍규르의 아버지 툴쿠 우르겐 린포체의 제자였다. 유럽과 북미, 아시아에서 행해진 툴쿠 우르겐의 가르침은 수천 명의 구도자들을 끌어들였다. 바렐라가 어린 욘게이 밍규르에게 뇌의 성질과 기능에 대한 서양의 개념들을 설명하면서 둘의 우정이 깊어졌다. 툴쿠 우르겐의 다른 서양 제자들도 욘게이 밍규르가 과학에 흥미가 많은 걸 알고는 물리학, 생물학, 우주 이론 등을 가르쳐 주었다. 열 살 무렵에 받은 이 초기의 '과학 수업'은 깊은 영향을 미쳤고, 마침내 티베트 불교와 현대 과학의 원리들을 결합시키는 방법을 찾도록 그에게 영감을 주었다. 과학 서적들을 읽어 나갈 수 없는 사람, 의심이 많은 사람, 불교 서적의 방대한 분량에 당황해하는 사람, 그럼에도 존재의 행복에 도달하는 구체적인 방법을 찾는 사람들이 쉽게 접근할 수 있도록.

그러나 그 계획을 실현하기 전에 정식 불교 교육을 마쳐야 했다. 열두 살에서 열네 살 때까지 욘게이 밍규르는 아버지의 네팔 절과, 현재 생존해 있는 티베트 스승 중에서 가장 중요한 사람으로 꼽히는 12대 타이 시투 린포체가 머물고 있는 인도의 셰랍 링 수도원을 오갔다. 네팔의 절과 셰랍 링 수도원에서 스승들의 지도 아래 붓다의 실제 말씀이 담긴 경전들과 그 경전들에 대한 주석 모음집인 샤스트라(학술적 경전), 그리고 티베트 스승들의 독창적인 문헌과 주석을 배우는 강도 높은 수업에 전념했다. 이 시기가 끝나 가는 1988년 후반, 타이 시투 린포체는 욘게이 밍규르에게 셰랍 링 수도원에서 처음 열리는 3년 안거 수행 프로그램 참가를 승낙했다.

차원 높은 명상 수행을 위해 수세기 전 티베트에서 시작된 이 3년 안거 수행은 핵심적인 티베트 명상 기법을 배우는 집중 수업이 포함된 매우 차별화된 프로그램이다. 욘게이 밍규르 린포체는 티베트 불교 역사상 이 안거 수행에 참가를 허락받은 가장 어린 학생에 속한다. 이 기간 동안 그의 영적 진전이 너무도 인상적이었기에 안거 수행을 마쳤을 때 타이 시투 린포체는 열여덟 살인 그를 셰랍 링에서 열리는 다음 안거 수행의 지도 법사로 임명했다. 이로써 그는 티베트 불교 역사에서 가장 어린 지도 법사로 알려지게 되었다. 안거 수행의 지도 법사 역할을 수행하면서 욘게이 밍규르는 7년여에 걸친 정식 안거 수행을 마쳤다.

두 번째 안거 수행이 끝날 무렵, 욘게이 밍규르는 불교의 핵심 경전들을 집중적으로 공부하기 위해 티베트 어로 '셰드라'라고 부르는 사원 안의 대학, 즉 강원에 등록했다. 이듬해 타이 시투 린포체는 그를 셰랍 링 수도원의 대표로 임명했다. 그 후 몇 년 동안 욘게이 밍규르는 시간을 쪼개어 사원의 전반적인 일들을 살피고 강원의 강사 승려로서 봉사하는 한편, 자신의 공부를 계속했다. 그리고 스물네 살이 되었을 때 욘게이 밍규르는 정식으로 계를 받았다.

대부분의 사람이 세속적인 관심사에 마음을 빼앗길 나이인 스무 살 이후 욘게이 밍규르는 네팔과 인도에서 수도원 관리를 포함해 해외 순회강연, 개인 상담, 수백 쪽에 달하는 불교 경전 암기뿐 아니라 티베트에서 수행한 생존하는 마지막 스승들로부터 최대한 많은 가르침을 전수받는 눈코 뜰 새 없이 바쁜 일정을 소화해 왔다.

욘게이 밍규르 린포체를 안 지난 몇 년간 그에게서 가장 깊이 감명

받은 것은 모든 도전들을 부러울 만큼의 마음의 평정과 예리하고 재치 있는 유머로 대처하는 능력이었다. 네팔에 머물면서 내가 그와 전날 나눈 대화 내용을 단조로운 목소리로 반복할 때면 그는 조는 척하거나 창문으로 내빼는 척을 한 적이 여러 번이었다. 그것이 그 일을 너무 심각하게 받아들이는 나를 '깨기' 위한 행동임을 나는 곧 깨달았다. 그는 어느 정도의 가벼움은 불교 수행에 필수적인 요소임을 직접적인 방식으로 보여 주고 있었던 것이다. 왜냐하면 붓다가 깨달음에 이르는 길에 대한 첫 번째 가르침에서 말했듯이 삶의 본질이 고통이라면, 그 고통의 가장 효과적인 해독제 중 하나는 '웃음'이라는 것, 특히 자기 자신을 향한 웃음이기 때문이다. 일단 자신을 향해 웃는 법을 배우게 되면 우리가 경험하는 모든 일들이 특정한 밝음을 띠게 된다.

그것이 아마도 내가 네팔에서 욘게이 밍규르와 함께 지내는 동안 그에게서 받은 가장 중요한 가르침일 것이다. 그것에 대해 나는 깊은 감사를 느끼며, 티베트 불교의 신비와 현대 과학의 놀라운 발견들을 하나로 잇는 특별한 능력을 통해 그가 밝혀 준 '마음의 본성'에 대해서도 감사드린다. 책을 읽는 모든 이들이 개인적인 고통과 불안감, 그리고 삶의 바탕에 깔린 절망감의 미로에서 벗어나는 자신만의 길을 발견하기를, 그리고 내가 그랬듯이 웃는 법을 배우게 되기를 진심으로 바란다.

에릭 스완슨

1
추구의 시작

불교 수행의 본질은 더 나은 사람이 되기 위해 생각과 행동을 바꾸려는 노력이라기보다는, 당신의 삶을 제한하고 있는 환경에 대해 당신 자신이 어떻게 생각하든 자신이 이미 다 갖추고 있고 완전하다는 사실을 깨닫는 일이다. 자신의 마음에 본래부터 내재된 가능성을 자각하는 일이다. 다시 말해 더 나아지기 위한 것보다는 지금 여기, 지금 이 순간의 자신이 완전하고 부족함이 없으며 자신이 희망하는 그 어떤 모습보다 본질적으로 나은 존재임을 깨닫는 일이다.

> 현대 과학의 요구에 부합하는 종교가 있다면
> 아마 불교일 것이다.
> 〈알베르트 아인슈타인〉

만약 당신이 한 사람의 불교도로서 수행을 해 왔다면 불교를 종교라고 생각하지는 않을 것입니다. 당신은 불교를 일종의 과학으로, 즉 주관적인 판단을 내리지 않고 자신의 행동과 반응들을 점검하고 탐구하는 하나의 수행법으로 여길 것입니다.

'아, 이것이 바로 내 마음이 작용하는 방식이구나. 이것이 바로 내가 행복을 경험하기 위해 필요한 일이구나. 이것이 바로 불행을 경험하지 않기 위해 피해야만 하는 일이구나.'

근본에 있어서 불교는 매우 실용적입니다. 불교는 평화, 행복, 자신감을 주는 일들을 행하고 반면에 불안, 절망, 두려움을 주는 일들을 피하는 것에 대해 이야기합니다. 불교 수행의 본질은 더 나은 사람이 되기 위해 생각과 행동을 바꾸려는 노력이라기보다는, 당신의 삶을 제한하고 있는 환경에 대해 당신 자신이 어떻게 생각하든 자신이 이미 다 갖추고 있고 완전하다는 사실을 깨닫는 일입니다. 자신의 마음에 본래부터 내재된 가능성을 자각하는 일입니다. 다시 말해 더 나아지기 위한 것보다는 지금 여기, 지금 이 순간의 자신이 완전하고 부족함이 없으며 자신이 희망하는 그 어떤 모습보다 본질적으로 나은 존재임을 깨닫는 일입니다.

당신은 아마도 이 말을 믿지 못할 것입니다. 그렇지 않은가요?

나 역시 오랫동안 그랬었습니다.

한 가지 고백을 하면서 이야기를 시작할까 합니다. 전생에 온갖 훌륭한 일들을 했어야만 하는 환생자 라마승으로 여겨지는 사람이 이런 이야기를 한다는 것이 이상하게 들릴 수도 있을 것입니다. 나는 아주 어렸을 때부터 두려움과 불안감에 사로잡혀 지냈습니다. 모르는 사람들에 둘러싸여 있을 때면 가슴이 방망이질하고 종종 식은땀이 흘렀습니다. 그렇게 불안해할 특별한 이유가 있는 것도 아니었습니다. 나는 사랑이 가득한 가족과 아름다운 계곡에서 살고 있었고, 내면의 평화와 행복을 깨닫는 일에 전념하는 승려들과 여러 수행자들에 둘러싸여 있었습니다. 그럼에도 불구하고 불안감이 그림자처럼 쫓아다녔습니다.

처음으로 불안감에서 놓여나기 시작한 것이 아마 일곱 살 무렵이었던 것 같습니다. 단순히 어린아이의 호기심으로 나는 수세대에 걸쳐 불교 수행자들이 명상을 하며 일생을 보낸 동굴들을 탐험하기 위해 내가 자란 계곡 주변의 산들을 오르기 시작했습니다. 때때로 동굴 안으로 들어가서 명상을 하는 흉내를 내기도 했습니다. 물론 그때 나는 명상을 어떻게 하는지 전혀 알지 못했습니다. 단지 그곳에 앉아서 마음속으로 옴마니밧메훔과 같은 만트라를 외곤 했습니다.

만트라는 불교도든 아니든 거의 모든 티베트 인들에게 익숙한 것으로, 고대 언어의 음절들을 조합해 만든 것입니다. 때때로 몇 시간씩 앉아서 자신이 무엇을 하고 있는지 이해하지도 못하면서 그 만트라를 암송하곤 했습니다. 그럼에도 불구하고 어떤 평온함이 조용히 다가오는 것을 느끼기 시작했습니다.

그러나 어떻게 명상을 해야 하는지 궁리하면서 3년 동안 동굴을 들락거렸음에도 나의 불안감은 증세가 심해져서 서양 의학이라면 만성 공황장애(실제적인 위험 대상이 없는데 죽거나 미치거나 자제력을 잃을 것 같은 공포감이 동반되는 증세)라고 진단 내릴 정도가 되었습니다. 잠시 나는 할아버지에게서 비공식적으로 몇 가지 가르침을 받았습니다. 훌륭한 명상 교사인 할아버지는 자신이 도달한 경지를 드러내는 분이 아니었습니다. 결국 용기를 내어 아버지 툴쿠 우르겐 린포체 밑에서 정식으로 명상 수업을 받게 해 달라고 어머니에게 부탁했습니다. 아버지는 청을 받아 주었고, 그 후 3년 동안 다양한 명상법들을 가르쳐 주었습니다.

처음에는 거의 이해하지 못했습니다. 아버지가 가르쳐 준 방법대로 마음을 편안하게 가지려고 노력했지만 편안해지지 않았습니다. 사실 정식으로 수행을 시작한 처음 몇 년은 전보다 더 산만해지는 자신을 발견했습니다. 신체적인 불편함, 뒤에서 들려오는 소음, 다른 사람들과의 갈등 등 온갖 종류의 일들이 나를 괴롭혔습니다. 몇 년이 지나서야 내가 더 악화되고 있었던 게 아니었음을 깨달을 수 있었습니다. 단지 전에는 한 번도 인식한 적이 없었던, 생각과 기분들의 끊임없는 흐름을 좀 더 자각하게 된 것이었습니다. 다른 사람들이 그때의 나와 똑같은 과정을 거쳐 가는 것을 지켜보면서 지금 나는 그것이 이제 막 자신의 마음을 점검하는 법을 배우는 사람들이 공통으로 경험하는 일임을 깨닫습니다.

마음의 평화를 잠깐 경험하기 시작했음에도 불구하고 굶주린 아귀처럼 공포와 두려움이 따라다녔습니다. 특히 타이 시투 린포체가 주석하고 있는 인도의 셰랍 링 수도원으로 가서 몇 달 동안 새로운 지도 법사들 밑에서 처음 만나는 학승들과 수업을 받고 난 다음, 이어서 아버지 밑에서 수행을 계속하기 위해 네팔로 돌아오곤 하던 무렵에는 증세가 더 심해졌습니다. 그런 식으로 3년여 동안 인도와 네팔을 오가며 아버지와 셰랍 링 수도원의 교사들에게 정식 교육을 받았습니다.

열세 번째 생일을 맞이하기 직전에 가장 끔찍한 순간이 다가왔습니다. 그때 나는 특별한 목적을 띠고 셰랍 링 수도원으로 가게 되었는데, 오랫동안 무서워해 온 일 중 하나였습니다. 내가 초대 욘게이 밍규르 린포체의 환생자로 정식 추대되는 순간이 온 것입니다. 수백 명의 사람들이 법회에 참석했고, 나는 몇 시간에 걸쳐 그들이 가져온 선물을 받으면서 두려움에 질린 열세 살 소년이 아니라 정말로 중요한 존재인 양 그들을 축복해 주었습니다. 시간이 지날수록 나는 점점 얼굴이 창백해졌고 옆에 서 있던 형 촉니 린포체는 내가 곧 기절할 것이라고 여길 정도였습니다.

그 시기를 되돌아보면, 스승들이 내게 보여 준 모든 친절함을 생각할 때 내가 어떻게 그토록 두려워할 수 있었는지 모르겠습니다. 지나고 나서 보니 내 불안의 근본은 마음의 진정한 본성을 깨닫지 못한 데 있었음을 알 수 있었습니다. 머리로는 기본적인 것들을 이해하고 있었지만, 느끼는 공포와 불편한 감정들이 마음의 산물이며, 평화와 자신감과 행복의 굳건한 토대가 매우 가까이 있음을 직접 경험하지는 못한 것입니다.

정식으로 불교 수행을 시작함과 동시에 놀라운 일이 일어나고 있었습니다. 당시에는 깨닫지 못했지만, 내 삶에 평생 동안 영향을 미치고 개인적인 성장을 가속화시켜 준 새로운 전환이 있었습니다. 현대의 과학 이론과 발견들, 특히 뇌의 성질과 기능에 대한 연구들을 소개받게 된 것입니다.

어린 시절의 만남들

> 자기 안에서 실제로 어떤 일이 일어나고 있는지 알기 위해서는
> 자리에 앉아 마음을 점검하고 자신의 경험을 살펴보는 과정을
> 통과하지 않으면 안 된다.
> 칼루 린포체 〈다양한 가르침의 보석 장식〉

칠레의 생물학도 프란시스코 바렐라를 만났을 때 나는 어린아이에 불과했습니다. 훗날 그는 20세기를 대표하는 가장 뛰어난 신경 과학자가 되었습니다. 프란시스코는 나의 아버지 밑에서 불교식 마음 점검법과 수련을 배우기 위해 네팔로 왔습니다. 아버지의 명성은 많은 서양인 제자들을 끌어들였습니다. 우리 둘 다 공부나 수행에서 잠시 놓여 날 때면 프란시스코는 종종 현대 과학, 특히 자신의 전공 분야인 뇌의 구조와 기능에 대해 설명해 주었습니다. 물론 자신의 강의를 열 살 소년이 이해할 수 있도록 용어 선택에 신중을 기했습니다. 아

버지의 다른 서양 제자들도 내가 과학에 관심이 있다는 것을 알고는 자신들이 아는 생물학, 심리학, 화학, 물리학 이론들을 가르쳐 주기 시작했습니다. 그것은 동시에 두 가지 언어를 배우는 것과 비슷했습니다. 한 손에는 불교를, 다른 손에는 현대 과학을 들고서.

당시에도 그 둘 사이의 차이를 별로 느끼지 못했던 것을 기억합니다. 용어들은 달랐지만 의미는 거의 일치해 보였습니다. 얼마 후 나는 주제에 접근하는 서양 과학자들과 불교 수행자들의 방식이 놀라울 만큼 닮았다는 것을 알게 되었습니다. 불교 경전은 마음을 점검하기에 앞서 이론적인 토대, 혹은 철학적인 토대를 제시하는 일로부터 출발합니다. 일반적으로 그것을 '근거'라고 부릅니다. 그다음에 다양한 수행 방법들로 나아가는데, 이것을 흔히 '길'이라고 부릅니다. 그리고 결론 부분에 이르러 개인적인 실험 결과들을 분석하고 지속적인 연구를 제안하는 것으로 결론을 맺습니다. 이것을 일반적으로 '열매'라고 부릅니다. 서양의 과학적인 연구들도 이와 비슷한 방식을 따릅니다. 이론 혹은 가설로 시작해서, 이론을 검증하는 방법들을 설명하고, 그 가설에 대한 실험 결과들을 비교 분석합니다.

내가 현대 과학과 불교 수행을 동시에 배우는 것에 매력을 느낀 가장 큰 이유는 행복에 이르는 완전한 능력을 깨닫는 데 불교식 접근이 자기 관찰적인 혹은 주관적인 방법을 가르칠 수 있는 반면에 서양의 관점은 이 가르침들이 왜 그리고 어떻게 효과가 있는지 객관적으로 설명해 준다는 점에서였습니다. 불교와 현대 과학은 둘 다 마음이 작용하는 방식에 대해 놀라운 통찰력을 제공해 줍니다. 그 둘이 합쳐진다면 더 완전하고 의미가 분명한 결론을 얻을 수 있습니다.

인도와 네팔을 왕복하는 시기가 끝나갈 무렵 나는 셰랍 링 수도원에서 3년 안거 수행이 곧 시작된다는 사실을 알았습니다. 안거 수행의 지도 법사는 살자이 린포체였습니다. 셰랍 링 수도원에서 나를 가르친 스승 중 한 분입니다. 살자이 린포체는 당시 티베트 불교계에서 높은 깨달음을 이룬 스승으로 알려져 있었습니다. 나지막한 목소리에 온화한 성품을 지닌 그는 적절한 때에 적절한 행동을 하고 적절한 말을 하는 놀라운 능력을 지닌 분이었습니다. 어쩌면 당신도 이와 비슷한 영향력을 가진, 즉 가르쳐 주고 있음을 드러내지 않으면서도 놀라울 정도로 심오한 가르침을 전해 주는 사람 옆에서 시간을 보낸 적이 있을 것입니다. 그분들의 존재 방식 자체가 하나의 가르침이 되어 평생 동안 삶에 영향을 미칩니다.

살자이 린포체가 연세가 많았고 그가 지도하는 마지막 안거 수행이 될 가능성이 높았기 때문에 그곳에 참가하고 싶은 마음이 굴뚝같았습니다. 그러나 나는 고작 열네 살에 불과했습니다. 3년 동안의 엄격한 수행 규율을 견뎌 내기에는 너무 어린 나이였습니다. 그럼에도 나는 아버지에게 힘을 써 달라고 애원했고, 마침내 타이 시투 린포체는 참가를 허락하셨습니다.

그 3년간의 경험을 이야기하기 전에 먼저 티베트 불교의 역사를 잠깐 설명할 필요를 느낍니다. 이 설명이 내가 왜 그토록 그 안거 수행 참가를 원했는지 이해하는 데 도움이 될 것입니다.

스승에서 제자로

개념적인 지식으로는 충분하지 않다.

> 개인적인 경험에서 오는 확신이 있어야 한다.
> 9대 걀와 카르마파 〈마하무드라-분명한 의미의 대양〉

우리가 불교라고 부르는, 마음을 탐구하고 다루는 이 방법은 싯다르타라는 이름의 인도 귀족 청년의 가르침에 근원을 두고 있습니다. 싯다르타는 자신이 향유하는 특권 받은 환경에서 살지 못하는 많은 사람들의 불행을 직접 목격하고는 인간 고통의 해결책을 찾기 위해 왕궁의 안전과 안락을 포기했습니다. 고통이라는 것은 '만약 내 삶에서 이런 면이 약간만 다르더라도 더 행복할 텐데.' 하고 불평하는 속삭임에서부터 질병의 고통과 죽음의 공포에 이르기까지 많은 형태가 있습니다.

고행자가 된 싯다르타는 그가 찾는 해결책을 발견했노라고 공언하는 스승들 밑에서 공부하기 위해 인도 전역을 돌아다녔습니다. 불행히도 그들이 제시하는 해답과 수행법 중 어떤 것도 충분해 보이지 않았습니다. 마침내 그는 외부로부터의 조언을 단념하기로 결심하고, 고통의 근원으로 의심되는 바로 그 장소에서 문제의 해답을 찾기로 했습니다. 다름 아닌 자기 자신의 마음 안에서.

인도 북동부 비하르 주에 있는 보드가야라는 곳에 이른 싯다르타는 나무 아래 앉아서 자신이 구하고자 하는 해답을 찾고야 말겠다고, 그러지 못하면 시도하다가 그 자리에서 죽겠노라 결심하고 점점 깊이 자신의 마음 안으로 들어갔습니다. 수많은 낮과 밤들이 지나가고 마침내 그는 자신이 찾고 있던 것을 발견했습니다. 변하지 않고, 파괴되지 않고, 무한히 넓은 근본적인 각성 상태를. 이 심오한 명상 상태에서 깨어났을 때 그는 더 이상 싯다르타가 아니었습니다. 그는 붓다가 되어 있었습니다. '붓다'는 산스크리트 어로 '눈뜬 자'를 의미하는 호칭입니다.

그는 자신의 본성이 가진 완전한 가능성에 눈을 떴습니다. 그 전까지는 흔히 이원론적 사고라고 불리는 것 때문에 그 가능성이 제한되어 있었습니다. 이원론적 사고란 자신의 실제 자아가 타인의 실제 자아와 본래부터 명백히 다르다고 구분하는 것입니다. 나중에 살펴보겠지만, 이원론적 사고는 성격상의 결함이나 결점이 아닙니다. 뇌의 구조와 기능에 깊이 뿌리내린 복잡한 생존 메커니즘입니다. 그리고 다른 메커니즘과 마찬가지로 이것은 경험을 통해 충분히 바꿀 수 있는 메커니즘입니다.

붓다는 내면을 들여다보는 작업을 통해 이 변화의 가능성을 자각했습니다. 잘못된 관념이 마음속에 뿌리내리는 방식과 그 관념을 끊어 버리는 방법이 그가 인도 전역을 여행하며 40년 넘게 전한 가르침의 주제입니다. 그의 가르침은 수천수만의 제자들을 사로잡았습니다. 그 후 2,500년이 지나, 현대 과학자들은 마음의 주관적 점검을 통해 붓다가 얻은 통찰이 놀라울 정도로 정확하다는 사실을 임상 실험을 통해 증명하기 시작했습니다.

붓다의 통찰력과 인식은 사람들이 자기 자신에 대해서나 실체의 본질에 대해 가지고 있는 일반적인 생각들을 훨씬 뛰어넘었습니다. 그래서 그는 자신이 알아낸 것을 다른 위대한 스승들과 마찬가지로 우화, 사례, 수수께끼, 비유 등을 통해 전달할 수밖에 없었습니다. 그는 깨달음을 전하기 위해 언어를 사용할 수밖에 없었습니다. 그리고 그가 한 말들은 결국 산스크리트 어, 팔리 어, 또는 그 밖의 언어들로 기록되기도 했지만 늘 구전으로 세대에서 세대로 전해져 내려왔습니다. 왜일까요? 붓다의 가르침을 듣거나, 그와 똑같은 자유에 도달한 스승들의 가르침을 들을 때 우리는 그 말의 의미에 대해 생각하고, 그것들을 자신의 삶에 직접 적용해야 하기 때문입니다. 그리고 그렇게 할 때 뇌의 구조와 기능에 변화를 가져올 수 있으며, 붓다가 경험한 것과 똑같은 자유를 자신 안에서도 일어나게 할 수 있습니다.

붓다가 세상을 떠나고 수세기 동안 그의 가르침은 티베트를 포함해 많은 나라들로 전파되었습니다. 티베트는 지리적으로 외부 세계로부터 고립되어 있기 때문에 스승과 제자들이 수세대에 걸쳐 오직 마음공부와 수행에만 전념할 수 있는 완벽한 무대가 되었습니다. 깨달음에 이른 스승들은 자신이 배운 모든 것을 가장 장래가 촉망되는 제자에게 전했으며, 그 제자들은 또다시 자신의 제자들에게 전했습니다. 이런 방식으로, 초기의 제자들이 충실히 기록한 붓다의 가르침과 그 가르침에 붙인 자세한 주석들을 스승에서 제자로 전달하는 가르침의 계보가 티베트에서 자리 잡았습니다. 그러나 무엇보다 티베트 불교의 계보가 갖는 강점과 순수성은 핵심적인 가르침이 구전으로, 그리고 종종 스승과 제자의 가슴이 연결되어 비밀리에 전해진다는 데 있습니다.

티베트의 많은 지역들은 산과 강과 계곡으로 인해 고립되어 있기 때문에 스승과 제자들이 타지역으로 왕래하면서 자신들이 배운 것을 다른 사람들과 나누기 어려웠습니다. 그 결과 지역마다에서 가르침이 약간씩 다른 방식으로 전개되었습니다. 현재 티베트 불교의 주요 학파 혹은 계보에는 닝마파, 사캬파, 카규파, 겔룩파 이렇게 4가지가 있습니다. 이 주요 학파들은 저마다 다른 시기에 티베트의 다른 지역들에서 발전해 나갔지만 모두가 동일한 근본 원리와 수행, 믿음들을 공유하고 있습니다. 개신교의 다양한 종파들 사이에도 비슷한 구분들이 존재한다고 들었는데, 이 계보들 사이의 차이점이란 주로 그들이 사용하는 용어, 그리고 수행에 접근하는 미묘한 방식의 차이가 전부입니다.

가장 오래된 계보는 왕들이 티베트를 통치하던 시기인 기원후 7세기와 9세기 초 사이에 확립된 닝마파입니다. 닝마는 티베트 어로 '오래된 것'이라는 의미입니다. 안타깝게도 마지막 티베트 왕 랑다르마는 정치적이고 개인적인 이유로 불교를 탄압했습니다. 기원후 842년 암살당하기 전까지 랑다르마는 겨우 4년을 통치했지만 그가 사망한 후 거의 150년 동안 이 초기 계보는 일종의 '지하 운동'으로 남아야 했습니다. 그러는 사이 티베트는 극심한 정치적 변화를 겪으면서 마침내 각 지역들이 느슨하게 연합한 국가 체제로 바뀌었습니다.

이런 정치적 변화들은 불교가 서서히 영향력을 펼칠 수 있는 계기가 되었습니다. 인도의 스승들은 티베트로 여행을 왔고, 호기심이 생긴 사람들은 인도 출신의 불교 스승들 아래서 직접 공부하기 위해 히말라야를 넘는 험난한 여정을 시도했습니다. 이 시기에 티베트에 뿌리내린 초기 학파들 속에 카규파가 있었습니다. '카'는 티베트 어로 '말하다, 가르치다'라고 번역될 수 있고, '규'는 본래 '계보'라는 의미입니다. 카규파의 근본은 스승이 제자에게 구전으로 가르침을 전하는 전통에 있습니다. 이 방식을 통해 이들은 누구와도 비교가 안 될 정도로 가르침 전수의 순수성을 보존하고 있습니다.

카규파는 기원후 10세기경, 마음의 완전함에 눈을 뜬 틸로파라는 비범한 인도인으로부터 시작되었습니다. 틸로파가 도달한 통찰과 그가 사용한 수행 방법은 여러 세대에 걸쳐 스승에게서 제자에게로 전수되었고, 마침내 붓다의 가르침을 따르기 위해 의사 직업까지 포기한 감포파라는 머리가 뛰어난 티베트 인에게 전달되었습니다. 감포파는 자신이 배운 전부를 가장 전도유망한 네 명의 제자들에게 전했고, 이 제자들은 티베트의 각자 다른 지역에 자신들의 학파를 세웠습니다.

이 제자들 중 한 사람인 두숨 켄파 - '과거 현재 미래, 삼세의 시간을 내다보는 사람'이라는 뜻의 티베트 이름 - 는 카르마 카규파라고 알려진 계보를 세웠습니다. 이 명칭은 '행동' 혹은 '행위'라고 번역되는 산스크리트 어 '카르마'에서 유래된 것입니다. 카르마 카규 전통에서는 100권 이상의 분량에 달하는 철학적이고 실질적인 지침들이 카르마파라고 불리는 이 계보의 스승에 의해 구두로 소수의 제자들에게만 전수됩니다. 이 제자들 중 몇몇은 카르마파의 다음 환생자에게 그 가르침 전부를 전달하기 위해 다음 세대에 다시 태어납니다. 방대한 분량의 가르침들을 천 년 전 처음 전달된 순수한 형태로 보존하기 위함입니다.

서양 문화에는 이런 식의 직접적인 지혜 전달에 필적할 만한 것이 없습니다. 이것이 어떤 식으로 이루어지는 것인가를 가늠해 보는 방법은 아인슈타인 같은 사람이 그의 수제자에게 다음과 같이 말하는 것을 상상하는 일입니다.

"이봐, 이제부터 자네 머릿속에 지금껏 내가 터득한 모든 것을 쏟아부어 줄 거야. 자네는 그것을 잠시 보관하고 있다가 내가 지금으로부터 20년 혹은 30년 후에 다른 사람의 몸으로 다시 태어났을 때, 그 사람이 나의 환생임이 확실하면 내가 자네에게 가르쳐 준 모든 것을 그의 머릿속에 다시 쏟아붓길 바라네. 아, 그런데 만약에 잘못될 경우를 대비해, 내가 자네에게 가르쳐 주는 전부를 자네의 몇몇 제자에게도 전달해야 하네. 한 가지라도 절대로 빠뜨리면 안 되네."

1981년 세상을 떠나기 전에 16대 카르마파는 '심장의 아들'들로 알려진 몇 명의 핵심 제자들에게 가르침의 핵심을 전하면서 다음 카르마파 환생자에게 그것을 전수해 주는 임무를 맡겼습니다. 동시에 그들의 비범한 제자들에게도 그 전부를 그대로 전함으로써 가르침이 온전히 보존될 수 있게 할 것을 당부했습니다. 이 16대 카르마파의 심장의 아들들 중 가장 특출한 제자로 꼽히는 12대 타이 시투 린포체는 나를 가능성 있는 제자로 보고 인도의 셰랍 링 수도원에서 공부할 수 있는 기회를 주신 것입니다.

앞에서 말했듯이 계보들 간의 차이는 전문 용어나 공부에 대한 접근 방식의 차이 등 사소한 것들입니다. 예를 들어, 아버지를 포함해 나의 몇몇 스승들을 위대한 깨달음의 성취자라고 존경하는 닝마파에서는 마음의 근본 본성에 대한 가르침을 '위대한 완성'이라는 뜻인 티베트 어 '족첸'이라고 부릅니다. 셰랍 링 수도원에 모인 타이 시투 린포체와 살자이 린포체를 비롯한 여러 스승들이 수행한 카규파 전통에서는 마음의 본성에 대한 가르침을 '마하무드라'라고 부르는데, 마하무드라는 '위대한 봉인'이라고 번역할 수 있습니다. 족첸의 가르침은 마음의 근본 본성에 대한 이해에 초점을 두는 반면, 마하무드라의 가르침은 마음의 본성을 직접적으로 경험하기 위한 명상 수행에 중점을 둔다는 것만 제외하고는 이 두 가르침에는 거의 아무런 차이가 없습니다.

비행기, 자동차, 전화가 있는 현대 세계에서는 스승과 제자들이 세상을 여행하는 것이 훨씬 수월해졌습니다. 그래서 지난날 각각의 학파들 사이에서 생겨난 차이점들이 무엇이든 이제는 그것들이 점점 덜 중요해지고 있습니다. 그러나 변치 않는 한 가지가 있다면 스승으로부터 직접 전수받는 일의 중요성입니다. 살아 있는 스승과의 직접적인 접촉을 통해 말할 수 없이 소중한 무엇인가가 전해집니다. 살아 있는 무엇, 숨을 쉬는 무엇인가가 스승의 심장에서 제자의 심장으로 옮겨 가는 것과 같습니다. 이런 직접적인 방식으로 3년의 안거 수행 동안 스승에서 제자에게로 가르침이 전해지는 것입니다. 이것으로 내가 왜 그토록 세랍 링의 안거 수행에 참가하기를 원했는가에 대한 설명이 될 수 있을 것입니다.

마음과의 대면

> 단지 마음의 의미를 깨닫는 것만으로
> 모든 이해를 아우를 수 있다.
> 잠곤 콩툴 〈본질적인 핵심들에 대한 개요〉

세랍 링의 3년 안거 수행에 참가한 수행자들 사이에 무사히 자리 잡고 앉으면서부터 모든 것이 좋아졌다고 말하고 싶습니다. 하지만 그 반대로, 안거 수행의 첫 1년은 내 생애 최악의 시간이었습니다. 내가 그때까지 경험했던 온갖 불안 증세들이 총력을 다해 공격해 왔습니다. 온몸이 긴장되고 목이 옥죄어 오고 머리가 어지럽고, 특히 단체 수행 시간이면 두려움이 한결 강렬하게 밀려왔습니다. 서양 의학 용어로 말하면, 극심한 신경 쇠약을 앓고 있었습니다.

지나고 나서 보니, 그 시기에 내가 통과하고 있던 것은 신경 쇠약이 아니라 일종의 '신경 돌파'였다고 할 수 있습니다. 마음을 산만하게 하는 일상생활로부터 완전히 차단된 상태에서 나는 나 자신의 마음과 직접 대면해야만 하는 상황에 놓여 있었습니다. 당시는 날마다 마주할 만큼 내 마음이 썩 좋은 상태는 아니었습니다. 시간이 지날수록 내 마음과 감정의 풍경들이 갈수록 더 무서워 보였습니다. 안거 수행 첫해가 끝나갈 무렵 나는, 내 방에 숨어서 남은 2년을 보낼 것인지 아니면 아버지와 여러 스승들로부터 배운 가르침들을 받아들일 것인지 선택해야만 하는 갈림길에 섰습니다. 그 가르침이란 내가 겪고 있는 문제가 무엇이든 간에 그것들은 자신의 마음에 깊이 침투한 생각과 관념이 원인이라는 사실이었습니다.

나는 배운 것을 따르기로 결심했습니다.

그 후 3일 동안 내 방에 머물며 이 책의 후반부에서 설명하게 될 여러 방법들을 사용해 명상을 했습니다. 서서히 나는 지금까지 수년 동안 나를 괴롭힌 생각과 감정들이 실제로는 얼마나 무력하고 덧없는 것인가를, 그리고 작은 문제에 붙잡혀 있음으로써 어떻게 그것이 큰 문제가 되는가를 알아차리기 시작했습니다. 조용히 자리에 앉아 사념과 감정들이 얼마나 빠르게, 그리고 얼마나 비논리적으로 왔다가 가는가를 관찰함으로써 나는 그것들이 겉으로 보이는 것처럼 그렇게 견고하거나 실재하는 것이 아님을 직접 깨닫기 시작했습니다. 그리고 그것들이 들려주는 이야기에 대한 믿음을 버리자 그것들 너머에 있는 이야기의 '작가'가 보이기 시작했습니다. 무한히 넓고 무한히 열린 순수 의식이 그것이었습니다. 그것이 바로 마음의 본성이었습니다.

마음의 본성에 대한 직접적인 경험을 언어로 표현하는 것은 불가능한 일입니다. 가장 잘 말할 수 있는 것은, 그 경험은 말할 수 없이 평화로우며, 일단 반복된 경험을 통해 자리 잡으면 실제로 흔들림 없는 평화라는 것입니다. 그것은 모든 신체적, 감정적, 정신적 상태를 통해 발산되는 절대적인 행복의 경험입니다. 심지어 우리가 흔히 불쾌한 상태라고 분류하는 그런 감정적 상황에서도 사라지지 않는 행복입니다. 이 행복의 상태는 끊임없이 요동치는 내적 외적 경험에도 불구하고 흔들림이 없습니다. 운 좋게도 나는 외부와 단절된 3일 동안 그 행복을 어렴풋이나마 알게 되었습니다.

3일이 지나고 방 밖으로 나와서 단체 수행에 합류했습니다. 어린 시절 내내 나를 따라다닌 불안감을 극복하고, 그동안 배운 진리를 직접적인 경험을 통해 이해하는 데 보름 동안의 용맹정진이 더 필요했습니다. 그 시점부터 나는 단 한 번의 공황 발작도 겪은 적이 없습니다. 이 경험을 통해 얻은 평화, 자신감, 행복은 객관적으로 스트레스를 많이 받는 상황에서도 결코 흔들림이 없었습니다. 나는 이런 변화가 나 자신의 경험에만 국한된 것이라 여기지 않습니다. 왜냐하면 그것은 나 이전의 사람들에 의해 전수되어 온 진리를 직접 적용함으로써 얻어진 결과이기 때문입니다.

안거 수행을 마쳤을 때 열일곱 살이었고, 뜻밖에도 타이 시투 린포체는 나를 연달아 시작되는 다음 안거 수행의 지도 법사로 지목하셨습니다. 그래서 두세 달 만에 다시 수행 장소로 돌아가 카규파 계보의 기초 수행과 고급 수행을 가르치면서, 새로운 수행 참가자들이 내가 받은 것과 똑같은 직접적인 지혜 전수 과정에 접근할 수 있도록 돕는 일을 했습니다. 비록 안거 수행의 지도 법사이긴 했지만 내 입장에서는 용맹정진 수행을 거의 7년간 연속해서 할 수 있는 더할 나위 없이 좋은 기회였습니다. 그리고 이번에는 나 자신의 골방에서 두려움으로 웅크리는 일이 단 한순간도 없었습니다.

두 번째 안거 수행이 끝날 무렵, 나는 세랍 링 수도원 부근에 있는 쫑사르 강원에 1년 남짓 등록을 했습니다. 아버지의 제안에 따른 것으로, 타이 시투 린포체도 곧장 동의하셨습니다. 그 무렵 뒤늦게 티베트에서 인도로 망명한 뛰어난 학자 켄첸 쿵가 왕축의 직접적인 지도 아래 나는 불교 철학과 과학 분야를 더 깊이 공부할 수 있는 행운을 누렸습니다.

전통적인 불교 강원의 수업 방식은 서양 대학들과 사뭇 다릅니다. 배울 과목을 선택하거나, 좋은 강의실에 앉아 특정 주제에 대한 교수의 견해나 설명을 경청하며 리포트를 쓰고 시험을 보는 일은 하지 않습니다. 절의 대학에서는 방대한 양의 불교 경전을 배워야 하고 거의 매일 '쪽지 시험'이 있습니다. 항아리 안에서 자신의 이름이 적힌 쪽지를 뽑은 학생은 경전의 특정 부분의 의미를 그 자리에서 설명해야 하는 시험입니다. 때로는 공부한 경전에 대한 주석 달기가 '시험'이며, 때로는 공개적인 논쟁을 하기도 하는데 스승이 무작위로 학생들을 지목해 불교 철학의 핵심 사항들에 관해 예상치 못한 질문을 던져 정확한 답변을 요구합니다.

쫑사르 강원에서 학생 신분으로 1년을 마칠 때쯤, 타이 시투 린포체가 가르침을 전하러 해외 순회강연을 떠나셨습니다. 스승은 나에게 세랍 링 수도원의 일상적인 일들을 관리하는 임무를 맡겼습니다. 그뿐만 아니라 사원 안에 다시 강원을 여는 책임을 맡겨 보조 교사로서 공부와 일을 병행토록 했습니다. 아울러 세랍 링에서 진행될 3

년 안거 수행을 계속해서 이끌어 가는 중책을 맡겼습니다. 나는 그분에게 많은 빚을 졌기 때문에 그 책임을 맡는 데 조금도 망설이지 않았습니다. 스승이 내가 충분히 그 의무들을 감당할 수 있다고 믿는데 어찌 스승의 결정에 의문을 제기할 수 있겠습니까? 그리고 스승의 안내와 지시를 직접 받기 위해 언제든 전화기에 의존할 수 있는 시대에 살고 있는 나는 참으로 복 받은 사람이었습니다.

그런 식으로 수도원의 일들을 관리하고, 새로 연 강원에서 나 자신의 공부를 완성하는 한편 안거 수행에 참가한 학승들에게 가르침을 전하면서 4년의 세월이 흘렀습니다. 그 기간이 끝날 무렵 나는 부탄으로 떠났습니다. 비범한 통찰과 경험, 능력을 겸비한 족첸의 스승 뇨술 켄 린포체에게서 텍최와 퇴갈로 알려진 구전되는 가르침을 직접 전수받기 위해서였습니다. 텍최와 퇴갈은 각각 '근원적인 밝음'과 '자연스러운 현존'으로 번역할 수 있습니다. 이 가르침은 한 번에 한 제자에게만 전수됩니다. 따라서 내가 그 가르침을 직접 전수받도록 선택되었다는 것에 감격하지 않을 수 없었습니다. 뇨술 켄 린포체는 타이 시투 린포체와 살자이 린포체 그리고 나의 아버지와 함께 내 생애에 가장 큰 영향을 준 스승이 되었습니다.

이러한 지혜 전수의 기회들은 더없이 귀중한 교훈 한 가지를 가르쳐 주었습니다. 즉 타인의 행복을 위해 자신을 헌신하는 사람은 그 자신 역시 배우고 성장할 기회가 천 배나 많아진다는 것입니다. 힘든 하루를 보내고 있을지도 모르는 누군가에게 당신이 건넨 친절한 말과 작은 미소는 당신이 전혀 기대하지 않았던 방식으로 다시 돌아옵니다. 어떻게 그리고 왜 그런 일이 일어나는가는 우리가 뒤에서 살펴보게 될 주제입니다. 그것은 내가 세계 곳곳을 여행하면서 현대 과학의 대가들로부터 배운 생물학과 물리학의 원리들과 깊은 관계가 있기 때문입니다.

서양으로부터의 빛

> 단 하나의 횃불이 억겁의 세월 동안 축적된 어둠을
> 단번에 날려 버린다.
> 틸로파 〈갠지스 강의 마하무드라〉

첫 번째 안거 수행 이후 몇 년 동안은 일정이 꽉 차 있어서 신경 과학이나 인지 과학 분야의 새로운 발견들을 따라잡거나 이해할 시간이 그다지 많지 않았습니다. 그러다가 내 삶이 예상치 못한 전환점을 맞았습니다. 북미 지역에서 강연하기로 일정이 잡혀 있던 형 촉니 린포체에게 피치 못할 사정이 생겨 그 자리를 대신하게 된 것입니다. 나로서는 처음으로 장기간 서양을 방문하는 것이었습니다. 그때 스물네 살이었습니다. 뉴욕행 비행기에 몸을 실었을 때 이 여행에서 만나게 될 사람들이 앞으로 내 사고의 방향을 결정하리라고는 예상하지 못했습니다. 그들은 내게 아낌없이 시간을 내어 주고 책, 신문과 잡지, DVD, 비디오테이프 들을 산더미처럼 안겨 주면서 현대 물리학의 개념과 함께 신경 과학, 인지 과학, 행동 연구에서 최근 밝혀진 사실들을 소개했습니다. 나는 무척 흥분되었습니다. 불교 수행의 효과를 입증할 수 있는 과학적인 연구 결과들이 너무도 풍부하고 자세히 설명되어 있었기 때문입니다. 또한 중요한 것은, 과학자로 훈련받지 않은

나 같은 사람들도 그 내용을 이해할 수 있게 되었다는 점이었습니다. 그 당시 나는 영어 지식이 그리 많지 않았기 때문에 사람들은 내가 이해할 수 있는 단어들로 지식을 전달해 주느라 많은 시간을 할애해야 했습니다. 예를 들어 티베트 어에는 '세포', '뉴런', 'DNA'에 해당하는 용어들이 없습니다. 따라서 그 단어들을 이해시키기 위해 사람들은 온갖 단어들을 동원해야만 했고, 결국 더 어려워져서 우리는 거의 언제나 웃음을 터뜨리곤 했습니다.

연이어 안거 수행에 참가하면서 내가 자신의 공부로 바쁜 시간을 보내는 동안 친구 프란시스코 바렐라는 현대 과학자들과 불교 승려들, 그리고 불교 과학자들의 토론을 기획하기 위해 달라이 라마와 함께 일했습니다. 이 대화들은 마음생명협회 회의로 발전되었습니다. 그 결과 현대 과학과 불교에 관련된 다양한 분야의 전문가들이 한자리에 모여 마음의 본성과 기능에 관한 의견들을 주고받게 되었습니다. 2000년 3월 인도 다람살라에서 열린 회의와, 2003년 미국 MIT 대학에서 열린 회의에 참여하게 된 것은 커다란 행운이었습니다.

다람살라에서의 그 모임에서 마음의 생물학적 메커니즘에 대해 많은 것을 배웠습니다. 그러나 경험을 탐구하기 위해 자기 내면을 들여다보는 불교의 방법론과 객관적으로 접근하는 현대 과학 사이의 상호연관성에 초점을 둔 것은 MIT에서의 회의였습니다. 이 모임에 참석한 뒤 나는 어떻게 하면 내가 여러 해 동안의 수행으로 배운 것들을 불교 수행이나 복잡한 현대 과학에 익숙하지 않은 사람들에게 전달할 수 있을까를 생각하게 되었습니다.

사실 MIT에서 회의가 진행되는 동안 한 가지 의문이 떠올랐습니다. 만약 불교의 접근 방법과 서양의 접근 방법을 하나로 결합하면 어떤 일이 일어날까? 수행을 하는 사람들이 자신의 경험을 설명하기 위해서 제공하는 주관적인 정보들에다가 뇌 활동의 미세한 변화들을 측정하는 기계들이 보여 주는 객관적인 데이터를 접목하면 무엇을 얻을 수 있을까? 불교적 접근법인 마음의 성찰이 제공할 수 있지만, 서양의 과학 기술적 연구로는 줄 수 없는 것이 무엇일까? 임상 실험에서 얻은 객관적인 관찰이 불교 수행자들에게 제공할 수 있는 통찰은 무엇일까?

회의가 끝나갈 무렵, 불교 측 참석자들과 서양 과학자들 모두 다음 사실을 깨달았습니다. 양쪽이 함께 일함으로써 서로 많은 이득을 얻을 수 있을 뿐 아니라, 협력 자체만으로도 인간 삶의 질을 개선하는 데 중요한 기회가 되리라는 것을. 폐회식 연설에서 MIT 분자생물학 교수이자 화이트헤드 협회와 MIT 공동의 게놈 연구소 책임자인 에릭 S. 랜더 박사는 불교 수행이 정신적 자각의 수준을 높은 단계로 이끄는 데 중점을 두는 반면 현대 과학은 정신 질환을 앓고 있는 환자를 정상 상태로 회복시키는 세세한 방법에 초점을 맞추고 있다고 지적했습니다. 그는 청중에게 물었습니다.

"그런데 우리는 왜 앞으로 더 나아가려고 하지 않죠? 왜 우리는 자신이 정신 질환에 걸리지 않았다는 사실에만 만족하고 말죠? 왜 점점 더 나아지는 데 초점을 두지 않죠?"

랜더 교수의 질문을 듣고서 나는 불교와 현대 과학의 가르침을 삶에서 매일 직면하는 문제들에 적용할 수 있는 방법을 찾아보자는 생각을 했습니다. 안거 수행 첫 해에 내가 힘들게 경험했듯이, 일상생활에서 그토록 많은 고통과 번뇌를 창조해 내는 우리의 심리적 생물학적 습관을 단지 이론적인 이해만으로 극복하려는 것은 역부족입니다. 진정한 변화가 일어나기 위해서는 실천을 통해 이론이 적용되어야 하는 것입니다.

초기 수행 시절 심오한 철학적 통찰을 가르쳐 주고 그것을 실제 삶에 적용하는 실천 방법들을 제시해 준 스승들께 말할 수 없이 감사드립니다. 과학자들에게도 똑같이 감사드립니다. 그들은 내가 배운 모든 것들을 재확인시켜 주고 현대인들이 보다 쉽게 접근할 수 있는 용어들로 바꿔 주었을 뿐만 아니라 광범위한 연구를 통해 불교 수행의 효과를 입증하는 데 시간과 노력을 아끼지 않았습니다.

인간 역사에서 이 특별한 순간에 우리가 살고 있다는 것이 얼마나 큰 행운인가요! 지금 서양의 과학자들과 불교 수행자들이 협력해 인류에게 상상을 뛰어넘는 행복에 다가갈 가능성을 제공할 준비가 되어 있습니다. 이 책을 쓰는 나의 바람은, 책을 읽는 사람들 모두가 이 놀라운 협력을 통해 배운 것을 삶에 적용함으로써 실질적인 혜택을 얻는 일입니다. 그리하여 자신이 지닌 완전한 가능성을 실현하는 일입니다.

2
마음이란 무엇인가

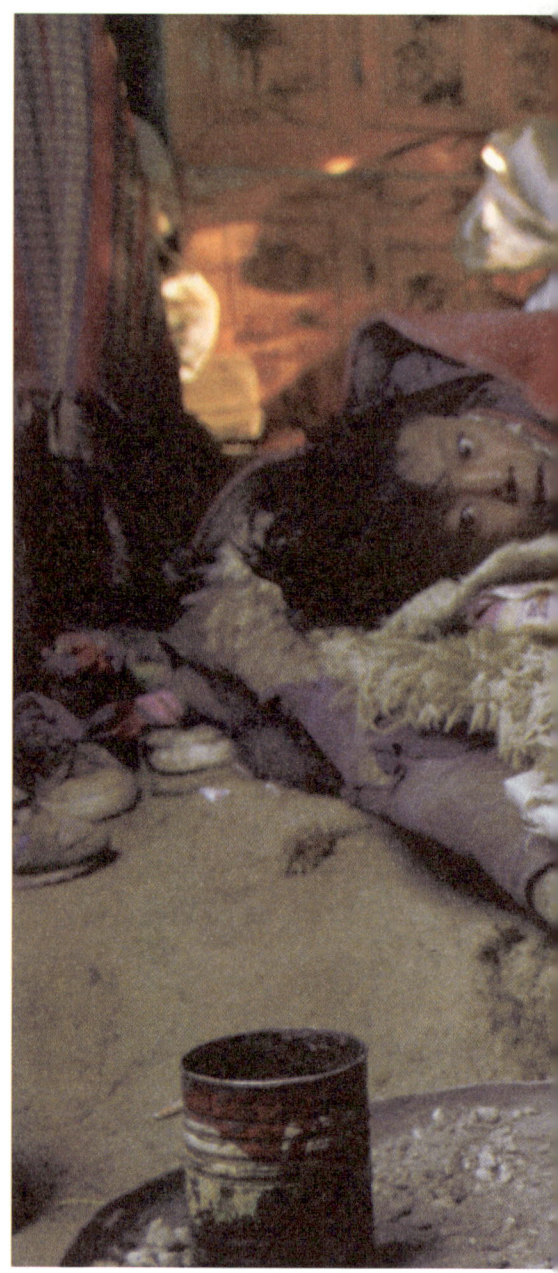

우리가 우리의 존재라고 여기는 '나의 마음', '나의 몸', '나의 자아'는 실제로는 생각, 감정, 기분, 지각 작용의 끊임없는 흐름이 만들어 내는 하나의 환상일 뿐이다. 마음은 독립적인 실체가 아닌, 끊임없이 펼쳐지는 경험이다. 마음의 색깔은 매일 혹은 매 순간 달라진다. 머릿속으로 지나가는 생각들과 감정들을 비추면서. 하지만 바다와 마찬가지로 마음 그 자체는 결코 변하지 않는다. 그것은 무엇을 비추고 있든 상관없이 언제나 깨끗하고 맑다.

부품들이 한데 모이면 탈것의 개념이 탄생한다.
〈상응부경전〉

내가 배운 첫 번째 가르침 중 하나는 자각 능력을 가진 모든 존재는, 즉 아주 기초적인 자각 능력을 지닌 생물까지도 세 가지 기본 특성인 몸, 말, 마음으로 정의내릴 수 있다는 것입니다. 몸은 우리 존재의 물질적 부분을 가리키는 것으로 끊임없이 변화합니다. 태어나고, 성장하고, 병들고, 늙고, 결국에는 죽습니다. 말은 우리의 말하는 능력뿐 아니라 소리, 단어, 몸짓, 얼굴 표정 등의 형태로 교환하는 모든 다양한 신호들과 심지어 페로몬의 생성까지도 포함합니다. 페로몬은 포유동물에게서 분비되는 화합물로, 동물의 행동과 발달에 미묘한 영향을 끼칩니다. 몸과 마찬가지로 말도 경험의 무상한 측면입니다. 언어와 여러 신호를 통해 교환되는 모든 메시지는 살아 있는 동안만 오고 갑니다. 몸이 죽으면 말하는 능력도 몸과 더불어 죽어 버립니다.

마음은 설명하기가 더 어렵습니다. 몸과 말을 식별하듯이 그렇게 쉽게 가리켜 보일 수 있는 '물건'이 아닙니다. 아무리 깊이 조사한다

해도 실제로 우리가 마음이라고 부를 만한 어떤 확정적인 대상을 밝혀내기란 불가능합니다. 존재의 이 정의하기 어려운 측면을 설명하려는 시도로 지금까지 수천 권까지는 아니더라도 수백 권의 책과 논문들이 쓰였습니다. 마음이 과연 무엇이고 어디에 있는지 확인하기 위해 쏟은 많은 시간과 노력에도 불구하고, 불교도든 서양 과학자든 "아, 마음이 어디 있는지 알아냈어! 마음은 몸의 이쪽 부위에 있고, 또 이런 모양이야. 그리고 이것이 마음이 작용하는 방식이야." 하고 확정적으로 말할 수 있는 사람은 지금까지 없었습니다.

수세기 동안의 연구 조사를 통해 고작 결정할 수 있었던 사실은 "마음은 심장과 폐의 위치, 혈액순환의 원리, 신진대사의 규칙처럼 본질적인 기능을 다스리는 기본적인 것들에서 찾아볼 수 있는 특정한 위치, 모양, 형태, 색깔, 혹은 그 밖의 만져서 알 수 있는 어떤 특성도 갖고 있지 않다."라는 것입니다. 차라리 "정의 내리려고 하면 할수록 좌절감만 느끼게 만드는 마음은 결코 존재하지 않는 거야!" 하고 말한다면 얼마나 쉬울까요. 마음을 귀신, 도깨비, 요정 같은 가상 존재들이 사는 왕국으로 보내 버리면 훨씬 편할 것입니다.

하지만 현실적으로 누가 어떻게 마음의 존재를 부정할 수 있겠습니까? 우리는 생각하고 느낍니다. 허리가 아프거나 발이 저릴 때 우리는 그것을 알아차립니다. 자신이 피곤하거나 정신이 바짝 차려지거나 행복하거나 슬프다는 것을 우리는 압니다. 현상을 정확히 정의 내릴 수 없고 위치를 파악할 수 없다고 해서 그 현상이 존재하지 않는다는 의미는 아닙니다. 다만 이해 가능한 모델을 제시할 만큼 아직 충분한 자료가 모아지지 않았음을 의미할 뿐입니다.

간단한 비유를 사용하자면, 마음을 과학적으로 이해하는 것은 전기 에너지와 같은 단순한 것을 받아들이는 것에 비교할 수 있습니다. 전등 스위치를 올리거나 텔레비전을 켜는 데 전기 회로나 전자기 에너지에 대한 세세한 이해가 필요하진 않습니다. 만약 불이 켜지지 않으면 전구를 갈아 끼웁니다. 텔레비전이 나오지 않으면 케이블이나 위성방송 연결선을 점검합니다. 촉이 나간 전구를 갈거나, 텔레비전 케이블 박스와 위성 안테나 연결선을 조이거나, 퓨즈를 갈면 될 것입니다. 최악의 상황에는 전기 기사를 불러야 할지도 모릅니다. 그러나 이 모든 행위의 밑바탕에서 작용하는 것은 현재 전기가 흐르고 있다는 기본적인 이해와 믿음입니다.

마음의 작용도 비슷합니다. 현대 과학은 마음의 기능과 연결된 지적 활동, 감정 활동, 감각 활동 등에 기여하는 세포 구조와 과정들을 대부분 확인했습니다. 그러나 마음 자체를 구성하는 것이 무엇인가는 아직 접근하지 못하고 있습니다. 사실 과학자들이 마음의 활동을 더 세밀하게 조사할수록, 마음을 분리된 실체라기보다는 끊임없이 전개되는 일어나는 사건으로 여기는 불교적 이해에 접근하게 됩니다.

불교도들과 현대 과학자들은 마음의 소유 여부는 자각 능력을 가진-또는 의식을 가진-모든 존재들을 풀이나 나무 같은 유기체와 돌, 사탕 봉지, 시멘트 벽돌 같이 굳이 살아 있다고 보이지 않는 사물들과 구별하는 분명한 기준이라는 사실에 동의합니다. 본질적으로 마음은 자각 능력을 가진 존재가 공유하는 가장 중요한 측면입니다. 하물며 지렁이에게도 마음이 있습니다. 비록 인간의 마음만큼 복잡 미묘하진 않다 하더라도. 또 모르지 않습니까. 그 단순함 속에 미덕이 숨어 있을지. 나는 주식 시세의 등락을 고민하며 밤을 꼬박 새우는 지렁이가 있다는 말은 아직까지 들어보지 못했습니다.

불교인과 현대 과학자 대부분이 동의하는 또 다른 견해는 마음이 자각 능력을 가진 존재의 본성에서 가장 중요한 측면이라는 것입니다. 어떤 의미에서 몸과 말을 구성하는 다양한 의사소통 형태들은 단지 마음의 꼭두각시들이며, 그에 반해 마음은 이 꼭두각시들의 주인입니다.

마음의 역할에 대한 이 개념을 스스로 검증해 볼 수 있습니다. 당신이 코를 긁으면 가려움을 인식하는 것은 무엇인가요? 몸이 자체로 가려움을 인식할 수 있을까요? 몸이 손을 저절로 올리게 해서 코를 긁도록 지시하는 것일까요? 몸이 가려움과 손과 코를 구분할 수 있기나 할까요? 또 하나 목마름의 예를 들어봅시다. 당신이 갈증을 느낄 때 목마름을 처음 인식하고, 손에게 물 잔을 들어 입으로 가져가도록 지시하고, 그런 다음 그것을 마시라고 말하는 것은 마음입니다. 신체적인 욕구 해소의 쾌감을 등록시키는 것 역시 마음입니다.

마음을 눈으로 볼 수는 없지만, 마음은 언제나 현존하며 활동합니다. 마음은 건물과 나무를, 비와 눈을, 맑은 하늘과 구름 낀 하늘의 차이를 인식하는 능력의 원천입니다. 하지만 마음을 가지고 있다는 것이 우리 경험의 너무도 기본적인 조건이기 때문에 우리들 대부분은 그것을 당연하게 받아들입니다. "나는 먹고 싶어. 나는 가고 싶어. 나는 앉고 싶어." 하고 생각하는 그것이 무엇인지 우리는 스스로에게 성가시게 묻지 않습니다. "마음은 몸 안에 존재하는가, 몸 밖에 존재하는가? 마음은 어디에서 시작하고 어디서 끝나는가? 마음은 형태나 색이 있는가? 마음은 과연 존재하기나 하는가, 아니면 오랜 시간 습관의 힘을 축적한 뇌세포들의 무작위적인 활동인가?" 하고 묻지 않습니다. 하지만 나날의 삶에서 경험하는 다양한 차원의 고통, 고뇌,

감정적인 불편함 등을 근절하기를 원한다면, 그리고 마음을 소유하고 있다는 것의 의미를 완전하게 이해하기를 원한다면 마음을 관찰하면서 마음의 주된 특징들을 구별하려는 시도를 해 봐야만 합니다.

그 과정은 실제로 매우 간단합니다. 우리는 바깥 세상, 즉 흥미로운 물건들과 경험들로 가득 찬 세상을 보는 것에 너무 익숙해져 있어서 처음엔 그런 시도가 어렵게 느껴질 뿐입니다. 마음을 보는 것은 마치 거울의 도움 없이 자신의 뒤통수를 보려고 애쓰는 것과 같습니다.

우리가 평소에 사물을 이해하는 것과 같은 방식으로 마음을 바라보는 간단한 테스트 하나를 제안하고자 합니다. 걱정할 필요는 없습니다. 이 시험은 불합격이란 게 없고 답안지를 작성할 수성 사인펜도 필요 없습니다. 테스트는 이것입니다. 다음번에 점심 식사나 저녁 식사를 위해 자리에 앉을 때 자신에게 이렇게 물어보는 것입니다.

"이 음식이 맛있다, 혹은 맛없다고 생각하는 그것은 무엇인가? 내가 음식을 먹고 있다는 사실을 인식하는 그것은 무엇인가?"

즉각적인 대답은 분명 이러할 것입니다.

"나의 뇌."

하지만 현대 과학의 관점에서 실제로 뇌를 들여다보면 대답이 그렇게 단순한 것만은 아니라는 사실을 알게 됩니다.

그곳에서 무슨 일이 일어나고 있는가

> 모든 현상은 마음의 투영들이다.
> 3대 걀와 카르마파 〈마하무드라의 소망〉

우리 모두가 원하는 것이 행복해지는 것이라면 왜 굳이 뇌를 이해할 필요가 있을까요? 그냥 행복한 생각을 하거나 흰빛으로 채워진 내 몸을 상상하면 되지 않을까요? 아니면 벽을 온통 귀여운 토끼나 무지개 그림으로 채워 놓으면 안 될까요? 그럴 수도 있을 것입니다.

마음을 들여다보려고 시도할 때 부딪히는 주된 장애물 중 하나는 우리 안에 깊이 뿌리박힌, 그래서 무의식적인 확신이 되어 버린, "나는 원래 이런 식으로 태어났고, 그것을 바꾸기 위해 내가 할 수 있는 일은 아무것도 없다."라는 생각입니다. 나 역시 어렸을 때 그것과 똑같은 비관적인 자포자기 감정을 경험했으며, 여러 나라 사람들을 만나면서 그런 감정이 많은 이들의 내면에 존재하는 것을 목격했습니다. '내가 나의 마음을 변화시키는 건 불가능해.'라는 생각은 우리의 모든 시도를 가로막습니다.

긍정적인 생각과 기도, 혹은 시각화 훈련을 통해 변화를 시도하는 사람들과 이야기해 보면, 그들은 즉각적인 결과를 얻지 못해서 이삼 일이나 이삼 주 만에 포기하곤 했다고 시인합니다. 기도와 긍정적인 생각이 효과가 없으면 그들은 마치 책 판매를 위한 단기 마케팅 전략이었던 것처럼 마음을 대상으로 하려던 모든 시도를 거둬들입니다.

승복을 걸치고 인상적인 칭호를 달고 여러 나라를 다니며 강연할 때 좋은 점 한 가지는, 대개 일반인에게는 시간을 내주지 않을 사람들이 나와 대화를 나누는 걸 매우 좋아한다는 것입니다. 사람들은 나를 극진히 접대해야 할 중요한 사람처럼 대합니다. 여러 나라 과학자들과 대화를 하다가, 인간의 뇌는 일상생활의 경험에 실제로 변화를 일으키는 것이 가능하도록 구조가 갖추어져 있다는 이론에 전 세계 과학계가 거의 의견의 일치를 보았다는 사실을 알고 깜짝 놀랐습니다.

 십 년 넘게 나는 신경 과학자, 생물학자, 심리학자 들과의 대화를 통해 흥미 있는 견해들을 많이 들었습니다. 그들이 말한 내용들 중에는 내가 교육받은 것과 다른 개념들도 있었고, 비록 관점은 다르지만 내가 배운 것을 확인해 주는 내용들도 있었습니다.

 내가 뜻밖에 알게 된 뇌에 대한 가장 흥미로운 비유 중 하나는 샌디에이고 캘리포니아 대학의 신경 과학자 로버트 리빙스턴 박사가 한 말입니다. 1987년 처음 열린 마음생명협회 회의에서 리빙스턴 박사는 뇌를 '화음이 잘 맞고 통제가 잘 되는 교향악단'에 비유했습니다. 하나의 교향악단처럼 뇌는 움직임, 사고, 느낌, 기억, 기분과 같은 특정한 결과를 낳기 위해 함께 일하는 연주자들로 구성되어 있다고 설명했습니다. 하품을 하고, 눈을 깜박이고, 재채기를 하고, 팔을 올릴 때, 비록 그것이 매우 단순하게 보일지라도 그 단순한 행동에 많은 연주자들, 그리고 그들 사이의 폭넓은 상호작용이 놀라우리만큼 복잡한 그림을 형성한다는 것입니다.

 리빙스턴 박사가 말하고 있는 것을 더 깊이 이해하기 위해 나는 몇 차례 서양을 여행하는 동안 선물 받은 산더미 같은 책과 잡지, 그리고 그 밖의 자료들을 읽는 데 많은 사람들의 도움을 받아야 했습니다. 자료 대부분이 극히 전문적인 내용들이었으며, 그것을 이해하려고 노력하면서 나도 모르게 과학자들과 의대생들에 대한 무한한 자비심이 일었습니다.

 운 좋게도, 나는 그 분야에서 나보다 훨씬 많은 지식을 갖춘 사람들과 긴 대화를 나눌 수 있었는데, 그들은 과학 전문 용어들을 내가 이해할 수 있는 단순한 단어들로 번역해 주었습니다. 그들이 쏟은 시간과 노력이 내게 큰 도움을 주었던 만큼 그들에게도 그러했길 나는 바랍니다. 덕분에 나는 영어 어휘력이 엄청나게 늘었을 뿐 아니라 어떻게 뇌가 작용하는지도 이해하게 되었습니다. 그리고 중요한 세부사항에 대한 이해가 늘면서, 불교 전통 안에서 자라지 않은 사람들에게 불교 명상법이 인체 생리적 차원에서 실제로 어떻게 작용하는지 이해시키는 데는 리빙스턴 박사가 말한 '연주자들'의 성질과 역할에 대한 기본적인 이해가 필요하다는 점이 분명해졌습니다.

정신적 공황상태에 빠져 있던 아이에서 세계 곳곳을 돌아다니며 자신의 강연을 들으러 온 수백 명의 청중 앞에 어떤 두려움의 기색도 없이 설 수 있는 사람으로 완전히 거듭나게 만들어 준 나의 뇌에 과연 무슨 일이 일어났는지 과학의 시각으로 알 수 있다는 사실에 나는 매료당했습니다. 나의 많은 스승과 동료 수행자들이 의식의 탈바꿈 자체에 만족하는 데 반해, 왜 유독 나만 수행을 통해 일어나는 변화의 배후에서 작용하는 신체적인 이유들을 이해하는 데 이토록 호기심이 많은지 딱히 설명할 수가 없습니다. 아마도 전생에 나는 기계공이었는지도 모르겠습니다.

다시 뇌로 돌아가, 아주 초보적인 일반인의 용어로 말하자면, 뇌가 하는 대부분의 활동은 뉴런이라고 불리는 매우 특별한 세포집합체에 의해 일어납니다. 뉴런은 매우 사교적인 세포들입니다. 이들은 수다 떠는 것을 무척 좋아합니다. 마치 반 친구에게 끊임없이 쪽지를 넘기며 귓속말을 해대는 장난꾸러기 학생들 같습니다. 한 가지 차이점은 뉴런들 사이의 은밀한 대화는 주로 감각의 지각, 동작, 문제 해결, 기억 되살리기, 생각과 감정 일으키기에 대한 것들이라는 점입니다.

이 수다스러운 세포들은 모양이 나무와 매우 비슷합니다. 축색돌기라는 이름의 나무둥치와, 근육과 피부 조직과 주요 장기들과 감각기관들을 통해 흐르는 기타 신경세포들로 뻗어 가서 메시지를 주고받는 나뭇가지들이 그것입니다. 이들 뉴런 세포들은 가장 가까이에 있는 가지들 사이에 난 작은 틈으로 자신의 메시지를 전달합니다. 이 틈을 시냅스라고 부릅니다. 이 틈들을 건너 흘러가는 실제 메시지들은 신경전달물질이라고 불리는 화학분자 형태로 운반되는데, 이 물질이 뇌파검사로 측정 가능한 전기 신호를 만들어 냅니다.

이 신경전달물질들 중 일부는 최근에 사람들에게 많이 알려져 있습니다. 예를 들어, 우울증에 영향을 미치는 세로토닌, 쾌감과 관련된 화합물 도파민이 있습니다. 아드레날린으로 더 많이 알려진 에피네프린은 스트레스, 불안, 두려움 등에 반응해 분비되는 화합물이지만 주의 집중과 각성 상태에도 중요한 역할을 합니다. 한 뉴런에서 다른 뉴런으로 전기 화학 신호가 전달되는 것을 과학 용어로 '활동 전위'라고 합니다. 한번도 불교 공부를 해 본 적이 없는 사람에게 '공'이라는 단어가 익숙하지 않듯이 내겐 이 단어가 무척 생소했습니다.

뉴런 활동을 이해하는 것은 고통과 행복의 관점에서 보면 그다지 필수적인 것이 아닐 수 있습니다. 단, 몇 가지 중요 사항을 제외하고는. 뉴런들이 서로 연결되면 오래된 친구들처럼 엄청난 결속력이 형성됩니다. 뉴런은 같은 종류의 메시지를 앞뒤로 서로 전달하는 습관이 있습니다. 마치 오래된 친구들이 사람, 사건, 경험에 관한 서로의 판단을 강화시켜 주는 경향이 있는 것과 같습니다. 이 결속력이 '마음의 습관'이라 부르는 많은 것들의 생물학적 토대입니다. 특정한 유형의 사람, 장소, 사물들에 대한 일종의 조건반사 같은 것입니다.

아주 단순한 예를 들자면, 내가 아주 어렸을 때 개한테 크게 놀란

적이 있다면 한편에서는 뇌 속에 두려움의 신체적 감각에 상응하는 특정한 뉴런 연결망이 형성될 것이고, 다른 한편에서는 개라는 개념 자체가 무서워집니다. 다음번에 개를 보았을 때 과거의 뉴런들이 개가 무섭다는 사실을 상기시키기 위해 서로 수다를 떨기 시작할 것입니다. 그리고 그 수다가 일어날 때마다 목소리는 점점 더 커지고 확신에 차져서 결국엔 개를 생각만 해도 심장이 두근거리고 식은땀이 나기 시작하는 유형이 자리 잡게 됩니다.

그런데 어느 날 개를 키우는 친구 집을 방문한다고 합시다. 초인종을 누르면 개가 짖어대는 소리와 나에게 달려와 쿵쿵거리며 냄새를 맡는 그 동물에 두려움을 느낄 것입니다. 하지만 잠시 후 개는 나한테 익숙해질 것이고, 옆으로 와 앉기도 하고 심지어 매우 행복하고 사랑스럽게 나를 핥아서 실제로 개를 밀쳐 내야 할 정도가 됩니다.

개의 뇌 속에서 일어난 일은 이것입니다. 나의 체취와 관련된 일단의 뉴런 연결망과 자신의 주인이 나를 좋아한다고 말해 주는 모든 감각들이 '어, 이 사람은 좋은 사람이군!' 하고 말하는 것과 동일한 패턴을 형성합니다. 한편 나의 뇌 속에서는 즐거운 신체적 감각과 관련된 일단의 새로운 뉴런 연결망이 서로 수다를 떨기 시작하면서 나는 '어, 개가 나쁘지 않은데!' 하고 생각하기 시작합니다. 그 친구를 방문할 때마다 매번 이 새로운 패턴이 강화될 것이고, 과거의 패턴은 약화되어 마침내 나는 더 이상 개를 무서워하지 않게 됩니다.

과거의 뉴런 연결망을 새로운 뉴런 연결망으로 대체하는 이 능력을 신경 과학 용어로 '신경 가소성'이라고 부릅니다. 티베트 어로는 레수룽와, 대략 번역하면 유연성이라는 의미입니다. 둘 다 알아 두면 더욱 똑똑한 사람처럼 보일 것입니다. 이것을 요약하면, 반복된 경험이 뇌의 작용 방식을 바꿀 수 있다는 것입니다. 이것은 정확하게 세포 차원에서 일어납니다. 불교의 가르침이 불행을 지휘하는 마음의 습관을 제거해 주는 이유가 여기에 있습니다.

하나 속 세 개의 뇌

> 붓다의 형상은 세 가지로 분류된다.
> 감포파 〈해탈보장론〉

지금쯤 두뇌라는 것이 하나의 단일한 개체가 아니라는 사실이 분명해졌을 것입니다. 그러니 "이 음식이 맛있다, 혹은 맛없다고 생각하는 그것은 무엇인가?"라는 질문에 대한 대답이 보이는 것만큼 간단하지 않음을 알았을 것입니다. 먹고 마시는 일처럼 비교적 기본적인 행동들조차도 수백만 개의 뇌세포와 몸 전체의 세포들 사이에 미세하게 일순간 조율되는 수천 개의 전기 화학 신호의 교환이 필요합니다. 그런데 뇌 여행을 끝마치기 전에 알아두어야 할 또 하나의 복잡한 차원이 있습니다.

  인간의 뇌 속에 있는 수십억 개의 뉴런은 기능별로 세 개의 서로 다른 층으로 그룹 지어져 있습니다. 각 층은 수억 년간 종이 진화하는 가운데 생존을 위한 복잡한 구조가 계속적으로 획득되면서 발달해 왔습니다. 이 구조 중에서 최초로 형성된 층이자 가장 오래된 층은 뇌간이라 알려진 것으로, 척추 꼭대기에서 바로 펼쳐져 나간 전구 모양의 세포 그룹입니다. 많은 파충류의 뇌 전체 모습과 형태가 비슷하다고 해서 보통 '파충류 뇌'라고도 부릅니다. 이 파충류 뇌의 주된 목적은 숨쉬기, 신진대사, 심장박동, 혈액순환과 같은 기본적이고 반사적인 기능의 조절입니다. 또한 종종 '투쟁 도주 반응'(갑작스런 자극에 대해 투쟁할 것인가 도주할 것인가를 고려하는 본능적 반응) 혹은 '놀람 반사'라고 불리는 것을 제어하는데, 이는 예상치 못한 맞닥뜨림이나 사건을 해석하는 자동적인 반응입니다. 예를 들어 큰 소음, 익숙하지 않은 냄새, 우리의 팔을 따라 기어오르는 어떤 것, 혹은 캄캄한 구석에 똬리를 틀고 있는 물체 등이 그것입니다. 의식적인 지시 없이도 몸에 아드레날린이 퍼지기 시작하고, 맥박이 빨라지며, 근육이 긴장됩니다. 만약 그 위협이 극복할 수 있는 능력보다 큰 것으로 지각되면 도망을 칩니다. 만약 그 위협을 물리칠 수 있다고 생각되면 맞서 싸웁니다. 이러한 종류의 자동적인 반응이 생존에 얼마나 크게 영향을 미치는가는 쉽게 알 수 있습니다.

대부분의 파충류들은 협조적이기보다는 호전적 성향이 더 강하며 새끼를 양육하는 타고난 능력을 갖고 있지 않습니다. 암컷 파충류는 알을 낳은 후 으레 둥지를 버립니다. 새끼는 부화하면, 물론 이 새끼도 부모와 아주 닮은 본능과 능력을 가지고 있긴 하지만, 아직 몸이 상처 입기 쉽고 움직임이 서툴며 스스로를 보호해야만 합니다. 새끼들은 태어난 직후 몇 시간을 넘기지 못하고 죽는 경우가 허다합니다. 바다거북에게 바다가 그렇듯이 새끼들은 자신에게 꼭 맞는 서식지, 안전한 장소를 향해 앞다퉈 기어가는 동안 다른 동물에게 살해당하거나 잡아먹히며 종종 같은 종에게도 목숨을 빼앗깁니다. 실제로 새로 부화된 파충류가 자기 자식인지도 인식하지 못하는 부모에게 잡아먹히는 일도 드물지 않습니다.

새와 포유동물 같은 새로운 종류의 척추동물로 진화되면서 뇌의 구조에 놀랄 만한 진화가 일어났습니다. 파충류 사촌들과 달리, 이 새로운 종에서 태어난 신생아들은 스스로를 돌볼 만큼 충분히 발달하지 않았습니다. 어느 정도 부모의 양육이 필요했습니다. 이 필요를 충족시키기 위해, 그리고 종의 생존을 확실히 하기 위해 뇌의 두 번째 층이 점차 진화되었습니다. 대뇌변연계라 불리는 이 층은 일종의 헬멧 모양처럼 뇌간을 둘러싸고 있으며, 새끼를 양육하려는 충동을 자극하도록 프로그래밍된 일련의 신경세포 연결망을 포함하고 있습니다. 새끼에게 음식을 제공하고, 보호하고, 놀이와 연습을 통해 필수적인 생존 기술을 가르치는 것이 그것입니다.

더욱 정교해진 이 신경세포 경로는 새로운 동물군에게 단순한 투쟁 도주 반응을 넘어 더 광범위한 감정 구별 능력을 제공해 주었습니다. 예를 들어, 포유동물 부모들은 자식들이 내는 특정한 소리를 구별할 수 있을 뿐만 아니라 그 속에서 고민, 즐거움, 배고픔 등의 소리도 구분할 수 있습니다. 덧붙여 대뇌변연계는 신체적인 자세, 움직이는 방법, 얼굴 표정, 눈의 모양, 심지어 미묘한 냄새나 페로몬 등을 통해 다른 동물의 의도를 읽을 수 있는 더 광범위하고 미묘한 능력을 제공합니다. 그리고 이 다양한 종류의 신호를 처리할 수 있게 되면서 포유동물과 조류는 변화하는 환경에 더욱 유연하게 적응할 수 있게 되고 학습과 기억의 토대를 마련하게 되었습니다.

감정의 역할을 들여다볼 때, 대뇌변연계는 몇 가지 놀라운 구조와 능력을 지니고 있습니다. 우리는 이것에 대해 나중에 좀 더 자세히 살펴볼 것입니다. 그러나 이 구조의 두 가지는 특별히 언급할 가치가 있습니다. 첫 번째는 측두엽, 즉 관자놀이 바로 뒤에 위치한 해마(혹은 해마상 융기. 뇌에서 기억력을 관장하는 곳)입니다. 실제로 우리는 뇌의 양쪽에 각각 하나씩 두 개의 해마를 가지고 있습니다. 해마는 직접 경험한 사건들에 대한 새로운 기억을 창출하는 데 매우 중요합니다. 이것은 우리의 감정적인 반응들에 의미를 부여하는 공간적이고 지적인, 그리고 적어도 인간의 경우에는 언어로 된 문맥을 제공해 줍니다.

뇌의 이 영역에 손상을 입은 사람은 새로운 기억을 창출하기 어렵습니다. 손상되기 바로 직전까지 있었던 일은 모두 기억할 수 있지만, 손상당한 이후에는 만난 사람이나 일어난 일을 한순간에 잊어버립니다. 또한 해마는 정신분열증, 심한 우울증, 조울증뿐 아니라 치매에 의해 영향을 받는 뇌의 첫 번째 영역 중 하나입니다.

대뇌변연계에서 중요한 또 하나의 부위는 뇌간 바로 위쪽, 즉 대뇌변연계 맨 밑에 위치한 작은 아몬드 모양의 신경 구조인 편도체입니다. 해마처럼 인간 뇌에는 이 작은 기관이 두 개 있습니다. 하나는 우뇌에, 다른 하나는 좌뇌에. 편도체는 감정을 느끼고, 감정적인 기억들을 창출하는 능력에 중요한 역할을 합니다. 연구 조사에 따르면, 편도체가 손상을 입거나 제거되면 사회적 관계를 형성하거나 인지하는 능력뿐 아니라 두려움과 공감 같은 가장 기본적인 충동을 포함해 거의 모든 형태의 감정 반응 능력이 상실되는 결과를 낳습니다.

행복을 과학적으로 정의하려고 시도할 때면 편도체와 해마의 활동이 주목을 받습니다. 편도체는 자동적으로 근육과 심장과 분비선 반응을 조절하는 뇌간의 한 영역인 자율신경계와 연결되어 있고, 아드레날린과 기타 호르몬을 혈류에 내보내는 대뇌변연계 기저에 있는 신경세포 구조인 해마와도 연결되어 있기 때문에 그것이 만들어 내는 감정적인 기억들은 매우 강력하며, 중요한 생물학적 생화학적 반응들과 관련되어 있습니다.

아드레날린이나 기타 호르몬의 과도한 분비 같은 강한 생물학적 반응을 일으키는 사건이 발생할 경우, 해마는 뇌간 쪽으로 신호를 내려 보내는데, 뇌간에서는 신호가 패턴 형식으로 저장됩니다. 그 결과 많은 사람들이 우주왕복선 참사나 케네디 대통령 암살 소식을 듣거나 목격했을 당시 자신이 어디 있었는지, 주위에서 무슨 일이 있었는지 정확히 떠올릴 수 있는 것입니다. 매우 긍정적이거나 부정적인 더 개인적인 경험도 동일한 패턴의 유형들로 저장될 수 있습니다.

그러한 기억들, 그리고 그것들과 연관된 패턴들은 너무도 강력하기 때문에 원래의 기억과 약간의, 때로는 아주 조금의 유사성이라도 가진 사건들을 만나면 그것들은 매우 쉽게 반응합니다. 이러한 유형의 강력한 기억 반응은 생명을 위협하는 상황에 직면했을 때 생존에 중요한 이익을 제공합니다. 그것은 우리로 하여금 과거에 먹고 체했던 음식을 식별하고 피하거나, 특히 공격적인 동물이나 사람을 대면하는 일을 피하게 해줍니다. 하지만 그것은 일상적인 경험들을 왜곡하거나 판단을 흐리게 할 수 있습니다. 예를 들어, 부모나 다른 어른들로부터 주기적으로 굴욕감을 느꼈거나 비난받은 아이들은 나중에 어른이 되어서 권위 있는 인물을 대할 때 쓸데없이 강한 두려움, 분노, 다른 불쾌한 감정들을 느낄 수 있습니다. 이러한 유형의 왜곡된 반응은 종종 편도체가 의존하는 연합 방식이 느슨하기 때문에 오는 것입니다. 편도체는 기억 반응을 자극하기 위해 기존의 연합 방식에 의존합니다. 과거의 경험에 담긴 어떤 요소와 비슷한 현재 상황에서의 중요한 요소는 원래의 경험과 함께 저장된 모든 범위의 생각, 감정, 그리고 호르몬 반응과 근육 반응을 자극할 수 있습니다.

대뇌변연계 혹은 때로 '감정적인 뇌'라고 불리는 것의 활동은 가장 최근에 발달한 뇌의 세 번째 층인 신피질에 의해 대부분 균형이 잡힙니다. 포유동물에게만 있는 이 층은 추론, 개념 형성, 계획, 감정적 반응을 미세하게 조정하는 능력을 제공합니다. 대부분의 포유동물에게 이 층이 아주 얇기는 하지만, 고양이가 찬장 문을 지레로 들어 열거나 개가 문손잡이를 잡고 돌리는 법을 배우는 것을 목격한 적이 있다면 동물의 신피질이 작동하는 것을 본 것입니다.

인간과 고도로 진화된 포유동물들 사이에서 신피질은 훨씬 더 크고 복잡한 구조로 발달했습니다. 뇌를 떠올릴 때 마음속으로 연상되는 것은 대개 불룩하게 주름이 진 모양의 구조입니다. 그런데 이 주름이 없다면 우리는 뇌 모양을 상상하지도 못할 것입니다. 왜냐하면 우리의 커다란 신피질이 우리에게 상징을 창조하고 이해하고 조작하는 능력뿐 아니라 상상하는 능력을 제공해 주기 때문입니다. 우리에게 언어, 작문, 수학, 음악, 예술 능력을 제공하는 것은 신피질입니다. 신피질은 문제 해결, 분석, 판단, 충동 조절, 정보 조직 능력, 과거의 경험과 실수로부터 배우고 다른 사람과 공감하는 능력을 포함한 우리의 이성적 활동의 자리입니다.

인간의 뇌가 이렇듯 서로 다른 세 가지 층으로 이루어져 있다는 것을 아는 것만으로도 놀라운 일입니다. 그런데 더욱 매혹적인 일은, 우리가 아무리 현대적이고 세련된 사람이라 할지라도 단 하나의 생각을 만들어 내는 데 뇌의 모든 세 가지 층, 즉 뇌간, 대뇌변연계, 신피질의 복잡한 상호작용이 필요하다는 사실입니다. 게다가 각각의 생각, 기분, 경험마다 일련의 서로 다른 상호작용을 포함하며, 생각의 형태만 달라도 활성화되는 뇌의 영역이 완전히 달라집니다.

실종된 지휘자

> 마음은 머리 안에 있지 않다.
>
> 프란시스코 바렐라 〈상생의 과학으로 나아가는 단계들〉

하나의 의문이 여전히 나를 괴롭혔습니다. 리빙스턴 박사가 제시했듯이 만약 뇌가 하나의 교향악단이라면 지휘자가 있지 않을까? 모든 일을 감독하는, 객관적으로 확인할 수 있는 세포 혹은 기관이 있지 않을까? 우리는 그런 게 있는 것처럼 분명히 느낍니다. 혹은 "아직 마음을 정하지 못했어." "마음이 텅 비었어." "마음이 다른 데 가 있었나 봐."라는 말을 할 때 적어도 그 존재를 언급하게 됩니다.

신경 과학자, 생물학자, 심리학자들과 대화하면서 배운 사실에 따르면, 현대 과학은 오래전부터 그 '지휘자'를 찾아 왔습니다. 감각, 인식, 사고, 그 밖의 정신 활동들을 지휘하는 특정 세포나 세포 집단을 발견할 것이라는 희망을 가지고 과학자들은 엄청난 노력을 쏟아 왔습니다. 하지만 지금까지 가장 정교한 과학기술을 이용했음에도 지휘자의 존재를 뒷받침할 만한 증거는 발견되지 않았습니다. 서로 다른 연주자들 사이의 의사소통을 조정하는 책임을 지고 있다고 말할 수 있는 어떤 단일 영역, 즉 '작은 나'는 뇌 속 어디에도 없었습니다.

그리하여 현대의 신경 과학자들은 '지휘자' 찾는 일을 포기하고, 뇌 전체에 분포된 수십 억 개의 뉴런들이 중심 감독관 없이 자신들의 활동을 조화롭게 조정할 수 있는 원리와 메커니즘을 탐색하고 있습니다. 이러한 광범위한 혹은 널리 분산된 행동은 재즈 음악 그룹의 자발적인 리듬 맞추기에 비교될 수 있습니다. 재즈 음악가들이 즉흥 연주를 할 때는, 각 연주자마다 다소 다른 음계를 따르고 있을지라도 어떻게든 함께 조화롭게 연주를 이어 갑니다.

'자아'를 뇌 속에서 찾아내려는 생각은 여러 면에서 고전물리학의 영향을 받은 것입니다. 고전물리학은 전통적으로 위치가 정해진 물체를 지배하는 법칙을 연구하는 데 초점을 맞춰 왔습니다. 이 전통적 관점에 토대를 두고서, 만약 예를 들어 마음이 감정에 영향을 미친다면 그것은 어느 장소엔가 위치해 있어야만 한다는 주장입니다. 그러나 구체적인 실체가 있다는 개념 자체가 현대 물리학의 틀 안에서는 의심을 받고 있습니다. 누군가 상상할 수 있는 가장 작은 물질 원소를 발견했다고 주장할 때마다 다른 누군가가 그것이 실제로는 훨씬 더 작은 입자들로 이루어져 있음을 발견합니다. 매번 새로운 진전이 이루어져, 물질의 근본 요소를 확인하기가 결론적으로 더 어려워지고 있습니다.

그렇다면 논리적으로 말해서, 설령 뇌를 작은 조각으로 분해시켜 나가서 가장 작은 아원자 차원으로 쪼개는 일이 가능하다 할지라도, 그 조각 중 하나가 분명 '마음이다'라고 어떻게 확신할 수 있을까요? 모든 세포는 더 작은 많은 입자들로 구성되어 있고 그 각각의 입자들은 훨씬 더 작은 소립자들로 이루어져 있는데, 어떤 하나가 마음을 구성하고 있다고 확인하는 것이 어떻게 가능할까요?

바로 이 지점에서 불교가 신선한 관점을 제공해 줄 수 있을지도 모릅니다. 어쩌면 과학 연구의 새로운 길을 열어 줄 수 있는 관점을. 티베트 불교 용어로는 마음을 '셈'이라고 하는데, 이것은 영어로 '알고 있는 것'으로 번역할 수 있습니다. 이 단순한 용어가 마음을 특정 사물로 보기보다는 경험을 인식하고 반영하는 능력이라고 여기는 불교의 관점을 이해할 수 있게 해 줍니다. 붓다는 뇌가 정말로 마음의 신체적 지지대이긴 하지만, 마음 그 자체는 볼 수도, 만질 수도, 심지어 말로 정의할 수도 없는 것이라고 조심스레 언급했습니다. 눈이라는 신체 기관이 시력이 될 수 없고, 두 귀가 청력이 될 수 없는 것처럼 뇌는 마음이 아닙니다.

내가 아버지에게서 맨 먼저 배운 초기 가르침 중 하나는, 불교도는 마음을 독립적인 실체로 보지 않고, 오히려 끊임없이 펼쳐지는 경험으로 본다는 것입니다. 처음에는 이 개념이 얼마나 생소하게 들렸는지 지금도 기억합니다. 이 가르침을 들었을 당시 아버지가 계신 네팔 사원에는 세계 전역에서 온 제자들로 가득 차 있어서 거의 움직일 공간조차 없었습니다. 그래도 창문이 있어 거대한 산과 숲을 내다볼 수 있었습니다. 아버지는 아주 차분하게 그곳에 앉아 계셨는데, 그 많은 사람들이 뿜어내는 열기를 의식하지 못하시는 듯했습니다. 아버지는 제자들에게, 우리가 우리의 존재라고 여기는 '나의 마음', '나의 몸', '나의 자아'는 실제로는 생각, 감정, 기분, 지각 작용의 끊임없는 흐름이 만들어 내는 하나의 환상일 뿐이라고 말씀하셨습니다.

그 순간 내가 느낀 것이 말씀을 하시는 아버지 자신의 경험으로부터 나오는 힘이었는지, 아니면 제자들 사이에 끼어 앉은 답답함과 창문 너머로 보이는 드넓은 공간의 대조에서 생겨난 일시적인 기분이었는지, 혹은 둘 다였는지 모릅니다. 하지만 그 순간, 서양 사람들이 말하는 것처럼, 갑자기 어떤 것이 분명해지는 기분이 들었습니다. 나는 두 세계를 확연하게 구분하는 자유를 경험했습니다. 하나는 '나의 마음'과 '나 자신'의 관점에서 생각하는 세계이고, 다른 하나는 창문 너머로 보이는 산과 하늘의 광활함만큼 넓고 툭 트인 존재를 경험하는 가능성의 세계였습니다.

나중에 서양에 갔을 때 다수의 심리학자들이 '마음' 혹은 '자아'의 경험을 영화 상영에 비유하는 것을 들었습니다. 그들의 설명에 따르면, 영화를 관람할 때 낱개의 필름 조각들이 영사기를 통과하면서 우리는 음향과 동작의 연속적인 흐름을 경험하는 것처럼 느낍니다. 그런데 만약 우리가 필름 조각들을 하나하나 살펴볼 기회가 있다면 그 경험은 철저히 달라질 것입니다.

이것이 정확하게 아버지가 나에게 가르치기 시작한, 내 마음을 보는 방법이었습니다. 만약 내가 마음을 통과하는 모든 생각, 느낌, 기분을 관찰한다면 '제한된 나'라는 환상은 사라지고, 더욱 고요하고 넓고 평온한 자각의 느낌으로 대체될 것입니다. 그리고 내가 과학자들로부터 배운 것은, 경험이 뇌의 뉴런 구조를 변화시키기 때문에, 우리가 이런 식으로 마음을 관찰하면 자기 자신에 대한 관념을 지속시키는 세포들의 수다를 바꿀 수 있다는 것입니다.

마음챙김

> 보이지 않는 마음을 다시 또다시 바라보면
> 그 의미가 있는 그대로 생생하게 보인다.
> 3대 걀와 카르마파 〈카르마파의 노래-진정한 의미의 마하무드라의 염원〉

불교 수행의 열쇠는 생각, 느낌, 지각 작용이 일어날 때 그것들을 단순히 있는 그대로 자각하는 법을 배우는 데 있습니다. 불교 전통에서는 이 부드러운 자각을 '마음챙김' 또는 정념이라고 하는데, 바꿔 표현하면 마음의 자연스러운 밝음 안에서 단지 휴식하는 것입니다. 개의 예처럼 만약 내가 습관적인 생각, 지각, 기분에 끌려 다니지 않고 그것들을 자각하게 된다면 나를 지배하는 그것들의 힘은 희미해지기 시작할 것입니다.

나는 그것들의 오고감을 단지 마음의 자연스러운 기능으로 경험할 것입니다. 마치 파도가 호수나 바다의 표면 위를 가로지르며 자연스럽게 일렁이는 것처럼. 그리고 궁극적으로 이것은 어린 시절 내내 나를 너무나 불편하게 만들었던 불안을 극복하려고 애쓰면서 방에 홀로 앉아 있을 때 일어났던 현상과 정확히 같다고 나는 깨닫습니다. 내 마음속에서 일어나는 것을 단지 바라보는 것만으로도 그곳에서 일어나고 있는 일에 실제로 변화가 일어났습니다.

당신은 지금 당장 간단한 연습을 통해 자연스러운 밝음의 자유를 똑같이 맛볼 수 있습니다. 단지 허리를 펴고 앉아 정상적으로 숨을 쉬기 바랍니다. 그리고 숨이 들어오고 나감을 의식하십시오. 긴장을 풀고 단순히 들숨과 날숨을 자각할 때, 마음을 통과하는 수백 가지 생각들을 알아차리기 시작할 것입니다. 그것들 중 어떤 것은 놓아 버리기 쉽고, 또 어떤 것은 연관된 다른 생각들의 긴 복도로 당신을 이끌 것입니다. 자신이 한 가지 생각을 쫓아다니고 있는 것을 발견하면 단지 호흡에 대한 집중으로 다시 돌아가십시오. 이것을 약 1분 동안 해 보기 바랍니다.

처음에는 폭포수가 가파른 계곡 아래로 돌진하며 떨어지는 것처럼 생각들의 엄청난 숫자와 다양성에 놀랄지도 모릅니다. 이러한 경험은 실패의 조짐이 아닙니다. 그것은 성공의 징후입니다. 자신이 알아차리지도 못하는 사이에 얼마나 많은 생각들이 일상적으로 당신의 마음을 통과하는지 인식하기 시작한 것입니다.

당신은 또한 특정한 일련의 생각들에 사로잡혀 다른 모든 것은 무시하고 그것만 쫓아가고 있는 자신을 발견할지 모릅니다. 그러다 문득 이 연습의 핵심이 단순히 생각을 관찰하는 것임을 기억합니다. 이때 자신을 나무라거나 비난하지 말고 단지 호흡에 집중하는 일로 돌아가십시오.

이 수행을 계속하면 당신은 비록 생각과 감정들이 오고 갈지라도 마음의 자연스러운 밝음은 결코 교란되거나 방해받지 않는다는 사실을 발견할 것입니다. 한 예를 들면, 캐나다의 노바스코샤 주로 여행하는 동안 나는 바다 가까이에 위치한 명상 센터를 방문한 적이 있습니다. 도착한 날은 날씨가 완벽했습니다. 하늘에 구름 한 점 없었고, 바다는 바라보는 것만으로도 기분이 좋아질 만큼 맑고 진한 푸른빛이었습니다. 그런데 다음 날 아침에 일어나 보니, 바다가 질퍽한 진흙 수프처럼 변해 있었습니다. 나는 몹시 의아했습니다.

'바다에 무슨 일이 생긴 거지? 어제는 분명 맑고 푸르렀는데 하루 아침에 갑자기 더러워지다니.'

나는 해변을 따라 걸어 내려가 보았지만 뜬금없는 변화의 뚜렷한 원인을 알 수 없었습니다. 물속이나 해변에 진흙 덩어리 같은 건 전혀 없었습니다. 그러다가 하늘을 올려다보았습니다. 아니나 다를까, 하늘에는 암녹색의 구름이 잔뜩 끼어 있었습니다. 그제야 나는 구름의 색깔이 바다 색깔을 변화시킨 주범임을 깨달았습니다. 가까이에서 들여다보니 물 자체는 여전히 깨끗하고 맑았습니다.

마음은 여러 면에서 바다와 같습니다. 마음의 '색깔'은 매일 혹은 매 순간 달라집니다. '머리 위'로 지나가는 생각들과 감정들을 비추면서. 하지만 바다와 마찬가지로 마음 그 자체는 결코 변하지 않습니다. 그것은 무엇을 비추고 있든 상관없이 언제나 깨끗하고 맑습니다.

마음챙김 수행은 처음에 어려워 보일 수 있습니다. 하지만 중요한 것은 당장 얼마나 성공했는가가 아닙니다. 현재는 불가능해 보이는 것도 수행을 계속하면 쉬워집니다. 세상에 익숙해지지 않는 것은 없습니다. 지금까지 일상적인 일로 받아들여 온 모든 불쾌한 일들을 생각해 보십시오. 교통 체증 속을 통과하거나 성질 고약한 친척이나 동료를 대하는 일들을. 마음챙김은 새로운 뉴런 연결망을 만들고 과거 뉴런들의 수다를 막는 점진적인 과정입니다. 한 번에 한 걸음씩 끈기 있게 나아가고 짧은 간격을 두고 수행하는 것이 필요합니다.

옛 티베트 속담에 이런 말이 있습니다. '서둘러 걸으면 라사에 도착할 수 없다. 천천히 걸으면 목적지에 도달할 것이다.' 티베트 동부에 사는 사람들이 중부에 있는 수도 라사로 성지 순례를 가던 시절에 생겨난 말입니다. 그곳에 어서 도착하길 바라는 순례자들은 최대한 빨리 걸을 것입니다. 하지만 그 속도 때문에 지치거나 병에 걸려 결국 집으로 되돌아가게 됩니다. 그러나 편안한 걸음으로 여행하는 사람들은 밤에 야영도 하고 동행자들과 즐겁게 지내면서 계속 가다 보면 어느새 생각보다 빨리 라사에 도착해 있게 됩니다.

경험은 의도를 따릅니다. 어디에서 무엇을 하든, 우리에게 필요한 일은 우리의 생각, 느낌, 지각을 자연스러운 어떤 것으로 인식하는 일입니다. 거부하지도 받아들이지도 말고, 다만 그 경험을 인정하고 그것이 지나가게 하는 것입니다. 이것을 계속하면, 마침내 한때 우리가 고통스럽고 무섭고 슬프다고 여겼던 상황들을 다룰 수 있게 된 우리 자신을 발견하게 될 것입니다. 오만이나 자만에 뿌리를 두지 않은 자신감을 발견할 것입니다. 자신이 언제나 보호받고 있고, 언제나 안전하며, 언제나 보금자리에 있음을 깨달을 것입니다.

내가 권했던 간단한 테스트를 기억하기 바랍니다. 다음에 점심이나 저녁 식사를 위해 자리에 앉을 때 자신에게 "이 음식이 맛있다, 혹은 맛없다고 생각하는 그것은 무엇인가? 내가 음식을 먹고 있다는 사실을 인식하는 그것은 무엇인가?"라고 물어보라고 했던 것 말입니다. 전에는 대답하기가 아주 쉬웠을 것입니다. 하지만 이제는 더 이상 대답이 그렇게 쉽게 나오지 않을 것입니다. 그렇지 않은가요?

그렇다 해도, 당신이 다음번에 점심이나 저녁을 먹기 위해 자리에 앉게 되면 또다시 시도해 보라고 권하고 싶습니다. 만약 그때 자신의 질문에 답하는 데 혼란스럽고 갈등이 생긴다면, 그것은 좋은 일입니다. 혼란은 이해의 시작이라고 배웠습니다. 그것은 자신이 누구이며 무엇을 할 수 있는가에 대한 특정한 생각들에 당신을 줄곧 묶어 두었던 뉴런 세포들의 수다를 내려놓는 첫 번째 단계입니다.

다시 말해, 혼란은 진정한 행복으로 가는 길의 첫걸음입니다.

3
마음을 넘어, 뇌를 넘어

마음의 본질은 흔히 고통스럽게 여겨지는
불쾌한 생각들이나 상황에 영향을 받지
않는다. 마음의 본질은 본래 평화롭다.
우리의 진정한 본성을 깨닫지 못하는 한
우리는 고통받는다. 우리의 본성을 깨달을
때 우리는 고통으로부터 자유로워진다.
당신이 그것을 깨닫든 깨닫지 못하든
본성의 질은 변하지 않고 그대로이다.
그러나 당신이 자신 안에서\ 그것을 깨닫기
시작할 때 당신은 변화하며, 당신 삶의
질도 따라서 변화한다.

> 마음을 깨닫는 순간, 그것이 붓다이다.
> 〈지나가는 순간의 지혜경〉

당신은 당신이 생각하는 대로 한정되고 불안에 찬 그 사람이 아닙니다. 수행을 한 불교의 스승들은 개인적인 경험을 통해 얻은 확신을 가지고 당신에게 말할 수 있습니다.

"당신은 자비의 화신이며, 완전히 깨어 있는 사람이고, 당신 자신만이 아니라 모든 사람과 모든 존재를 위해 최상의 선을 실현할 수 있는 충분한 능력을 지니고 있다."

단 한 가지 문제는 자신에 대한 이런 사실을 정작 당신 본인은 깨닫지 못한다는 데 있습니다. 유럽과 북미에서 전문가들과 나눈 대화들을 통해 이해하게 된 엄밀한 과학 용어로 말하자면, 대부분의 사람들은 습관적으로 형성된, 뉴런이 만들어 낸 이미지를 자신의 진정한 모습인 줄로 쉽게 착각합니다. 그리고 이 이미지는 거의 언제나 이원론적인 용어들로 표현됩니다. 자신과 타인, 고통과 즐거움, 가짐과 못가짐, 매력과 혐오……. 내가 이해한 대로라면, 이것들은 생존에 필요한 가장 기본적인 단어들입니다.

불행히도 마음이 이러한 이원론적 관점으로 물들면 모든 경험, 심지어 기쁨과 행복의 순간들조차도 제한된 느낌 속에 갇혀 버립니다. 그 배경에는 언제나 '하지만'이 잠복해 있습니다. 그 형태 중 하나가 '비교'의 '하지만'입니다.

"아, 내 생일 파티는 멋졌어. 하지만 치즈 케이크 대신 초콜릿 케이크였다면 더 좋았을 거야."

이번에는 '더 좋은'의 '하지만'입니다.

"새 집이 좋긴 하지만 내 친구의 집이 더 크고 훨씬 환해."

그리고 마지막으로 '두려움'의 '하지만'이 있습니다.

"지금 현재 하는 일이 나랑 맞지 않아. 하지만 과연 내가 이 업계에서 다른 일을 찾을 수 있을까?"

경험을 통해서 나 자신이 가진 개인적인 한계의 느낌을 극복하는 일이 가능하다는 것을 배웠습니다. 그러지 않았다면 나는 여전히 내 골방에 앉아 단체 수행에 참여하기를 두려워하며 스스로 자격이 부족하다고 여기고 있을 것입니다. 열네 살 소년일 때 나 자신의 두려움과 불안을 극복하는 법을 알았습니다. 프란시스코 바렐라, 리처드 데이비드슨, 대니얼 골먼, 타라 베넷 골먼 같은 심리학과 신경 과학 분야 전문가들의 참을성 있는 개인 교습을 통해 객관적이고 과학적 관점에서 수행이 왜 실제로 효과가 있는지를 깨닫기 시작했습니다. 한계, 불안, 두려움 등의 느낌은 그저 뉴런의 수다일 뿐이라는 것을. 본질적으로 그것들은 습관입니다. 그리고 습관은 버릴 수 있습니다.

자연스러운 마음

> 그것이 '참본성'이라고 불리는 이유는,
> 어느 누구도 그것을 창조하지 않았기 때문이다.
>
> 찬드라키르티(月稱, 600-650) 〈입중론〉

불교도로서 처음 배운 것 중 하나는, 마음의 근본적인 본성은 너무도 광대하기 때문에 지적인 이해를 완전히 뛰어넘는다는 것이었습니다. 그것은 언어로 설명되거나 정돈된 개념으로 축소시킬 수 없습니다. 말을 좋아하고 개념적인 설명을 매우 편안하게 느끼는 나 같은 사람에게 이것은 문제였습니다.

붓다의 가르침을 최초로 기록한 산스크리트 어에서는 마음의 근본적인 본성을 '여래장(타다가타가르바)'이라고 부르는데, 이것은 매우 미묘하고 까다로운 표현입니다. 글자 그대로 그것은 '그쪽 길로 가 버린 사람의 본성'을 의미합니다. '그쪽 길로 가 버린 사람'이란 완전한 깨달음을 이룬 사람입니다. 말로 설명할 수 있는 일상적인 한계를 완전히 초월한 사람입니다.

그래도 별 도움이 되지 않습니다. 당신도 그렇게 생각할 것입니다.

글자 그대로의 번역에 매이지 않은 다른 의역들은 여래장을 '불성', '참본성', '깨어난 본질', '평상심', 심지어 '자연스러운 마음'이라고까지 다양하게 표현했습니다. 이것들 중 어떤 것도 그 단어 자체의 진정한 의미를 그다지 비춰 주지 못합니다. 여래장을 진정으로 이해하기 위해서는 직접 경험해야만 합니다. 우리들 대부분은 처음에 그것을 순간적으로 어렴풋이, 자연스럽게 경험합니다. 마침내 나도 처음으로 어렴풋이 경험했을 때 나는 불교 경전들에서 그것에 대해 말하는 것이 모두 진리라는 것을 깨달았습니다.

우리들 대부분은 습관적인 뉴런 패턴이 만들어 낸 제한된 자아상으로 인해 자연스러운 마음 혹은 불성이 흐려져 있습니다. 사실 그 제한된 자아상도 자신이 선택하는 어떤 조건이라도 창조하는 마음의 무한한 능력이 반영된 것에 지나지 않습니다. 자연스러운 마음은 어떤 것이라도, 심지어 자신의 본성에 대한 무지까지도 창조해 내는 것이 가능합니다. 다시 말해, 자연스러운 마음을 깨닫지 못하는 것조차도 원하는 것이면 무엇이든 창조하는 마음의 무제한적인 능력의 한 예입니다. 두려움, 슬픔, 질투, 욕망, 혹은 우리 자신이 상처 입기 쉬우며 허약하다고 느끼게 만드는 여러 감정들을 느낄 때마다 우리는 스스로에게 멋진 격려의 말을 해주어야 합니다. 우리는 방금 마음의 무한한 본성을 경험한 것이기 때문입니다.

비록 마음의 참본성은 직접적으로 설명될 수 있는 것이 아니라 해도, 그렇다고 그것에 대한 이론적인 이해를 발전시키려는 시도까지 완전히 중단해야 한다는 의미는 아닙니다. 한계가 있는 이해일지라도 직접적인 경험으로 향한 길을 가리켜 보이는 안내 표지판이 될 수 있습니다. 붓다는 말로 설명이 불가능한 경험은 이야기나 비유를 통해 가장 잘 전달할 수 있다는 것을 이해했습니다. 한 경전에서 그는 여래장을 진흙에 덮여 있는 금덩어리에 비교했습니다.

당신이 보석 채굴자라고 상상해 봅시다. 어느 날 당신은 땅속에 박혀 있는 쇳덩어리를 발견합니다. 당신은 땅을 파서 그 쇳덩어리를 꺼내 집으로 가져와서 깨끗이 씻기 시작합니다. 처음에는 그 덩어리의 한쪽 귀퉁이에서만 밝고 환한 빛이 드러납니다. 덕지덕지 쌓인 진흙

덩어리를 점차 씻어 내고 보니, 덩어리 전체가 황금임이 드러납니다. 그러면 질문 하나 해 봅시다. 어떤 것이 더 값진가요? 진흙에 묻혀 있었던 금덩어리인가요, 아니면 깨끗이 씻어 낸 것인가요? 실제로 그 가치는 동등합니다. 더러운 금덩어리와 씻은 후의 금덩어리의 차이는 표면적인 것에 불과합니다.

자연스러운 마음에 대해서도 같은 말을 할 수 있습니다. 당신이 자신의 마음을 온전하게 바라보지 못하게 막는 뉴런들의 수다가 마음의 본성을 실제로 바꾸지는 못합니다. '나는 못생겼어.' '나는 머리가 나빠.' '나는 지루한 사람이야.'라는 생각들은 불성 혹은 자연스러운 마음의 빛나는 속성들을 일시적으로 희미하게 가리는 일종의 생물학적 진흙 이상의 아무것도 아닙니다.

때때로 붓다는 자연스러운 마음을 공간에 비유했습니다. 여기서 공간은 꼭 현대 과학에서 이해하고 있는 공간이기보다는, 구름 한 점 없는 하늘을 올려다보거나 아주 넓은 실내로 들어갈 때 느껴지는 탁 트인 시적 감각의 허공에 더 가깝습니다. 허공과 마찬가지로, 자연스러운 마음은 이전의 원인과 조건들에 종속되지 않습니다. 그것은 그저 존재할 뿐입니다. 측정할 수 없고 구체적인 특징을 초월한 그것은 우리가 통과하여 움직이고 있는 본질적인 배경입니다. 우리는 우리가 지각하는 대상들 사이의 차이를 그것과 비교해서 상대적으로 인식합니다.

자연스러운 평화

자연스러운 마음에는 거부도 받아들임도,

> 잃음도 얻음도 없다.
> 3대 걀와 카르마파 〈카르마파의 노래-진정한 의미의 마하무드라의 염원〉

현대 과학이 설명한 대로 자연스러운 마음을 허공과 비교하는 것은 실제로는 정확한 해석이라기보다는 하나의 쓸모 있는 비유에 가깝다는 것을 분명히 해 두고 싶습니다. 우리들 대부분은 우주에 대해 생각할 때 별, 행성, 혜성, 운석, 블랙홀, 소행성, 그리고 아직 발견되지 않은 것까지 포함해 온갖 종류의 것들이 나타났다가 사라지는 텅 빈 배경을 떠올립니다. 그러나 이 모든 활동에도 불구하고, 허공의 본질적인 본성에 대한 우리의 생각은 흔들리지 않습니다. 우리가 알고 있는 한, 적어도 허공은 자신 안에서 일어난 일에 대해 아직까지 불평한 적이 없었습니다. 우리는 수천 수백만 메시지를 우주 속으로 보냈지만 우주로부터 "소행성이 방금 내가 가장 좋아하는 행성과 충돌해서 정말 화가 나."라든가 "와, 흥분되는군. 새로운 별이 방금 생겨나려 하고 있어!"와 같은 응답을 한 번도 받아 본 적이 없습니다.

마찬가지로 마음의 본질은 흔히 고통스럽게 여겨지는 불쾌한 생각이나 상황에 영향을 받지 않습니다. 마음의 본질은 본래 평화롭습니다. 박물관에서 부모를 따라다니는 어린아이 마음과 같습니다. 부모가 전시되어 있는 다양한 예술 작품을 판단하고 평가하는 데 심취해 있는 동안, 아이는 단지 볼 뿐입니다. 아이는 어떤 작품이 얼마의 가치가 있는지, 조각상이 얼마나 오래된 것인지, 한 화가의 작품이 다른 화가의 작품에 비해 더 좋은지 어떤지에 대해선 궁금해하지 않습니다. 아이의 관점은 더없이 순진무구해서 눈이 보는 모든 것을 받아들입니다. 이 순진무구한 관점은 불교 용어로 '자연스러운 평화'라고 알려져 있습니다. 이것은 체육관에서 운동을 하고 난 다음이나 복잡한 과제를 마친 후에 경험하는 완전한 휴식의 느낌과 비슷한 상태입니다.

이것은 한 옛날이야기로 아주 잘 설명될 수 있습니다. 새 왕궁을 짓도록 명령을 내린 왕이 있었습니다. 새 건축물이 완성되자 왕은 자신의 보물들, 즉 금과 보석과 조각상과 그 밖의 전부를 옛 왕궁에서 새 왕궁으로 비밀리에 옮겨야 하는 문제에 직면했습니다. 그의 하루 일정은 온갖 왕궁의 일들에 묶여 있었기 때문에 그 일을 직접 할 수도 없는 노릇이었습니다. 하지만 보물을 한 개도 훔치지 않고 그 일을 수행할 믿음직한 사람이 왕궁에는 많지 않았습니다. 그래도 왕은 한 충직한 장군을 알고 있었고, 그 일을 비밀리에 그리고 능숙하게 해낼 거라는 확신이 들었습니다.

왕은 그 장군을 불러 이렇게 설명했습니다. 왕궁에서 유일하게 신뢰가 가는 사람이므로, 보물 전부를 옛 왕궁에서 새 왕궁으로 옮기는 임무를 맡기고 싶다고. 아무도 모르게 해야 할 뿐 아니라, 가장 중요한 것은 하루 안에 모든 일을 끝마쳐야 하는 일이라고. 임무를 잘 마무리하면 보답으로 넓고 비옥한 농지와 웅장한 저택, 금과 보석 등을 수여하겠노라고 약속했습니다. 그것은 현 직책을 그만두고도 여생을 편히 보낼 수 있을 만큼 충분한 재산이었습니다. 장군은 임무를 기꺼이 받아들였고, 단 하루 일로 자식, 손자, 증손자까지 평생을 편안하고 화려하게 살 수 있도록 보장해 줄 부를 모을 수 있다는 기대에 현혹되었습니다.

장군은 다음날 아침 일찍 옛 왕궁에서 새 왕궁으로 왕의 보물을 운반하는 일에 착수했습니다. 그는 황금과 보석이 든 궤짝과 상자들을 들고 비밀 통로를 왔다갔다 뛰어다녔으며, 점심시간에 잠깐 허리를 폈을 뿐이었습니다. 마침내 왕의 마지막 보물을 새 왕궁의 창고로 옮겨놓는 데 성공했으며, 태양이 막 지기 시작했을 때 왕에게 가서 임무를 완수했노라 보고했습니다. 왕은 기뻐하며 약속했던 땅의 양도증서와 권리증서, 계약의 일부인 황금과 보석들을 수여했습니다.

집으로 돌아왔을 때 장군은 뜨거운 물로 목욕한 뒤, 편안한 옷으로 갈아입었습니다. 방의 푹신한 쿠션 위에 몸을 누이고 깊은숨을 내쉬었습니다. 온몸은 탈진한 상태였지만 말할 수 없이 버거웠던 임무를 성공적으로 완수했다는 사실에 만족감을 느꼈습니다. 완벽한 자신감과 성취감을 느끼며 그는 모든 걸 내려놓고 정확히 그 순간에 머무는 존재의 자유를 경험했습니다.

이처럼 완벽하게 노력이 사라진 휴식의 상태가 곧 자연스러운 평화의 의미입니다.

자연스러운 마음의 여러 특성들과 마찬가지로, 자연스러운 평화의 경험은 우리가 흔히 긴장 이완이라고 여기는 것을 훨씬 뛰어넘는 것이기에 설명이 불가능합니다. 불교 경전에서는 이것을 말 못하는 사람에게 사탕을 주는 것에 비유합니다. 말 못하는 사람은 의심할 필요 없이 사탕의 달콤함을 느끼지만 그 맛을 설명하는 데는 무력합니다. 마찬가지로 우리가 마음의 자연스러운 평화를 맛볼 때, 그 경험은 의심할 여지 없이 진짜이지만 말로 표현하는 것은 능력 밖입니다.

따라서 이제 다음번에 식사를 하기 위해 자리에 앉았을 때 당신이 스스로에게 "이 음식이 맛있다, 혹은 맛없다고 생각하는 그 주체는 누구이지? 내가 음식을 먹고 있다는 사실을 인식하는 그 주체는 누구이지?" 하고 묻는다면, 그 질문에 대답을 못하는 자신에게 너무 놀라지 마십시오. 대신 자기 자신을 축하해 주기 바랍니다. 강력한 경험을 더 이상 언어로 표현하지 못할 때, 그것은 더 나아지고 있다는 증거입니다. 그것은 진정한 본성의, 말로 표현할 수 없는 드넓은 영역 안에 적어도 발가락 끝을 담근 것을 의미합니다. 자신의 불만족에 너무 익숙해지고 편안해진 많은 사람들은 용기가 없어 붙박여 있는데 당신은 매우 용감한 발걸음을 내디딘 것입니다.

티베트 어로 명상을 '곰'이라고 하는데, 그 단어 자체는 '친해지기'를 의미합니다. 불교 명상 수행은 말 그대로 자신의 마음의 본성과 친해지는 일입니다. 마치 친구를 점점 더 깊이 알아 가는 것과 같습니다. 또한 친구를 알아 가듯이, 마음의 본성을 발견하는 것은 점진적인 과정입니다. 그것이 한번에 이루어지는 것은 드문 일입니다. 명상이 일상의 사교적인 관계와 다른 점이 있다면 서서히 알아 가는 친구가 바로 당신 자신이라는 것입니다.

자연스러운 마음과 친해지는 것

> 가난한 사람의 집 밑에 무진장한 보물이 묻혀 있는데,
> 이 사실을 이 사람이 모른다고 해서 보물들이 소리 내어
> "나 여기 있어." 하고 말하지는 않는다.
> 마이트레야 〈마하야나 우타라탄트라 샤스트라〉

붓다는 종종 자연스러운 마음을 물에 비유했습니다. 물은 본질적으로 언제나 맑고 깨끗합니다. 진흙, 침전물, 그 밖의 불순물들이 일시

적으로 물을 검게 하거나 오염시킬 수도 있지만 불순물들을 걸러내면 물의 자연스러운 맑음이 회복됩니다. 만약 물이 본래 맑지 않다면, 아무리 많은 필터를 사용한다 해도 맑아지지 않을 것입니다.

자연스러운 마음의 특성을 깨닫기 위한 첫 번째 단계는 붓다가 들려준 오래된 이야기로 설명할 수 있습니다. 낡고 오래된 오두막에 살고 있는 매우 가난한 한 남자의 이야기입니다. 그가 모르는 사실이지만, 수백 개의 보석이 그의 오두막 벽과 바닥에 박혀 있었습니다. 그 많은 보석들을 소유하고 있지만 그것들의 가치에 무지했기 때문에, 가난뱅이로서 배고픔과 목마름, 겨울의 혹독한 추위와 여름의 끔찍한 더위로 고통받으며 살았습니다.

어느 날 한 친구가 말했습니다.

"자네는 왜 그렇게 가난뱅이처럼 살고 있는가? 자네는 가난하지 않아. 아주 부자야."

남자는 대답했습니다.

"자네 머리가 어떻게 되었나? 말이 되는 소리를 하게!"

친구가 말했습니다.

"자네 주변을 둘러봐. 집 전체가 에메랄드, 다이아몬드, 사파이어, 루비 등 온갖 보석으로 가득 차 있어."

처음에 남자는 친구가 하는 말을 믿지 않았습니다. 하지만 얼마 후 차츰 호기심이 생겨 벽에 박힌 작은 보석을 하나 떼어다 시장에 가서 팔아 보았습니다. 믿을 수 없게도, 한 상인이 상당한 금액을 주고 보석을 샀고, 그 남자는 그 돈으로 새 집을 샀으며, 보석을 한 개도 빠짐없이 전부 새 집으로 옮겼습니다. 새 옷을 사고, 부엌을 음식으로 가득 채우고, 하인들을 고용해 안락한 삶을 살기 시작했습니다.

이제 질문을 하나 하겠습니다. 누가 더 부자인가요? 전혀 가치를 알지 못하는 보석들에 둘러싸여 낡은 집에서 사는 남자인가요, 아니면 소유한 것의 가치를 이해하고 아주 안락하게 사는 사람인가요?

앞에서 던진 황금 덩어리에 대한 질문과 마찬가지로 대답은 '둘 다'입니다. 두 사람 모두 엄청난 부를 소유하고 있었습니다. 유일한 차이는 한 사람의 경우 자신이 소유하고 있는 것을 수년 동안 깨닫지 못했다는 것입니다. 자신이 이미 가지고 있는 것을 깨달았을 때 그는 비로소 가난과 고통으로부터 자유로워졌습니다.

우리 모두도 마찬가지입니다. 진정한 본성을 깨닫지 못하는 한 우리는 고통받습니다. 본성을 깨달을 때 고통으로부터 자유로워집니다. 당신이 그것을 깨닫든 깨닫지 못하든 본성의 질은 변하지 않고 그대로입니다. 그러나 당신이 자신 안에서 그것을 깨닫기 시작할 때 당신은 변화하며, 삶의 질도 따라서 변화합니다. 가능하리라고 꿈에도 생각지 못했던 일들이 일어나기 시작합니다.

마음, 생물학, 혹은 둘 다?

붓다는 그대 자신의 몸 안에 머문다.
〈삼푸타 탄트라〉

그 존재를 확인할 수 없다고 해서 어떤 것이 존재하지 않는 것은 아닙니다. 우리는 마음의 위치를 구체적으로 확인하려는 시도에서 이미 그 사실을 알게 되었습니다. 마음의 활동에 관한 풍부한 증거들이 있는 반면에, 마음 그 자체의 존재를 확인할 수 있었던 과학자는 없었습니다. 마찬가지로, 가장 근본적인 차원에서 허공의 본성과 특성을 정확히 정의내릴 수 있는 과학자는 없었습니다. 그러나 우리는 우리가 마음을 가지고 있음을 압니다. 그리고 우리는 허공의 존재를 부정할 수 없습니다. 마음과 허공은 우리 문화에 깊이 배어든 개념들입니다. 이 개념들에 익숙해져 있습니다. 그것들은 정상적으로 느껴지고, 어느 정도는 꽤 일상적으로 받아들여집니다.

그러나 '자연스러운 마음'과 '자연스러운 평화'와 같은 개념은 마음과 허공처럼 동일한 익숙함을 누리지 못하고 있습니다. 그 결과 많은 사람들이 다소 회의를 갖고 이 개념에 접근합니다. 하지만 똑같은 추론 과정과 직접적인 경험을 이용한다면 자연스러운 마음에 어느 정도 익숙해질 수 있다는 말은 매우 타당성이 있습니다.

붓다는 자연스러운 마음의 실체를 질문과 대답의 형식을 취해서 모두에게 명백한 어떤 기호로 설명할 수 있다고 가르쳤습니다. 그 질문은 이것이었습니다.

"일반적으로 모든 사람이 관심 갖는 한 가지는 무엇인가?"

내가 대중 강연에서 이것과 똑같은 질문을 던지면, 사람들은 다양한 대답을 합니다. 어떤 이들은 주요 관심사가 살아 있기, 행복해지기, 고통 피하기, 사랑받기라고 대답합니다. 다른 대답들은 평화, 더 나아지는 것, 먹는 것, 숨 쉬는 것, 변하지 않는 어떤 것, 삶의 환경을 개선하는 것을 포함합니다. 또 다른 대답들로는 자신이나 타인과 조화롭게 지내기, 삶의 의미와 죽음의 두려움을 이해하기 등이 있었습니다. 특히 재미있었던 대답은 "나 자신!"이라는 것이었습니다.

모든 대답이 절대적으로 옳습니다. 그것들은 단지 궁극적인 대답의 서로 다른 면들을 대표할 뿐입니다.

  인간, 동물, 곤충 할 것 없이 모든 존재가 공유하는 기본 관심사는 행복해지고 고통을 피하고자 하는 욕구입니다. 각자가 가진 전략이 다를지라도 결국 우리 모두는 똑같은 결과를 위해 일하고 있습니다. 하물며 개미들도 단 1초도 한곳에 가만히 정지해 있지 않습니다. 그들은 온종일 주변을 기어 다니며 식량을 모으고 집을 짓거나 보금자리를 늘립니다. 왜 그토록 수고하는 걸까요? 다름 아닌 행복을 발견하고 고통을 피하기 위해서입니다.

  붓다는 영원한 행복을 얻고 불행을 피하고자 하는 욕망이 바로 자연스러운 마음이 존재하는 명백한 표시라고 말했습니다. 사실 많은 다른 증거들이 있지만, 그것들을 전부 목록으로 작성하려면 책 한 권이 더 필요할 것입니다. 그러면 붓다는 왜 유독 이 하나의 표시에 그토록 중요한 의미를 부여했을까요?

  왜냐하면 모든 생명체의 참본성은 이미 고통으로부터 완전히 자유롭고 완벽한 행복을 부여받은 상태이기 때문입니다. 어떻게 그것을 실현하는가에 상관없이 행복을 추구하고 불행을 피함으로써 우리 모두는 존재의 본질을 표현하고 있는 것입니다.

  우리들 대부분이 영원한 행복을 갈구하는 것은 자연스러운 마음에서 들려오는 '작고 고요한 목소리'이며, 우리가 정말로 그것을 경험할 능력이 있음을 상기시켜 줍니다. 붓다는 둥지를 떠난 어미 새의 비유를 들어 이 갈망을 설명했습니다. 어미 새가 날아간 곳이 아무리 아름답다 해도, 그리고 그곳에 아무리 새롭고 흥미로운 것들이 많다 해도, 어떤 것이 어미 새를 둥지로 다시 돌아오도록 계속해서 끌어당깁니다. 이와 마찬가지로 우리가 일상생활에 아무리 몰두해 있다 해도, 사랑에 빠지고 찬사를 받고 완벽한 직업을 얻어 일시적으로 기분이 황홀하다 해도, 완전하고 중단 없는 행복의 상태를 향한 갈망이 우리를 끌어당깁니다.

어떤 의미에서 우리는 우리의 참본성을 그리워하는 향수병에 걸려 있는 것입니다.

자기 자신으로 존재하는 것

> 우리는 우리의 근본적인 상태를 깨닫는 것이 필요하다.
> 촉니 린포체 〈근심 없는 품위〉

붓다의 가르침에 따르면, 마음을 단지 있는 그대로 편히 쉬는 것만으로도 마음의 근본적인 본성을 직접 경험할 수 있습니다. 어떻게 하면 그것을 이룰 수 있을까요? 하루 안에 왕의 보물을 다른 장소로 옮기는 일을 맡았던 장군의 이야기로 돌아가 봅시다. 그리고 임무를 완수한 후에 그가 얼마나 편안해지고 만족스러웠는가를 기억해 봅시다. 목욕을 한 후 그가 쿠션 위에 앉았을 때 그의 마음은 완벽하게 휴식했습니다. 생각들은 여전히 솟아났지만 그것들 중 어떤 것에도 매달리거나 계속 따라다니지 않고 그것들이 그냥 일어났다가 사라지도록 두는 것에 만족했습니다.

당신은 아마도 길고 힘들었던 일을 마친 후 그 일이 육체노동이었든, 보고서를 작성하거나 재정 분석을 마무리하는 정신노동이었든 그것과 비슷한 경험을 한 적이 있을 것입니다. 일을 끝마쳤을 때 당신의 몸과 마음은 행복하게 지친 상태에서 자연스럽게 휴식을 취하게 됩니다.

그렇다면 우리 마음을 휴식하는 간단한 연습을 해 봅시다. 이것은 명상 연습이 아닙니다. 사실 이것은 '명상을 하지 않는' 연습입니다. 나의 아버지가 설명하셨듯이, 이것은 목적을 달성해야만 하고 어떤 특별한 상태를 경험해야 한다고 생각하는 부담으로부터 해방시켜 주는 아주 오래된 불교 수행법입니다. 이 '비명상'에서 우리는 무슨 일이 일어나든 간섭하지 않고 다만 지켜봅니다. 우리는 일종의 내면 관찰 실험에 흥미를 가진 관찰자일 뿐, 그 실험 결과에는 투자를 하지 않습니다.

물론 처음에 이것을 배울 때도 여전히 나는 매우 목적 지향적인 아이였습니다. 자리에 앉아 명상을 할 때마다 무엇인가 놀라운 일이 일어나길 원했습니다. 단지 휴식을 취하고, 단지 바라보고, 결과에 대해서는 마음을 내려놓는 데 시간이 좀 걸렸습니다.

먼저 척추를 똑바로 세우고 앉습니다. 그리고 몸의 긴장을 풉니다. 일단 몸이 편안한 자세를 취했다면 3분 정도 마음을 그냥 쉬게 합니다. 마치 장시간의 힘든 일을 방금 끝낸 것처럼 마음을 내려놓습니다.

무슨 일이 일어나더라도, 생각과 감정이 떠오르더라도, 약간의 신체적인 불편함이 느껴지더라도, 주변의 소리나 냄새가 감지되더라도, 혹은 마음이 완전히 텅 빈 것 같더라도 걱정하지 마십시오. 어떤 일이 일어나든 혹은 일어나지 않든, 그것들은 단지 당신의 마음을 휴식하게 하는 경험의 일부입니다.

그럼 지금 당신의 마음을 통과하는 것이 무엇이든 그것들을 자각하며 다만 휴식하십시오.

3분이 지나면 당신 자신에게 물어보십시오. 그 경험이 어떠했는가? 그것을 판단하지 말고, 설명하려고 하지 마십시오. 단지 무슨 일이 일어났고 당신이 어떻게 느꼈는지를 점검하는 것입니다. 잠시나마 평화를 맛보고 마음이 열리는 기분을 경험했을 수도 있습니다. 좋은 일입니다. 혹은 수백 가지의 다양한 생각과 느낌과 기분을 자각했을 수도 있습니다. 그것 역시 좋은 일입니다. 왜인가요? 어느 쪽이든, 당신의 생각과 느낌을 자각하는 상태를 조금이라도 유지하는 한, 당신은 자연스러운 기능을 수행하고 있는 자신의 마음을 직접적으로 언뜻 들여다본 것입니다.

　그렇다면 당신에게 큰 비밀 한 가지를 털어놓겠습니다. 어떤 순간이 주어지든지 마음 안에서 어떤 일이 일어나든지 그것들을 다만 지켜볼 때 당신이 경험하는 것, 그것이 바로 명상입니다. 이런 식으로 다만 휴식하는 것이 자연스러운 마음을 경험하는 일입니다.

　명상이 일상의 삶에서 날마다 일어나는 생각, 느낌, 기분과 다른 유일한 차이는, 생각들을 쫓아가거나 느낌과 감각에 의해 산만해지지 않고 마음을 단지 있는 그대로 휴식하게 할 때 일어나는 그 단순하고 순수한 자각에 있습니다.

　명상이 실로 얼마나 쉬운 것인지를 깨닫기까지 오랜 시간이 걸렸습니다. 왜냐하면 그것이 아주 평범해 보였고, 날마다 일어나는 습관적인 지각 작용과 너무 흡사해서 나는 좀처럼 인정하려 들지 않았기 때문입니다. 현재 순회강연에서 내가 만나는 많은 사람들처럼, 나는 자연스러운 마음은 뭔가 특별하고 내가 이미 경험하고 있는 것과는 다르거나 더 좋아야 한다고 생각했었습니다.

　대부분의 사람들처럼, 나는 내 경험에 대해 많은 판단을 했습니다.

하루 종일 오고 가는 분노, 불안, 두려움 등의 생각들은 좋지 않은 것이고 비생산적이며, 어쨌든 자연스러운 평화와 일치하지 않는 것이라고 믿었습니다. 붓다의 가르침, 그리고 이 '비명상' 연습에 담긴 교훈은 이것입니다. 만약 긴장을 풀고 정신적으로 한 걸음 뒤로 물러설 수 있다면, 우리는 이 모든 다양한 생각들이 무한한 마음의 배경 안에서 단지 왔다가 가고 있는 것을 알아차리기 시작할 것입니다. 허공과 마찬가지로, 그 무한한 마음은 그 안에서 무슨 일이 일어나든 근본적으로는 전혀 동요되지 않습니다.

사실 자연스러운 평화를 경험하는 것은 물을 마시는 것보다 쉽습니다. 물을 마시기 위해서도 노력이 필요합니다. 유리잔까지 손을 뻗어야 하고, 그것을 입에 가져가야 하고, 물이 입안으로 흘러들어 가도록 잔을 기울여야 하며, 그다음에는 잔을 내려놓아야 합니다. 자연스러운 평화를 경험하는 데는 그러한 노력조차 필요 없습니다. 단지 당신이 해야 하는 일은 마음을 자연스럽게 열린 상태로 휴식하는 것입니다. 특별한 집중도, 특별한 노력도 요구되지 않습니다.

그리고 만약 어떤 이유로 마음을 휴식할 수 없는 상황이라면, 일어났다가 몇 초간 머무른 뒤 사라지는 생각과 느낌과 기분들을 단지 관찰하면서 "아, 지금 내 마음에서 일어나는 일이 이것이구나." 하고 알면 됩니다.

당신이 어디에 있든, 무엇을 하든, 당신이 경험하는 것이 참본성의 자연스러운 표현임을 아는 것이 가장 중요합니다. 마음속에서 무슨 일이 일어나더라도 막으려고 하지 않고 단지 그것을 관찰한다면, 결국에는 마음이 아주 편안해지고 마음 안에서 무한한 열림을 느끼기 시작할 것입니다. 그것이 사실 당신의 자연스러운 마음이며, 다양한 생각들이 왔다가 가는 본래 동요되지 않는 배경입니다. 그것과 동시에, 당신은 새로운 뉴런의 경로를 깨우게 될 것입니다. 그 경로가 더 강해지고 더 깊이 연결되면 어느 순간에든 당신의 마음속으로 돌진해 오는 생각의 폭포수들을 감당하는 능력이 커집니다. 어떤 혼란스러운 생각이 일어나든 그것들은 허공이 현상 세계의 모든 입자들을 에워싸며 스며 있듯이, 그 생각들을 에워싸며 스며 있는 자연스러운 평화를 자각하도록 자극하는 촉매제 역할을 할 것입니다.

이제는 마음에 대한 일반적인 소개를 마치고 마음의 특성에 대해 좀 더 자세히 살펴볼 시간입니다. 당신은 자연스러운 마음에 대해 왜 더 많은 것을 알아야 하는지 의아해할 수도 있습니다. 일반적인 이해만으로도 충분하지 않은가요? 지금 당장 수행으로 넘어갈 수는 없습니까?

그것을 이런 식으로 생각해 보기 바랍니다. 만약 당신이 어두운 밤에 차를 운전하게 되었을 때, 자신이 가고 있는 길을 대충 짐작하는 대신 그 지역 지도를 소지하고 있다면 한결 낫지 않을까요? 지도도 없고, 게다가 안내 표지판까지 없다면 길을 잃을 수 있습니다. 길을 잘못 꺾거나 샛길로 빠질 수도 있고, 여행이 필요 이상으로 길어지고 복잡해질 수도 있습니다. 결국 빙빙 돌다가 중도에 여행을 마칠 수도 있습니다. 물론 결국에는 원하는 장소에 도착할 수도 있겠지만, 자신이 어디를 가고 있는지 알았다면 여행은 한결 쉬웠을 것입니다. 다음에 이어지는 두 장은 당신이 원하는 곳에 좀 더 빨리 도착하도록 도와줄 하나의 지도, 일련의 안내 표지판입니다.

4
실체 속의 실체

마음은 본질적으로 절대적 설명을
거부한다는 점에서 '텅 비어' 있다. 그렇지만
이 정의하기 어렵고 완전하게 알 수 없는
토대로부터 모든 생각, 감정, 기분들이
끊임없이 일어난다. 실제로 생각, 감정, 기분,
그리고 심지어 물질적인 사물들까지 포함한
모든 현상이 나타나고 움직이고 변화하고
결국에는 소멸하는 것은 이 텅 빈 본성의
무한한 가능성으로부터이다.

> 공은 모든 것을 가능하게 하는 토대로 설명될 수 있다.
> 12대 타이 시투파 린포체 〈잠든 붓다 깨우기〉

 마음을 휴식할 때 경험하는 무한한 열림의 느낌을 불교 용어로 '공'이라 부릅니다. 공은 불교 철학에서 가장 많이 잘못 이해되고 있는 단어 중 하나일 것입니다. 불교도에게도 이 용어는 이해하기가 매우 어려운데, 그렇지 않은 독자들에게는 더 난해할 것입니다. 그 이유는 산스크리트 어와 티베트 어 불교 경전들의 초기 번역자들 중 많은 이들이 공을 '비어 있음' 혹은 '무'로 번역했기 때문입니다. 공을 '아무 것도 존재하지 않는다.'라는 개념과 잘못 일치시킨 것입니다. 이것만큼 붓다가 설명하고자 했던 진리로부터 멀어진 것도 없을 것입니다.
 붓다가 마음의 본성, 즉 모든 현상의 본성이 공이라고 가르쳤을 때, 그는 그것들의 본성이 정말로 진공상태처럼 텅 비어 있다는 의미로 말한 게 아니었습니다. 붓다가 말한 그 '공'은, 티베트 어에서 두 단어로 이루어진 '통파-니'입니다. '통파'는 '비어 있는'의 뜻인데, 그것은 단지 감각으로 지각할 수 있는 능력과 개념화할 수 있는 능력 너머에 있는 어떤 것이란 의미입니다. 더 나은 번역은 '지각할 수 없는' 혹은 '이름 붙일 수 없는'일 것입니다.

'니'는 티베트 인의 일상 대화에서는 특별한 의미가 없습니다. 반면 다른 단어 뒤에 붙어 가능성의 느낌을 전합니다. 어떤 것이라도 일어날 수 있다는, 발생할 수 있다는 느낌을 줍니다. 불교도들이 공에 대해 말할 때, 그것은 무를 의미하는 게 아니라 오히려 어떤 것이라도 나타나고 변화하고 사라질 수 있다는 무한한 가능성을 의미합니다.

여기서 원자의 내부 활동을 조사하다가 현대 물리학자들이 목격한 기이하고 놀라운 현상을 하나의 비유로 사용할 수 있습니다. 대화를 나눈 물리학자들에 따르면, 모든 아원자 현상이 일어나는 토대는 종종 진공상태로 불리는데, 이는 아원자 우주의 에너지가 가장 낮은 상태입니다. 이 진공상태에서 입자들이 계속해서 나타났다가 사라집니다. 비록 겉으로 보기에는 텅 비어 있는 것 같지만, 실제로 이 상태는 어떤 것이라도 생산해 낼 수 있는 가능성으로 가득 찬 매우 활동적인 상태입니다. 이런 점에서 아원자의 진공상태는 '마음의 비어 있는 속성'과 어떤 특성들을 공유합니다. 진공이 '텅 비어 있는' 것으로 여겨지지만 그것이 모든 방식의 입자들이 생겨나는 원천인 것처럼, 마음은 본질적으로 절대적 설명을 거부한다는 점에서 '텅 비어' 있습니다. 그렇지만 이 정의하기 어렵고 완전하게 알 수 없는 토대로부터 모든 생각, 감정, 기분들이 끊임없이 일어납니다.

마음의 본성이 공이기에 당신은 무한히 다양한 생각, 감정, 기분들을 경험할 능력이 있습니다. 심지어 공을 잘못 이해하는 것조차 단지 공으로부터 일어나는 현상입니다!

한 가지 단순한 예가 경험적인 차원에서 공을 다소나마 이해하는 데 도움을 줄지도 모릅니다. 몇 해 전, 한 사람이 내게 와서 공에 대한 가르침을 청했습니다. 기본적인 설명을 해 주자 무척 행복해 보였으며, 감격하기까지 했습니다. 대화가 끝났을 때 그는 말했습니다.

"정말 멋져요!"

나 자신의 경험상 공은 한 번의 수업으로 이해할 만큼 그렇게 쉬운 것이 아니었기에, 배운 것을 토대로 며칠 간 명상을 해 보라고 조언했습니다. 며칠 후, 그 사람이 공포에 질린 얼굴을 하고서 돌연 내 방문 앞에 나타났습니다. 얼굴이 하얗게 질리고 몸을 웅크린 채 떨면서, 마치 올라서면 빠져 버리는 모래 바닥을 시험하는 사람처럼 조심스럽게 방 안으로 걸어 들어왔습니다. 마침내 내가 앉아 있는 곳에서 걸음을 멈추더니 말했습니다.

"당신은 저에게 공에 대해 명상하라고 했습니다. 그런데 어젯밤에 이런 생각이 들었습니다. '만약 모든 것이 텅 비어 있다면, 이 건물 전체도 텅 비어 있고, 바닥도 텅 비어 있고, 그 아래 땅바닥도 텅 비어 있다.' 만약 정말로 그렇다면, 우리 모두가 바닥을 관통하고 땅속을 관통해 떨어지지 않을까요?"

그의 말이 끝날 때까지 기다렸다가 이렇게 물었습니다.

"누가 떨어지지요?"

그는 잠시 질문을 심사숙고하더니, 얼굴 표정이 완전히 바뀌었습니다. 그는 소리쳤습니다.

"아, 알았어요! 만약 건물이 텅 비어 있고 사람도 텅 비어 있다면 관통해 떨어질 사람도 떨어질 것도 존재하지 않는군요."

그는 숨을 길게 내쉬면서 몸의 긴장을 풀고 얼굴색이 정상으로 돌아왔습니다. 그에게 새롭게 이해한 것을 가지고 공의 세계를 명상해 보라고 다시 부탁했습니다. 이삼 일이 지나, 그가 뜻밖에 다시 내 방으로 찾아왔습니다. 얼굴이 창백하고 몸도 다시 떨면서 말입니다. 숨을 내쉬는 것을 무척 겁내 하며 최대한 숨을 쉬지 않으려고 참는 게 역력했습니다. 그는 내 앞에 앉아서 말했습니다.

"나는 당신이 가르쳐 준 대로 공에 대해 명상했고, 이 건물과 저 아래 땅바닥이 텅 비어 있는 것처럼 나 역시 텅 비어 있다는 것을 이해했습니다. 이 명상을 계속 추구하면서 더 깊이 들어갔고, 결국 어떤 것도 볼 수 없고 느낄 수 없는 단계에 이르렀습니다. 만약 내가 텅 비어 있는 것 이상의 아무것도 아니라면 나는 곧 죽게 될까 봐 너무 두렵습니다. 그래서 아침부터 당신에게 달려왔습니다. 만약 내가 텅 비어 있다면 나는 근본적으로 아무것도 아니며, 내가 아무것도 아닌 것으로 분해되어 버리는 것을 막아 줄 것은 아무것도 없습니다."

그가 이야기를 마쳤다고 생각되었을 때, 그에게 물었습니다.

"그렇게 분해되는 것은 누구죠?"

그가 이 질문을 충분히 이해하도록 잠시 기다린 다음 계속해서 말했습니다.

"당신은 공을 아무것도 없는 것으로 착각했습니다. 거의 모든 사람들이 처음에는 공을 생각이나 개념으로 이해하려는 실수를 합니다. 나도 똑같은 실수를 했었습니다. 그러나 공을 개념적으로 이해할 수 있는 길은 존재하지 않습니다. 오직 경험으로만 진실로 깨달을 수 있습니다. 내 말을 믿으라는 게 아닙니다. 내가 말할 수 있는 것은 다음 번에 명상을 할 때 스스로에게 이렇게 질문해 보라는 것입니다. '모든 것의 본질이 공이라고 한다면, 누가 혹은 무엇이 분해될 수 있는가? 누가 혹은 무엇이 태어나며, 누가 혹은 무엇이 죽을 수 있는가?' 시도해 보면 당신이 발견하게 되는 답에 스스로 놀랄 것입니다."

그는 숨을 크게 내쉬고는 다시 시도해 보겠다고 했습니다. 그 후 며칠이 지나 그가 다시 내 방에 찾아왔을 때 그는 평화롭게 미소 지으며 선언하듯 말했습니다.

"마침내 제가 공을 이해하기 시작한 것 같습니다."

나는 그에게 설명해 보라고 했습니다.

"가르침에 따라 그 주제에 대해 오랫동안 명상한 끝에 비로소 공이 아무것도 없는 텅 빈 상태가 아니라는 걸 깨달았습니다. 아무것도 없으려면 그 전에 우선 무엇인가가 존재해야 하기 때문입니다. 공은 모든 것입니다. 상상할 수 있는 모든 존재와 비존재의 가능성이 동시에 일어나는 것이 공입니다. 따라서 우리의 참본성이 공이라면 어느 누구도 실제로 죽는다고 할 수 없으며 누구도 실제로 태어난다고 할 수 없습니다. 어떤 방식으로 존재하고 혹은 존재하지 않을 가능성이 매순간 우리 안에 있기 때문입니다."

나는 말했습니다.

"아주 좋습니다. 이제 방금 말한 것을 잊어버리세요. 그것을 정확히 기억하려고 노력한다면 알게 된 것을 하나의 개념으로 만들게 될 것이고, 그렇게 되면 우리는 전부 다시 시작해야 하기 때문입니다."

절대와 상대, 두 가지 실체

> 궁극적인 진리는 상대적인 진리의 토대 없이는 배울 수가 없다.
> 나가르주나 〈중론송〉

우리들 대부분이 공을 이해하기 위해서는 사색하고 명상하는 시간이 필요합니다. 이 주제를 갖고 강의할 때 자주 받는 첫 번째 질문 중 하나는 이것입니다.

"실체의 토대가 공이라면, 모든 것은 어디에서부터 나오는가?"

좋은 질문이며 사실 매우 심오한 질문입니다. 하지만 공과 경험의 관계는 그리 단순하지 않습니다. 혹은 너무 단순해서 놓쳐 버리기 쉽습니다. 실제로 생각, 감정, 기분, 심지어 물질적인 사물들까지 포함한 모든 현상이 나타나고 움직이고 변화하고 결국 소멸하는 것은 공의 무한한 가능성으로부터입니다.

공의 이러한 측면을 설명하는 가장 좋은 방법은 물질을 원자와 소립자 차원에서 조사하는, 내 전문 분야가 아닌 양자역학에 대해 토론하는 대신, 과거로 돌아가 붓다 시대에 이해한 우주를 살펴보는 것입니다. 당시는 우주를 하나의 물체가 아니라 은하수, 별, 행성, 동물, 인간, 강, 나무, 그리고 그 밖의 것들이 생성되고 움직이는 무한하고 뭐라 정의할 수 없는 배경이 되는 광대한 열린 공간으로 보았습니다. 공간이 없으면 이것들 중 어느 것도 개별적으로 나타날 수 없습니다. 그것들이 존재할 빈 장소, 보일 수 있는 배경이 없을 것입니다. 별과 행성은 오직 공간을 배경으로 나타나고 움직이고 소멸될 수 있습니다. 우리를 둘러싸고 있는 공간이 있기 때문에 우리가 설 수 있고 앉을 수 있으며, 방 안으로 들어갈 수 있고 나갈 수 있습니다. 우리의 몸도 공간으로 가득합니다. 거기에는 숨을 내쉬고 들이쉴 때 열리고 닫히는 폐 같은 내장 기관 안에 있는 공간뿐 아니라 호흡하고, 음식을 삼키고, 말하는 등등의 활동을 허락해 주는 외부의 열린 공간도 포함됩니다.

비슷한 관계가 공과 현상 사이에도 존재합니다. 공이 없으면 어떤 것도 일어날 수 없습니다. 현상이 부재하면 모든 것이 일어나는 공의 배경을 경험할 수 없습니다. 그러므로 어떤 면에서 공과 현상은 관계가 있다고 말할 수 있습니다. 하지만 중요한 차이점도 있습니다. 공 혹은 무한한 가능성은 실체의 절대적인 본성입니다. 공으로부터 나타나는 모든 것, 즉 별, 은하수, 사람, 탁자, 램프, 시계, 심지어 시간과 공간을 느끼는 우리의 지각도 무한한 가능성의 상대적인 표현이며 무한한 시공간 맥락 안에서의 일시적인 등장입니다.

　이 시점에서 절대적인 실체와 상대적인 실체 사이의 또 다른 극히 중요한 차이점을 지적하고 싶습니다. 불교의 이해에 따르면, 또한 전해 듣기로 일부 서양의 과학적 사고에 따르면, 변하지 않는 것, 시간과 상황에 의해 영향받지 않는 것, 혹은 더 작은 것으로 분할될 수 없는 것만이 절대적인 실체라고 할 수 있습니다. 이 정의를 토대로 공이, 즉 모든 현상의 배경이고 원인이나 조건의 변화에 의해 창조되거나 영향받지 않으며 측량할 수 없고 정의할 수 없는 가능성이 곧 절대적인 실체라고 나는 배웠습니다. 그리고 자연스러운 마음은 공이기 때문에, 즉 이름을 붙이거나 정의할 수 있는 특성 같은 것으로 한정지을 수 없이 완전히 열려 있기 때문에, 현상에 대해 내가 생각하고 말하는 어떤 것도, 또한 다른 사람들이 생각하고 말하는 어떤 것도 그것의 진정한 본성을 잘 정의했다고 말할 수 없습니다.

　다시 말해 절대적 실체는 언어로, 이미지로, 심지어 수학 공식 기호로도 표현될 수 없습니다. 많은 종교들에서도 절대적인 것의 본질은 이런 방식들로 표현될 수 없으며 이름이나 이미지로 설명하기를 거부한다고 들었습니다. 불교 역시 적어도 그 점에 동의합니다. 절대적인 것은 오로지 자신의 경험을 통해서만 이해될 수 있습니다.

동시에, 시간과 공간에서 사물이 나타나고 변화하고 사라지는 세상에 우리가 살고 있다는 것을 부정하는 것은 터무니없는 일입니다. 사람들이 나타났다가 사라지고, 탁자가 부서지고 쪼개지며, 누군가 물 잔의 물을 마시면 그 물은 사라집니다. 불교 용어로는 이 끝없이 변화하는 경험을 상대적인 실체라고 합니다. 절대적인 실체의 불변하고 정의내릴 수 없는 조건과 비교해서 상대적이라는 것입니다.

우리가 탁자, 물, 생각, 행성 같은 것들을 경험하지 않는 척하는 것이 어리석듯이, 그것들이 본래부터 완전하고 자족적이며 독립적인 방식으로 존재하는 것들이라고도 말할 수 없습니다. 정의에 의하면, 본래부터 존재하는 것이라면 영원하며 불변해야 합니다. 원인과 조건의 변화에 의해 더 작은 단위로 쪼개지거나 영향받아서도 안 됩니다.

이것은 상대적인 실체와 절대적인 실체의 관계를 지적으로 훌륭하게 설명한 것입니다. 그러나 이런 설명은 그 관계를 진정으로 파악하는 데 필요한 직관적인 이해, 혹은 오늘날 우리가 곧잘 말하듯이 뼛속 깊은 이해를 제공해 주지는 못합니다. 붓다는 제자들로부터 절대적인 실체와 상대적인 실체의 관계를 설명해 달라는 요청을 받았을 때, 종종 꿈을 예로 들었습니다. 깨어 있는 현실에서의 경험이 꿈속에서의 경험과 비슷하다는 것을 지적하면서. 붓다가 사용한 꿈들의 예는 자연히 그 시대 제자들과 관련이 있는 것들, 이를테면 소, 곡식, 초가지붕, 진흙 벽 같은 것들이었습니다.

그러한 예들이 21세기에 살고 있는 사람에게 동일한 영향을 줄 것이라고는 생각하지 않습니다. 그래서 내 얘기를 듣는 사람들과 직접 관련된 예를 사용합니다. 예를 들어, 당신이 자동차를 정말로 좋아하는 사람이라고 가정해 봅시다. 누군가가 돈 한 푼 안 받고 새로 출시된 차를 당신에게 주는 꿈은 아마도 당신을 무척 흥분시킬 것입니다. '꿈속의 당신'은 그 '꿈의 자동차'를 건네받으면서 행복할 것이고, 운전하면서 행복할 것이고, 그 차를 자랑하면서 행복할 것입니다.

그런데 운전을 하고 있는 꿈속에서 갑자기 다른 차가 당신 차를 들이받았다고 해 봅시다. 앞 범퍼가 완전히 망가지고 한쪽 다리가 부러졌습니다. 꿈속에서 기분이 즉각적으로 행복에서 절망으로 바뀔 것입니다. 차는 부서지고 어떤 '꿈의 보험'에도 들어 있지 않은 상태이며 다리에서 엄청난 통증이 느껴집니다. 심지어 꿈속에서 엉엉 울기 시작하고, 잠에서 깼을 때는 베개가 눈물로 젖어 있을지도 모릅니다.

이제 한 가지 질문을 하려고 합니다. 어려운 질문은 아닙니다.

꿈속의 자동차는 진짜인가요, 아닌가요?

물론 정답은 "아니다."입니다. 엔지니어가 그 차를 설계하지도 않았고 공장에서 생산하지도 않았습니다. 실제 자동차를 구성하고 있는 여러 부품들, 혹은 차의 서로 다른 부품들을 이루는 분자와 원자들로 만들어지지도 않았습니다. 그러나 꿈을 꾸는 동안 당신은 그 차를 아주 실제적인 것으로 경험합니다. 실제로 당신은 꿈속의 모든 것을 현실로 연결시키고, 매우 사실적인 생각과 감정들로 경험에 반응합니다. 하지만 꿈속 경험이 얼마나 사실적이든, 그것이 본래부터 존재한다고는 말할 수 없습니다. 당신이 잠에서 깨어나면 꿈은 멈춰지고 꿈속에서 지각했던 것들은 전부 공 속으로 사라집니다. 어느 것이라도 일어날 수 있는 무한한 가능성 속으로.

같은 방식으로, 붓다는 경험의 모든 형태는 공의 무한한 가능성으로부터 일어나는 현상이라고 가르쳤습니다. 이것은 붓다의 유명한 가르침 중 하나인 〈반야심경〉에 다음과 같이 설해져 있습니다.

> 형상이 공이고,
> 공이 형상이다.
> 공이 형상과 다르지 않고,
> 형상이 공과 다르지 않다.

현대의 용어로는 이렇게 말할 수 있을 것입니다.

> 꿈속 자동차는 본래 실체가 없는 차이며,
> 본래 실체가 없는 차는 꿈속 자동차이다.
> 꿈속 자동차는 본래 실체가 없는 차와 다르지 않고
> 본래 실체가 없는 차는 꿈속 자동차와 다르지 않다.

물론 논리상 당신이 깨어 있는 현실에서 경험하는 것과 꿈에서 경험하는 사건들을 비교할 수는 없다고 주장할 수도 있습니다. 결국 꿈에서 깨면 실제로 다리가 부러지지도 않았고 차고에 부서진 차가 있지도 않습니다. 만약 깨어 있는 현실에서 사고를 당했다면, 당신은 병원에 입원하고 차가 손상되어 수백만 원의 피해를 보았을 것입니다.

그럼에도 불구하고 당신 경험의 토대, 즉 변화하는 조건들에 따라 달라지는 생각과 느낌과 기분들은 꿈속에서나 깨어 있는 현실에서나 다르지 않습니다. 당신이 이 비교를 마음속에 기억해 둔다면 깨어 있는 현실에서 무엇을 경험하든 그것들은 당신에게 미치는 영향력을 잃기 시작할 것입니다. 생각은 단지 생각일 뿐입니다. 느낌은 단지 느낌일 뿐입니다. 기분은 단지 기분일 뿐입니다. 그것들은 꿈속에서와 마찬가지로 깨어 있는 현실에서도 빨리, 쉽게 왔다가 갑니다.

경험하는 모든 것은 변화하는 조건에 따라 달라질 수밖에 없습니다. 심지어 단 한 가지 조건만 변경되더라도 경험 형태가 달라집니다. 꿈꾸는 자가 없으면 꿈도 없을 것입니다. 꿈꾸는 자의 마음이 없으면 꿈도 없을 것입니다. 꿈꾸는 자가 잠을 자지 않는다면, 꿈도 없을 것입니다. 하나의 꿈이 일어나기 위해서는 이 모든 조건들이 다 합쳐져야만 합니다.

한 가지 연습

> 마음은 본질적으로 비어 있다.
> 비록 비어 있지만, 그 안에서 모든 것이 끊임없이 일어난다.
> 3대 걀와 카르마파 〈카르마파의 노래-진정한 의미의 마하무드라의 염원〉

공을 지적으로 이해하는 것과 직접 경험하는 것은 다릅니다. 앞 장에서 설명한 것과는 조금 다른 연습을 해 봅시다. 이번에는 생각과 감정과 기분들이 공으로부터 생겨나 일순간 공으로 나타났다가 공으로 다시 사라지는 것을 아주 자세히 볼 것입니다.

만약 생각, 감정, 기분이 일어나지 않는다면 그것들을 만들어 내십시오. 할 수 있는 만큼 많이, 아주 빨리, 연달아서. 이 연습의 핵심은 당신이 할 수 있는 한 많은 형태의 경험을 관찰하는 것입니다. 만약 그것들을 주시하지 않으면, 그것들은 슬그머니 사라질 것입니다. 생각, 감정, 느낌, 혹은 기분 그 어떤 것도 놓치지 말아야 합니다.

허리를 똑바로 펴고 긴장을 푼 자세로 앉아 정상적으로 호흡하는 것으로 시작합니다. 일단 차분해지면 생각, 감정, 기분들을 매우 분명하게 관찰합니다. 기억하십시오. 만약 아무것도 일어나지 않으면 마음속으로 아무 말이나 지껄여야 합니다. 통증, 압박감, 소리 등 감지되는 것은 무엇이든 아주 분명하게 관찰합니다. '이것은 좋은 생각이야.' '이것은 나쁜 생각이야.' '난 이 연습이 맘에 들어.' '이 연습은 별로야.'라는 생각들조차도 관찰할 수 있는 것들입니다. 심지어 가려움같이 단순한 것도 관찰할 수 있습니다. 최대한 효과를 얻기 위해서는 적어도 1분 정도 이 과정을 지속해야 합니다.

이제 준비가 되었습니까? 좋습니다. 그럼 시작합시다.

마음의 움직임을 바라보십시오.

마음의 움직임을 관찰하십시오.

자, 이제 멈춥니다.

연습의 핵심은 모든 것들이 공에서 생겨나서 일순간 나타났다가 다시 공으로 사라질 때, 마치 드넓은 바다 위에 파도가 일어났다가 가라앉는 움직임처럼, 당신의 자각 속을 통과하는 모든 것을 단지 지켜보는 것입니다. 생각과 감정 등을 차단할 필요가 없습니다. 뒤쫓을 필요도 없습니다. 그것들을 뒤쫓아가거나 그것들이 당신을 끌고 다니게 내버려 둔다면, 그것들이 당신을 한정 짓기 시작할 것이고 당신은 현재의 순간에 열린 마음으로 자연스럽게 반응하는 능력을 잃게 될 것입니다. 반면 자신의 생각을 차단하려고 시도한다면 마음이 매우 좁아지고 작아질 것입니다.

많은 이들이 명상을 생각과 감정의 자연스러운 움직임을 의도적으로 멈추는 것이라고 믿고 있기 때문에 이것은 중요한 핵심입니다. 움직임을 잠시 차단하여 일순간 평온함을 성취할 수는 있습니다. 하지만 그것은 좀비(살아 있는 시체)의 평화입니다. 아무런 생각도 감정도 일어나지 않는 상태는 분별력과 명확성이 결여된 상태입니다.

마음을 단지 있는 그대로 놓아두는 수행을 한다면 마음은 결국 저절로 차분해질 것입니다. 한층 넓어진 느낌이 들 것이고, 한편으론 사물을 편견 없이 분명하게 경험하는 능력이 점차 커질 것입니다. 일단 이러한 생각, 감정 등이 오가는 것을 자각을 가지고 지켜보기 시작한다면, 그것들이 모두 상대적인 현상이라는 것을 깨닫기 시작할 것입니다. 그것들은 단지 다른 경험들과의 관계에 의해서 정의될 수 있을 뿐입니다. 행복한 생각은 불행한 생각과의 차이에 의해 구별됩니다. 키 큰 사람이 더 작은 사람과의 관계 속에서만 '크다'고 구별되듯이. 그 사람 혼자서는 키가 큰 것도 작은 것도 아닙니다. 마찬가지로, 하나의 생각 혹은 느낌은 다른 생각들과의 비교를 거치지 않고서는 그 자체만으로 긍정적이라거나 부정적이라고 설명될 수 없습니다. 이러한 종류의 비교가 없다면 하나의 생각, 느낌, 지각은 단지 있는 그대로의 것일 뿐입니다. 그것은 본래의 성질이나 특징을 가지고 있지 않으며, 비교를 통하지 않고서는 그 자체로 정의내려질 수 없습니다.

경험의 물리학

물체들은 공간 안에 존재하는 것이 아니라
단지 공간적으로 확장된 것이다.

> 이런 면에서 '텅 빈 공간'이라는 개념은 그 의미를 상실한다.
> 알베르트 아인슈타인 〈상대성이론 15판〉

현대 과학자들과 대화를 나누면서, 공과 현상의 관계에 대한 불교적 이해와 양자역학의 원리 사이에 유사점이 매우 많다는 사실을 알고 깜짝 놀랐습니다. 사용하는 단어들이 달랐기 때문에 서로 똑같은 것을 말하고 있다는 사실을 깨닫는 데 나로서는 꽤 시간이 걸렸을 뿐입니다. 양쪽 모두, 거의 무한한 숫자의 다양한 사건들이 원인이 되고 그것들에 조건 지어져서 순간순간 펼쳐지는 현상에 대해 이야기하고 있었던 것입니다.

이 유사성을 제대로 느끼기 위해서는 양자역학이 세워진 토대인 고전물리학의 원리들을 이해하는 것이 중요하다는 것을 나는 알았습니다. '고전물리학'이란 17세기 천재 뉴턴과 그의 이해를 돕고 그의 발자국을 따른 과학자들의 통찰을 토대로, 자연 세계의 작용 방식에 대한 일련의 이론들을 설명하는 일반적인 용어입니다. 고전물리학의 시각에서는 우주를 질서정연한 거대한 기계로 이해했습니다. 이 '기계론적 우주 모형'에 따르면, 만약 우리가 우주에 있는 모든 입자들의 위치와 속도, 즉 그것들이 움직이는 속도와 방향을 안다면, 그리고 특정한 순간의 입자들 사이의 힘을 안다면, 미래의 어느 순간에 우주 안에 있는 모든 입자들의 위치와 속도를 예측하는 것이 가능할 것입니다. 마찬가지로, 입자들의 현재 상태의 정확한 해석을 통해 우주의 과거 역사를 완벽하게 알 수 있습니다. 우주의 역사는 개별적인 입자들의 역사들이 연결된 거대한 그물망으로 이해될 수 있습니다. 원인과 결과라는 절대적이고 알 수 있는 법칙에 의해서 연결된.

그러나 고전물리학의 법칙과 이론들은 대부분 별과 행성들의 운동, 그리고 지구상의 물체들 사이의 상호작용 같은 광범위한 규모의 현상 관측에 토대를 둔 것이었습니다. 19세기와 20세기의 기술 발달은 과학자들이 현상의 행동 양식을 점점 더 작은 규모에서 연구할 수 있게 해 주었으며, 현대 물리학의 근본 틀인 양자역학의 토대를 형성하는 그들의 실험은, 물질적인 현상이 미시적 세계에서 보면 고전물리학이 설명한 대로 단정하고 질서정연하며 예측 가능한 형태로 행동하는 게 아니라는 사실을 보여 주기 시작했습니다.

이 실험들의 가장 당혹스러운 측면 중 하나는 평소 우리가 '물질'이라고 간주하는 것이 이전에 믿었던 것처럼 그렇게 실체가 견고하고 정의내릴 수 있는 것이 아닐 수도 있다는 것이었습니다. 아원자 차원에서 관찰하면 '물질'은 다소 이상하게 행동하는데, 때로는 물질적인 입자의 일반적인 성질을 드러내기도 하고 때로는 비물질적인 에너지의 '파동'으로 나타나기도 합니다. 내가 이해하는 것처럼, 이 입자/파동은 위치와 속도의 관점에서 동시에 정의 내릴 수가 없습니다. 따라서 입자들의 위치와 속도의 관점에서 우주의 상태를 설명하는 고전적인 개념이 흔들리기 시작했습니다.

양자역학이 고전물리학의 법칙으로부터 장기간에 걸쳐 발전한 것처럼, 경험의 본질에 대한 붓다의 설명은 듣는 사람의 이해 수준에 따라 이전의 것에 기초해서 점차 발전해 나갔습니다. 이 가르침들은 시기적으로 세 부분으로 나뉘는데, '세 가지의 전법륜'으로 불립니다. 여기서 말하는 '법'은 산스크리트 어의 '다르마'이며, '진리' 혹은 더 쉽게는 '있는 그대로의 방식'을 의미합니다. 붓다는 북인도 바라나시에서 가까운 사슴동산(녹야원)으로 알려진 공개된 장소에서 첫 번째 가르침을 설했습니다. 이 가르침은 관찰 가능한 물리적 경험을 토대로 실체의 상대적인 본질을 설명합니다. 이 초전법륜의 가르침은 일반적으로 '네 가지 고귀한 진리(사성제)'로 알려진 일련의 말씀으로 종종 요약됩니다. 더 정확히 설명하면 '있는 그대로의 방식에 대한 네 가지 순수한 통찰'이라고 할 수 있습니다. 네 가지 통찰은 다음과 같이 간추려 말할 수 있습니다.

1. 일상적인 삶은 고통에 의해 조건 지어진다.
2. 고통은 원인으로부터 생겨난다.
3. 고통의 원인은 소멸될 수 있다.
4. 고통의 원인이 소멸될 수 있는 단순한 길이 있다.

이전법륜과 삼전법륜에서 붓다는 절대적인 실체의 특징을 설명하기 시작했습니다. 인도 북동부의 비하르 주에 위치한 영취산에서 설한 이전법륜은 공, 사랑, 자비, 보리심 - 보리심에 해당하는 산스크리트 어 보디치타는 종종 '깨어 있는 마음'으로 번역된다 - 의 본질에 초점을 둔 것이었습니다. 붓다가 불성의 근본 특징을 설명한 삼전법륜은 인도 전역의 여러 장소에서 설해졌습니다.

이 세 법륜은 마음과 우주의 본질, 마음이 경험을 지각하는 방식에 대해 말하고 있다는 점에서 그 자체로 매력이 있습니다. 또한 이 가르침들에는 붓다의 초기 제자들 사이에서 일어난 생각들이 분명히 드러납니다. 붓다가 입적한 후, 제자들 사이에서는 붓다가 말한 것에 대한 정확한 해석을 놓고 언제나 의견 일치가 이루어진 것은 아니었습니다. 그들 중에는 세 가지 법륜을 다 듣지 못한 이들도 있었을 것입니다. 제자들 사이의 의견 불일치는 자연스러운 일일 수밖에 없었습니다. 붓다가 거듭 강조했듯이, 그의 가르침의 본질은 지적인 이해만으로는 파악할 수 없고 오직 직접적인 경험을 통해서만 깨달을 수 있는 것이기 때문입니다.

초전법륜의 가르침만을 배운 사람들은 사고의 두 가지 학파인 바이바시카(설일체유부. 세상 만물이 모두 실재하고 있으며 변치 않는 성질인 자성이 만물에 내재하고 있다고 보는 학파)와 사우트란티카(경량부. 설일체유부에서 파생된 학파)를 발전시켰습니다. 이 학파들은 무한히 작은 입자를, 그 자체로서 완전하고 더 작은 입자로 쪼개어질 수 없다는 점에서 '절대적인 실재'로 이해했습니다. 티베트에서는 그것을 둘텐 혹은 둘텐차마이라고 하는데, 각각 '가장 작은 입자'와 '나누어질 수 없는 입자'라고 번역할 수 있습니다. 이 근본적인 입자들이 모든 현상의 필수 구성단위로 간주되었습니다. 그것들은 결코 분해되거나 상실될 수 없고 다만 다른 형태들로 전환된다고 보았습니다. 예를 들어, 통나무가 불태워질 때 나무의 둘텐차마이는 사라지지 않고 단지 연기나 불길로 전환됩니다. 에너지는 결코 창조되거나 파괴되지 않고 단지 다른 형태로 전환된다는 이론을 고수하는 물리학의 기본 원리인 '에너지 보존의 법칙'과 다르지 않은 관점입니다. 예를 들어, 가솔린의 화학 에너지는 자동차를 움직이는 기계 에너지로 전환이 가능합니다.

이쯤에서 당신은 현대 물리학의 발전이 개인의 행복을 달성하는 것과 무슨 관계가 있는지 의아해할 것입니다. 그러나 잠시 내 이야기를 참고 들어 준다면 그 관계가 명확해질 것입니다.

붓다의 나중 가르침들은, 무한히 작은 입자들이 전환될 수 있다는 단순한 사실은 둘텐 혹은 둘텐차마이가 하나의 일시적인 현상이며,

결국 근본적이거나 절대적인 실재로 간주될 수 없음을 가리킨다는 것을 증명해 보이고 있습니다. 수세기 후 알베르트 아인슈타인이 유명한 공식 E=mc²을 통해 입자가 에너지의 작은 다발임을 입증한 것과 같습니다. 일상의 예를 들어, 물을 생각해 봅시다. 매우 추운 조건에서 물은 얼음으로 변합니다. 실내 온도에서 물은 액체가 됩니다. 열을 가하면 물은 수증기로 바뀝니다. 실험실에서 물 분자는 수소와 산소 원자로 분리될 수 있고, 이 원자들은 더 정밀히 관찰하면 더 작은 아원자 입자들로 구성되어 있습니다.

설일체유부와 경량부 학파의 시각과 고전물리학의 관점 사이에 흥미로운 유사점이 발견됩니다. 더 쉽게 이해하도록 내용을 매우 단순화시킨 고전물리학 이론을 빌려 설명하자면 별, 행성, 인간 육체 같은 큰 물체만이 아니라 물질의 기본 원소들도 위치와 속도처럼 정확한 측정이 가능한 속성들로 설명될 수 있으며, 중력과 전기 같은 특정한 힘들과 완벽하게 조화를 이루면서 시간과 공간을 통해 정확하게 예측 가능한 방식으로 움직입니다. 이 고전적인 해석은 행성의 운동 같은 대규모 현상의 행동을 예측하는 데 여전히 매우 효과적입니다.

그런데 내가 설명 들은 내용에 따르면, 19세기 기술 발전은 물리학자들에게 물질 현상을 미시적으로 자세히 관찰할 수 있는 수단들을 제공해 주기 시작했습니다. 20세기 초 영국 물리학자 J. J. 톰슨(전자를 발견함으로써 원자 구조에 대한 지식을 혁명적으로 변화시키는 데 공헌)은 여러 실험을 통해 원자는 견고한 실체가 아니라 전자라고 불리는 전기를 띤 소립자들로 이루어져 있다는 것을 발견했습니다. 톰슨의 실험을 토대로 물리학자 에드워드 러더퍼드(뉴질랜드에서 출생한 영국인 물리학자로 원자핵을 발견하고 중성자의 존재를 예언)는 원자 모형을 고안했습니다. 고등학교 때 화학과 물리 수업을 받은 대부분의 현대인들에게는 친숙한 것입니다. 핵이라고 불리는 원자의 중심부 주위를 회전하는 전자들로 구성된 일종의 축소형 태양계입니다.

러더퍼드가 만든 원자의 태양계 모형이 가진 문제점은, 물체를 가열했을 때 원자는 언제나 특정한 특색을 지닌 에너지의 빛을 방출한다는 이미 관찰된 사실을 설명하지 못한다는 것입니다. 원자의 유형에 따라 달라지는 일련의 에너지 차원들을 보통 원자 스펙트럼이라 부릅니다. 1914년 닐스 보어(덴마크 출신의 물리학자로 원자의 근본적인 성질을 규명하는 데 최초로 양자역학을 도입)는 만약 원자 내의 전자가 파동으로 나타난다면 원자의 에너지 스펙트럼은 정확한 설명이 가능하다는 사실을 깨달았습니다. 이것은 초창기 양자역학의 큰 업적 중 하나였고, 과학계가 이 이상한 새 이론을 진지하게 받아들이게 했습니다.

그러나 거의 동시에, 알베르트 아인슈타인은 빛은 파동이 아니라 광자라고 불리는 입자로서 설명될 수 있음을 증명했습니다. 광자가 금속판에 부딪치면 금속판에 있던 전자의 활동이 가속화되면서 전기를 발생시킵니다. 아인슈타인의 발견에 뒤이어 다수의 물리학자들은 모든 형태의 에너지는 입자로 무리 없이 설명될 수 있음을 보여주는 실험을 시작했습니다. 이것은 설일체유부 학파의 관점과 매우 비슷한 시각입니다.

현대 물리학자들은 원자 내의 현상을 계속 연구해 나갔지만, '실체' 혹은 '경험'의 최소 구성물이라고 부르는 원자 내 현상들이 때로는 입자로 때로는 파동으로 행동하는 문제에 여전히 부딪쳤습니다. 그래서 그들은 단지 원자 내의 실체가 어떤 속성을 보일지, 어떤 방식으로 행동할지를 확률로만 결정할 수 있습니다. 양자이론은 레이저, 진공관, 슈퍼마켓 스캐너, 컴퓨터 칩 등의 개발에서 증명되었듯이 실제 응용 측면에서는 정확한 것임에 의심의 여지가 없지만, 우주에 대한 양자물리학의 설명은 현상을 설명하는 데 다소 추상적인 수학적 해석을 취하고 있습니다. 그런데 기억해야 할 중요한 사실이 있습니다. 수학은 하나의 상징적 언어로, 마치 일상적인 경험 밑바닥에 깔린 현실성을 전달하기 위해 언어 대신 숫자와 기호를 사용하는 일종의 시와 같다는 것입니다.

확률의 자유

> 일어나는 모든 것에 대해 새롭게 자각하는 것만으로도 충분하다.
> 9대 걀와 카르마파 〈마하무드라-분명한 의미의 대양〉

초기 가르침에서 붓다는 고통의 문제를 – 본래의 참자아가 존재한다는 믿음, 물질적인 현상들이 본래 실제로 존재한다는 믿음을 포함해 – 모든 경험이 본래 존재한다거나 혹은 절대적인 실체로 여기는 고착화된 믿음과 연결시켜서 설명했습니다. 후에 청중의 수준이 높아짐에 따라 붓다는 공과 불성을 더 직접적으로 언급하기 시작했습니다. 마찬가지로, 물체의 성질과 행동에 관한 고전물리학자들의 생각은 19세기 후반 과학자들의 노력에 의해 재정의되고 업데이트되었습니다.

앞에서 언급했듯이 현대과학자들은 아원자 차원의 물질에 대한 관찰을 통해 아원자 세계의 입자들은 어떤 실험 조건에서 관찰할 때는 때로 마치 '물체 같은' 입자로 매우 멋지게 행동하지만 또 다른 조건에서 관찰해 보면 더 파동처럼 행동한다는 사실을 인식하게 되었습니다. '입자-파동의 이중성'을 관찰해 낸 것은 많은 면에서 새로운 양자역학 물리학을 탄생시켰습니다.

이 별난 행동이 그것을 최초로 관찰한 과학자들에게는 편안한 것이 아니었을 것입니다. 단순한 비유를 들어, 당신이 아주 잘 알고 있다고 생각한 친구가 어느 순간에는 당신을 가장 친한 친구처럼 대하고 30분 후에는 당신을 이전에 한 번도 본적이 없는 사람처럼 바라본다고 상상해 보십시오. 당신은 이것을 '두 얼굴을 가진' 행동이라고 부를 것입니다.

반면 그 사실은 무척 흥분되는 것이었음에 틀림없습니다. 물질의 행동을 직접 관찰하는 일을 통해 완전히 새로운 연구 세계의 문을 열었기 때문입니다. 그 세계는 우리가 자신의 마음의 활동을 관찰하는 일에 적극 몰두하면 우리에게 열려 오는 세계와 닮아 있습니다. 볼 것도 많고, 배울 것도 많은 것입니다!

몸에 밴 부지런함으로 20세기 초 물리학자들은 파동의 성질을 지닌 입자의 행동을 설명하기 위해 처음부터 다시 시작했습니다. 원자 내부의 전자가 지닌 파동의 성질을 설명한 닐스 보어의 그림을 토대로 결국 물리학자들은 아원자 세계에 대한 새로운 설명에 이르렀습니다. 매우 자세히 수학적인 용어들을 써서, 어떻게 잘 알려진 우주에서 모든 입자가 파동으로 이해될 수 있고 모든 파동이 입자로 이해될 수 있는지 설명했습니다. 바꿔 말하면 더 큰 물질적 우주를 구성하는 입자들은 한 관점에서는 사물로서 보일 수 있고, 다른 관점에서는 시공간을 통해 펼쳐지는 발생으로 보일 수 있습니다.

그렇다면 물리학이 행복해지는 것과 어떤 관계가 있을까요? 우리는 자신을 명확한 목적과 성격을 가진, 견고하고 남과 구별된 개인으로 생각하기를 좋아합니다. 그러나 현대 과학이 발견한 사실들을 정직하게 살펴보면 자신에 대한 이러한 관점이 매우 불완전한 것임을 인정할 수밖에 없습니다.

붓다의 가르침은 종종 두 가지 범주로 분류됩니다. 하나는 지혜 혹은 이론에 대한 가르침이고, 다른 하나는 방법 혹은 수행에 대한 가르침입니다. 붓다는 종종 이 두 범주를 새의 날개에 비유하곤 했습니다. 날기 위해서 새는 두 날개가 필요합니다. 지혜의 날개는 적어도 당신이 무엇을 향하고 있는가에 대한 생각 없이는 수행의 날개가 아무 쓸모없이 파닥거릴 것이기 때문에 필요합니다. 예를 들어 체육관에 가는 사람들은 적어도 러닝머신이나 역기로 땀을 빼어 무엇을 얻고자 하는가에 대한 대략적인 생각을 가지고 있습니다. 행복에 대한 우리의 타고난 능력을 직접 깨달으려는 노력에도 똑같은 원리가 적용됩니다. 행복에 도달하기 위해 어디로 가고 있는지 알 필요가 있습니다.

현대 과학, 특히 양자물리학과 신경 과학은 21세기를 살아가는 사람들에게 주관적인 분석을 통해 얻은 실체의 본질에 대한 불교의 통찰보다 더 받아들이기 쉽고 더 구체적으로 증명할 수 있는 용어들을 사용해 지혜에 접근하는 길을 제공합니다. 현대 과학은 과학적 분석을 통해 불교 수행이 왜 효과가 있는지 설명해 줄 뿐 아니라, 원인과 조건의 변화에 따라 순간적으로 나타났다 사라지는 일시적 현상인 둘텐차마이의 불교적 이해에 대해 매력적인 통찰을 제공해 줍니다. 그러나 우리는 이러한 유사성을 발견하기 위해 과학의 영역을 더 깊이 들여다봐야 할 것입니다.

5
거친 꿈들 너머

만약 꿈에서 당신이 경험하고 있는 것이 단지 꿈이라는 것을 깨닫는다면 당신은 꿈에서 경험하고 있는 것들이 전부 단지 당신 자신의 마음 안에서 생겨난 것임을 깨닫는다. 이번에는 이 깨달음이 '꿈속의 문제들' '꿈속의 고통' 혹은 '꿈속의 한계' 라는 제한들에서 당신을 자유롭게 해준다. 꿈은 여전히 계속되지만 깨달음이 꿈의 시나리오가 증정하는 모든 아픔 혹은 불쾌감으로부터 당신을 해방시켜 준다. 두려움, 아픔, 고통은 거의 어린아이 같은 놀라움으로 바뀐다.

밑바탕에 있는 원초적 순수성은
언어와 개념과 공식을 완전히 초월한다.
잠곤 콩툴 〈무수히 많은 세계〉

공을 '무한한 가능성'이라고 정의한 것은 매우 복잡한 용어를 아주 기본적으로 설명한 것입니다. 초기 번역자들은 놓쳤을 테지만 더 미묘한 의미에서 공은 생각이든 말이든 행성이든 탁자든 이 무한한 가능성으로부터 일어나는 것은 무엇이든, 그 자체로 하나의 '사물'로서 존재하는 것이 아니라, 그보다는 무수한 원인과 조건들의 결과라는 의미를 내포하고 있습니다. 그 원인 혹은 조건들 중 하나라도 바뀌거나 제거되면 다른 현상이 일어날 것입니다. 붓다가 이전법륜에서 설한 원리처럼, 양자역학에서는 경험을 단 하나의 결과로 이끌고 가는 유일하게 가능한 연속적인 사건으로 여기기보다는 사건과 발생의 확률로 설명하는 경향이 있습니다. 이것은 묘하게도 이론적으로는 다양한 결과가 가능하다고 보는, 절대적인 실체에 대한 불교의 이해에 더 가깝습니다.

상호의존

> 조건에 좌우되는 것들은 모두 텅 비어 있다고 설명될 수 있다.
> 〈마되파가 요청한 경전〉

간단히 예를 들자면, 서로 다른 두 개의 의자를 상상해 봅시다. 한 의자는 4개의 튼튼한 다리를 가지고 있는데, 다른 의자는 2개만 튼튼하고 2개는 금이 가 있습니다. 다리 4개가 모두 튼튼한 의자에 앉으면 매우 편안할 것입니다. 하지만 다른 쪽 의자에 앉으면 결국에는 넘어지게 될 것입니다. 표면적인 차원에서는 둘 다 '의자'라고 불릴 수 있습니다. 그러나 기본적인 조건이 같지 않기 때문에 각각의 '의자'에 대한 당신의 경험은 틀림없이 다를 것입니다.

각 조건들이 서로 합해져서 일어나는 것을 불교 용어로 '연기'(상호의존)라고 합니다. 연기의 원리가 우리 주위 세상에서 늘 작용하고 있음을 볼 수 있습니다. 예를 들어, 씨앗은 그 안에 성장이라는 가능성을 지니고 있지만 특정한 조건 하에서만 나무나 덤불 혹은 덩굴로 자신의 가능성을 실현할 수 있을 뿐입니다. 그것은 땅에 심겨야 하고, 물을 주어야 하고, 적당한 양의 햇빛을 쪼이게 해 주어야 합니다. 심지어 알맞은 조건 아래서도 무엇이 자라는가는 심긴 씨앗의 종류에 달려 있습니다. 사과나무 씨앗이 오렌지 나무로 자라지 않고, 오렌지 씨앗이 갑자기 사과 열매를 맺는 나무로 되지는 않을 것입니다. 그러므로 씨앗 하나에도 상호의존의 원리가 적용됩니다.

마찬가지로, 일상생활에서 우리가 하는 선택들은 상대적인 결과를 낳습니다. 그것들은 원인과 조건들이 되어 상대적인 실체의 영역 안에서 필연적인 결과를 창조합니다. 상대적인 선택은 연못에 던진 돌멩이와 같습니다. 돌멩이가 아주 멀리 가지 않더라도 그것이 어디에 떨어지든 동심원의 물결이 돌이 떨어진 지점으로부터 퍼져 나갈 것입니다. 이것이 일어나지 않게 막을 방법은 없습니다. 물론 조준을 정말 잘못해서 돌이 연못을 지나 이웃집 창문으로 날아갔다면, 그럴 경우는 완전히 다른 일련의 결과가 일어날 것입니다.

같은 방식으로, '나는 충분히 좋지 않아.' '나는 너무 뚱뚱해.' '나는 어제 끔찍한 실수를 저질렀어.'와 같은 자신에 대한 생각들은 이전의 원인과 조건에 기초한 것입니다. 어쩌면 당신은 전날 밤에 잠을 잘 못 잤을지도 모릅니다. 어쩌면 그날 아침 누군가 당신이 싫어하는 말을 했을지도 모릅니다. 아니면 배가 너무 고파 당신 몸이 제대로 기능을 할 수 없으니 비타민이나 미네랄을 달라고 아우성치고 있을지도 모릅니다. 단순히 물이 부족해도 피로나 두통, 집중력 부족을 야기할 수 있습니다. 당신이라는 근본 존재의 절대적인 실체를 변화시키지 않고도 수많은 것들이 상대적 경험의 본질을 결정지을 수 있습니다.

위스콘신 대학교 실험실에서 신경 과학자들에게 검사를 받을 때 나는 현대 과학자들이 지각 작용을 어떻게 이해하고 있는지에 대해 많은 질문을 퍼부었습니다. 불교도들은 나름의 이론을 가지고 있지만 나는 서양 과학의 관점에 호기심이 많았습니다. 내가 알게 된 것에 따르면, 엄격한 신경 과학의 관점에서 보면 어떠한 지각 작용이든 다음 3가지 본질적인 요소가 필요합니다. 형태, 소리, 냄새, 맛, 그리고 우리가 만지는 것과 우리를 만지는 것 같은 자극이 첫 번째이고, 둘째는 감각기관, 셋째는 감각기관으로부터 받은 신호들을 정리하고 의미를 해석하는 뇌의 일련의 뉴런 회로입니다.

바나나를 볼 때 사용하는 시각 작용을 예로 들면, 내가 대화를 나눈 과학자들은 맨 먼저 눈의 감각 뉴런인 시신경이 길게 구부러지고 양쪽 끝에 갈색 점이 있는 노란색 물체를 감지한다고 설명합니다. 이 자극에 흥분된 뉴런은 뇌 정중앙에 위치한 뉴런 구조인 시상(뇌의 5개 부분의 하나인 간뇌의 대부분을 차지하는 주요 구조로 많은 신경핵군으로 이루어져 있음) 쪽으로 즉각 메시지를 발사하기 시작합니다. 시상은 마치 옛날 영화에서 등장하는 중앙 전화교환기처럼 감각 메시지들이 뇌의 다른 부분들로 넘겨지기 전에 골라서 분류하는 일을 합니다.

일단 시신경으로부터 온 메시지들이 시상에 의해 분류되면, 그것들은 감정적인 반응과 고통과 쾌락의 감각들을 진행하는 책임을 지는 뇌의 영역인 대뇌변연계로 보내집니다. 바로 이때에 우리의 뇌는 그 시각적 자극이, 여기서는 양쪽 끝에 갈색 점이 있는 길게 구부러진 노란색 물체가 좋은 것인지 좋지 않은 것인지, 아니면 중립적인 것인지에 대해 일종의 즉각적인 판단을 내립니다. 때때로 우리가 누군가와 함께 있을 때 갖는 느낌처럼 우리는 이 즉각적인 반응을 '본능적인 반응'이라 부릅니다. '대뇌변연계 부위의 뉴런 자극'이라고 자세히 말하는 것보다는 그 간추린 표현을 사용하는 편이 훨씬 쉬울 것입니다.

이 정보가 대뇌변연계 부위로 전달될 때 그것은 동시에 더 높이, 주로 뇌의 분석 기능을 담당하는 신피질을 향해 올라갑니다. 이곳에서 그것은 매일매일의 세상을 항해하기 위해 우리가 사용하는 안내지 혹은 지도를 제공해 주는 패턴으로, 좀 더 명확히 말하면 개념으로 조직화됩니다. 신피질은 그 패턴을 평가한 다음 우리의 시신경 세포를 자극한 물체가 사실은 바나나라는 결론에 도달합니다. 그리고 만약 신피질에 '바나나'에 관련된 패턴이나 개념이 이미 만들어져 있다면 그것은 과거의 경험에 기초한 모든 종류의 관련 세부 정보를 제공합니다. 예를 들어 바나나가 무슨 맛인지, 그 맛이 좋았는지 그렇지 않았는지, 그리고 바나나에 대해 우리가 갖고 있는 개념과 관련된 모든 종류의 세부 사항들이 그것입니다. 이 모든 것은 우리로 하여금 우리가 바나나로 알고 있는 물체에 더 정확하게 반응하는 법을 결정할 수 있게 해 줍니다.

방금 내가 말한 것은 지각 과정을 아주 대충 설명한 것에 지나지 않습니다. 그러나 이 과정을 어렴풋이 알기만 해도 어떻게 평범한 사물조차 행복과 불행의 원인이 될 수 있는가에 대한 실마리를 제공해 줍니다. 일단 우리가 바나나를 인식하는 단계에 도달한 순간, 우리는 실제로 더 이상 원래의 바나나를 보고 있는 것이 아닙니다. 그 대신 신피질에 의해 구성된 하나의 이미지를 보고 있는 것입니다. 그리고 이 이미지는 뉴런 회로의 구조 자체뿐만 아니라 우리의 환경, 기대, 그리고 이전의 경험들을 포함한 매우 다양한 요인들에 의해 조건 지어집니다. 뇌 자체 안에서 감각 과정과 이 모든 요인들은 계속해서 서로 영향을 주고받는다는 면에서 상호의존적이라고 말할 수 있습니다. 왜냐하면 궁극적으로 신피질은 우리가 지각한 대상을 인식하고 이름 붙이고 관련 행동이나 법칙을 예상함으로써 패턴을 형성하기 때문에, 매우 깊은 관점에서 본다면 그것은 우리를 위해 세상을 하나 형성하는 것입니다. 바꿔 말하면, 우리는 바나나의 절대적 실체가 아닌 그것의 상대적인 모습, 즉 심리적으로 구축된 이미지를 보고 있는 것입니다.

이 점을 설명하기 위해 1987년 처음 열린 마음생명협회 회의에서 리빙스턴 박사는 수직 획과 수평 획을 정확한 길이로 그은 T자를 실험 대상 그룹들에게 보여 주는 간단한 실험에 대해 이야기했습니다. 두 선분 중 어느 한쪽이 더 길어 보이는지 아니면 똑같은지를 물었을 때 실험 대상자들의 배경에 따라 각각 다른 세 가지 반응이 있었습니다. 예를 들어, 네덜란드 같은 주로 평평한 환경에서 살고 자란 사람들은 대부분 수평 획을 더 길다고 보는 경향이 있었습니다. 반대로 산이 많은 환경에서 살고 자란 사람들은 위아래라는 단어로 사물을 지각하는 성향이 더 높아서인지 수직 획이 더 길다고 절대적으로 확신했습니다. 대상자 중 오직 일부만이 두 획의 길이가 같음을 인식할 수 있었습니다.

엄격한 생물학적 용어로 말하자면, 뇌는 지각 대상을 형성하고 조건 짓는 일에 있어서 적극적인 참여자입니다. 과학자들은 우리의 육체 영역 너머에 사물들의 '실제 세계'가 존재한다는 것을 부정하지는 않습니다. 그러나 지각 경험이 직접적이고 즉각적으로 일어나는 것처럼 보이지만, 그 속에 포함된 과정들은 겉으로 보이는 것보다 훨씬 더 미묘하고 복잡하다는 사실에 대해선 대체로 동의합니다. 프란시스코 바렐라가 회의 막바지에 언급한 것처럼 "마치 뇌가 지각 작용을 통해 실제로 세상을 창조하고 있는 것 같다."라고 할 수 있습니다.

지각 과정에서 뇌의 적극적인 역할은 우리의 일상적인 마음 상태를 결정하는 데 중요한 부분을 수행합니다. 그리고 이 적극적 역할은 과거 수년간 조건화에 의해 형성된 해묵은 지각 작용들을 서서히 변화시키기 위해 특정한 마음 수련을 시작하고자 하는 사람들에게 가능성을 열어 줍니다. 재훈련을 통해 뇌는 새로운 뉴런 연결을 발달시킬 수 있으며, 그것을 통해 뇌는 기존의 지각 작용을 변형시킬 수 있을 뿐 아니라 불안, 무기력, 고통과 같은 일상적인 정신적 조건들을 뛰어넘어 더 지속적인 행복과 평화의 경험으로 나아가는 일이 가능해집니다.

이것은 삶에 대한 개념들 속에 갇힌 것처럼 느껴지는 사람에게 좋은 소식입니다. 당신이 경험하는 것, 즉 당신의 생각이든 느낌이든 감각이든, 그 어떤 것도 겉으로 보이는 것만큼 그렇게 고정되고 불변하는 것이 결코 아닙니다. 당신의 지각 작용은 대상이 가진 진정한 본질에 단지 거칠게만 접근할 뿐입니다. 실제로 당신이 살고 있는 우주와 당신 마음 안의 우주가 합쳐져서 하나의 세계를 형성합니다. 신경 과학자들과 물리학자들, 그리고 심리학자들이 내게 설명해 준 것처럼, 실체를 객관적이고 합리적인 용어로 설명하려는 대담한 노력을 통해 현대 과학은 존재의 마법과 위엄을 우리 안에 다시 복구시키기 시작했습니다.

주체와 객체–신경 과학의 관점

> 이원론적 사고는 마음의 역동적인 에너지이다.
> **잠곤 콩툴** 〈창조와 완성〉

물리학과 생물학에 관한 정보로 좀 더 무장하면 우리는 공이라는 절대적인 실체와 일상의 경험이라는 상대적인 실체에 대해 약간 더 깊은 질문을 던질 수 있습니다. 예를 들어, 만약 우리가 지각하는 것이 단지 사물의 이미지일 뿐이며 물리학의 관점에서는 그 사물 자체가 작은 입자들의 소용돌이 덩어리라고 한다면 왜 우리는 우리 앞에 있는 탁자와 같은 어떤 것을 견고한 실체로 경험할까요? 탁자 위에 놓인 물 잔을 어떻게 볼 수 있고, 어떻게 느낄 수 있는 것일까요? 그 물을 마시면 물은 단연 실재하는 것이며 만져서 알 수 있습니다. 왜 그럴까요?

우선 첫째로, 마음은 티베트 어로 '붙잡다'라는 의미의 '진파'로 알려진 과정에 여러 방식으로 개입합니다. 진파는 대상을 본래 실재하는 것으로 여겨 그것에 고착하려는 경향을 말합니다. 삶을 기이하고 놀라운 사건들의 행진으로 경험하기 위하여 불교 수행은 본질적으로 두려움에 바탕을 둔 생존의 관점과는 다른 방식으로 삶을 경험하는 대안적인 접근을 제의합니다. 그 차이는 간단한 예로써 설명할 수 있습니다. 내가 지금 구슬을 꿴 염주 하나를 손바닥을 아래로 해서 손에 쥐고 있다고 상상합시다. 말하자면 이 염주는 사람들이 대개 필요하다고 느끼는 멋진 자동차, 좋은 옷, 좋은 음식, 보수 좋은 직장, 편안한 집, 그리고 그 밖의 소유물을 나타냅니다. 만약 내가 염주를 꽉 쥐면 잡히지 않는 나머지 부분은 늘 주먹 안을 벗어나 밖에 매달려 있는 것처럼 보일 것입니다. 만약 빠져나간 부분을 쥐려고 시도하면 더 긴 부분이 손가락에서 벗어납니다. 그리고 만약 그 부분을 붙잡으려고 하면 훨씬 더 긴 부분이 빠져나갑니다. 만약 내가 이 과정을 반복한다면, 나는 결국 염주 전체를 손에서 잃고 말 것입니다. 하지만 만약 내가 손바닥을 위로 펴서 그 위에 염주를 단지 올려놓기만 한다면 아무것도 빠져나가지 않을 것입니다. 구슬들은 내 손바닥 위에 느슨히 놓일 것입니다.

또 다른 예를 들어, 당신이 지금 사람들로 가득한 방 안에 앉아 방 전면에 놓인 탁자를 바라보고 있다고 상상해 봅시다. 당신은 그 탁자를 그 자체로 하나의 사물로 연관시키는 경향이 있습니다. 주관적인 관찰과 관계없이 존재하는 하나의 완전한 전체, 그 자체로 충족된 물체로. 그러나 탁자는 상단, 다리, 옆면, 뒷면, 그리고 앞면으로 이루어져 있습니다. 만약 당신이 탁자가 이처럼 여러 부분이 합쳐져서 만들어졌다는 사실을 기억한다면 과연 그것을 하나의 단일한 물체라고 정의할 수 있을까요?

'지휘자가 없는' 뇌를 연구하면서 신경 과학자들은 지각 능력을 가진 모든 존재의 뇌는 특별히 패턴을 인식하고 반응하도록 진화되어 왔다는 사실을 발견했습니다. 인간의 뇌를 구성하는 수십 억 개의 뉴런 중에서 어떤 뉴런들은 특별히 형태를 탐지하도록 적응된 반면 다른 뉴런들은 색깔, 냄새, 소리, 움직임 등을 탐지하는 데 전념합니다. 동시에 우리의 뇌는 신경 과학자들이 '전체적인 관계' 혹은 패턴 형식의 관계라고 부르는 것을 추출하는 능력을 가진 메커니즘을 부여받았습니다.

우리가 이메일을 보낼 때 종종 사용하는, 문자와 기호를 그룹으로 묶어 비슷한 모양을 연출하는 이모티콘 중 익숙한 예인 :-)을 생각해 봅시다. 이 그룹은 두 눈 ':'과 한 개의 코 '-' 그리고 한 개의 입 ')'을 가진 '웃는 얼굴'로 쉽게 인식됩니다. 하지만 이 세 가지 기호를)-:로 재배열한다면 뇌는 관련 패턴을 인식하지 못하고 다만 임의의 점과 선 그리고 구부러진 선이라고 해석할 것입니다.

내가 대화를 나눈 신경 과학자들이 설명하기를, 패턴을 인식하는 이 메커니즘은 형태, 색 등등의 뉴런 인지가 뉴런의 공시성을 통해 거의 동시에 작동합니다. 간단한 용어로 하면, 뉴런의 공시성이란 뇌의 폭넓게 분리된 영역들에 퍼져 있는 뉴런들이 동시다발적으로 서로 소통하는 과정이라고 설명할 수 있을 것입니다. 예를 들어 :-)이 정확한 조합으로 지각될 때, 관련된 뉴런들은 자발적이지만 정확하게 조정된 방식으로 서로에게 신호를 보냅니다. 이것은 곧 뇌가 특정한 패턴을 인식했음을 의미합니다. 반면에 어떤 패턴도 감지되지 않을 때는 관련된 뉴런들은 무작위적으로 서로에게 신호를 보냅니다.

패턴 혹은 대상을 식별하는 이런 성향은 내가 지금까지 접한 것 중에 진파를 생물학적으로 가장 명확하게 설명한 것입니다. 나는 그것이 일종의 생존 기능으로서 진화되었을 것이라고 짐작합니다. 왜냐하면 대상이나 사건들 중에서 어느 것이 자신에게 해로운 것인지, 이득이 되는 것인지, 아니면 중립적인 것인지를 구별하는 능력은 꽤 유용한 것이기 때문입니다. 나중에 설명하겠지만 임상 연구들이 알려 주는 사실에 의하면, 명상 수행은 뉴런의 공시성 메커니즘을 확장시켜 주기 때문에 지각하는 자는 자신의 마음이 지각하는 경험이나 대상과 자신의 마음이 하나이며 같다는 것을 깨어 있는 의식으로 깨닫기 시작할 수 있습니다. 다시 말해, 오랜 기간에 걸친 명상 수행은 주체와 객체라는 인위적 구분을 사라지게 합니다. 그리고 이것은 이번에는 지각하는 자에게 자신의 경험의 질을 결정할 수 있는 자유와 실재하는 것과 단지 겉으로 보이는 것을 구별하는 자유를 제공합니다.

주체와 객체의 구분이 사라졌다는 것은 지각 능력이 몹시 흐릿해졌다는 의미가 아닙니다. 당신은 여전히 주체와 객체의 관점에서 경험을 지각하는 일을 계속하지만, 동시에 그 부분이 본질적으로 개념적이라는 사실을 인식합니다. 다시 말해, 대상을 지각하는 것은 그것을 지각하는 마음과 다르지 않습니다.

이러한 전환이 머리로는 파악하기 어렵기 때문에 약간의 이해를 키우기 위해, 다시 한 번 꿈의 비유에 도움을 청하는 것이 필요합니다. 만약 꿈에서 당신이 경험하고 있는 것이 단지 꿈이라는 것을 깨닫는다면 당신은 꿈에서 경험하고 있는 것들이 전부 단지 당신 자신의 마음 안에서 생겨난 것임을 깨닫습니다. 이번에는 이 깨달음이 '꿈속의 문제들' '꿈속의 고통' 혹은 '꿈속의 한계'라는 제한들에서 당신을 자유롭게 해줍니다. 꿈은 여전히 계속되지만 깨달음이 꿈의 시나리오가 증정하는 모든 아픔 혹은 불쾌감으로부터 당신을 해방시켜 줍니다. 두려움, 아픔, 고통은 거의 어린아이 같은 놀라움으로 바뀝니다.

"와, 내 마음이 이런 것들을 창조하는 능력이 있다니!"

마찬가지 방식으로, 깨어 있는 현실의 삶에서도 주체와 객체의 구분을 초월하는 것은 당신이 경험하는 것들이 그것을 경험하는 마음과 분리되어 있지 않다는 깨달음과 동일합니다. 현실의 삶은 계속되지만 당신의 경험 혹은 그것을 지각하는 것은 한계 중 하나에서 놀라움과 경이로움 중의 하나로 옮겨 갑니다.

불확실성의 선물

> 마음에 기준점이 없어질 때
> 그것이 바로 마하무드라이다.
> 틸로파 〈갠지스 강의 마하무드라〉

탁자를 바라보는 예로 돌아가면, 심지어 정상적으로 관찰 가능한 차원에서조차 탁자가 끊임없는 변화의 상태에 있다고 우리는 말할 수 있습니다. 어제와 오늘 사이에 판자의 일부가 떨어져 나갔거나 페인트가 조금 벗겨졌을 수도 있습니다. 만약 물리학자의 관점으로 탁자를 본다면, 탁자를 구성하는 판자, 페인트, 못, 접착제 등은 미시적 차원에서 분자와 원자들로 구성되어 있으며, 이것들은 원자 내의 거대한 공간 안에서 파동치며 빠르게 움직이는 입자들로 이루어져 있습니다.

이 아원자 차원에서 물리학자들은 하나의 흥미로운 문제에 부딪칩니다. 원자 내의 공간에서 한 입자의 정확한 위치를 측정하려고 할 때, 입자의 속도를 백 퍼센트 정확하게 측정할 수 없는 것입니다. 입자의 속도를 더 측정하려고 하면 그것의 위치를 정확히 확인할 수가 없습니다. 한 입자의 정확한 위치와 속도를 동시에 측정하는 문제는 양자역학의 창시자 중 한 사람인 베르너 하이젠베르크(독일의 이론물리학자로 닐스 보어의 지도 아래 원자 구조 이론을 검토해 양자역학의 시초가 되었음)의 불확정성원리로 알려져 있습니다.

내가 설명 듣기로는, 문제의 일부는 원자 내의 한 입자의 위치를 '알기' 위해서는 물리학자들이 짧은 빛의 파장을 비춰 줘야 한다는 것입니다. 그런데 이것이 추가로 에너지 '한 방'을 공급해 입자의 운동량에 변화를 가져옵니다. 한편 물리학자들은 입자가 움직일 때 반사되어 나오는 빛의 주파수 변화를 측정함으로써 입자의 속도를 측정하려고 시도합니다. 이것은 교통경찰이 전자파 주파수를 이용해 자동차의 속도를 측정하는 방식과 비슷합니다. 이와 같이 과학자들은 자신들이 실시하는 실험에 의거해 입자의 어느 한쪽의 속성에 대한 정보를 얻습니다. 매우 간단히 말하면 실험의 결과는 실험의 성질에 의해, 즉 그 실험을 설정하고 관찰하는 과학자가 던지는 질문에 의해 조건 지어진다는 것입니다.

만약 당신이 이 모순을 인간의 경험을 설명하는 하나의 방식으로 여긴다면, 당신은 한 입자에 속한 것으로 여겨지는 속성들이 과학자들이 그것에 대해 수행하는 특정한 실험에 의해 결정되듯이, 그것과 관련된 방식으로 우리가 생각하고 느끼고 지각하는 모든 것은 우리가 그것에 가져다 댄 마음의 습관들에 의해 조건 지어진다는 것을 알 수 있을 것입니다.

현대 물리학은 물질 현상에 대한 우리의 이해가 어느 정도는 우리가 그것에 대해 던지는 질문에 의해 제한된다는 사실을 지적해 왔습니다. 동시에 아원자의 우주에서 한 입자가 정확히 어떻게 어디에서 등장할지 예측할 수 없는 불확정성은 우리 경험의 본질을 결정하는 데 어느 정도의 자유가 있음을 의미합니다.

맥락-인지의 관점

> 우리의 삶은 우리 마음에 의해 모습이 정해진다.
> 붓다 〈법구경〉

불교 수행은 우리의 습관적인 가정들을 서서히 내려놓게 하고 다른 질문과 다른 관점의 실험으로 우리를 안내합니다. 그러한 관점의 전환은 보기처럼 그렇게 어려운 것이 아닙니다. 네팔에서 인지심리학(인간의 마음과 마음의 인지 능력을 해명하는 데 목표를 둔 기초 심리학의 한 분야) 분야에서 일하고 있는 사람과 대화를 나누면서 나는 사물을 바라보는 우리의 방식을 바꾸는 능력은 인간의 마음이 지닌 근본적 기능이라는 사실을 알았습니다. 인지심리학 용어로 말하자면, 우리가 받아들이는 정보가 무엇이든 그것의 의미는 우리가 그것을 바라보는 맥락에 의해 대부분 결정됩니다. 맥락의 여러 가지 차원들은 양자역학 관점에서 보면 실체를 관찰하는 서로 다른 방식들과 놀랄 정도로 닮아 있습니다.

예를 들어, 다음의 문자열을 봅시다.

MINGYUR RINPOCHE

다음의 것들을 포함한 매우 다양한 방식으로 이 문자열의 의미를 해석하는 것이 가능합니다.

선과 공간의 배열
글자들의 집합
누군가의 이름
우리가 아는 사람과 관련
우리가 모르는 사람과 관련

아마도 더 많은 차원의 해석들이 있겠지만 이 다섯 가지 예에 한해서 살펴봅시다.

흥미로운 것은 이 가능한 해석들 중 어느 하나도 다른 해석들을 전부 무효화시키지는 못한다는 사실입니다. 그것들은 단순히 맥락에 기초한 다양한 차원의 의미를 대표할 뿐이며, 맥락은 주로 경험에 토대를 두고 있습니다.

예를 들어, 만약 당신이 혹시 나를 개인적으로 알고 있는 사람이라면, 당신은 '밍규르 린포체'라는 단어를 볼 수 있을 것이고 '아, 붉은 승복을 입고 여기저기 돌아다니면서 사람들에게 탁자는 절대적으로 존재하는 것이 아니라고 떠드는 키가 작고 안경을 낀 티베트 남자이지.' 하고 생각할 것입니다.

만약 당신이 나를 전혀 모르거나 나에 관해 아무것도 모르는 상태에서 잡지나 신문의 티베트 불교 스승들에 관한 기사에 쓰인 이 단어를 그저 보았다면 '밍규르 린포체'는 모든 이들에게 탁자는 절대적으로 존재하는 것이 아니라고 말하면서 붉은 승복을 입고 돌아다니는 안경 쓴 키 작은 티베트 승려 중 한 사람의 이름에 불과할 것입니다. 만약 당신이 서양 알파벳에 익숙하지 않다면, 당신은 '밍규르 린포체'를 단순히 글자들의 집합으로 인식할지는 몰라도 그것이 무엇을 의미하는지, 그것이 이름인지 아니면 지명인지 전혀 가늠할 수 없을 것입니다. 또 만약 당신이 알파벳에 대해 전혀 아는 바가 없다면 이 단어는 의미가 있을 수도 있고 없을 수도 있는 단지 직선과 곡선으로 된 이상한, 어쩌면 흥미로운 집합일 뿐입니다.

따라서 일상의 논리를 버리고 다른 관점을 우리의 경험에 적용해 보자고 말할 때 내가 의미하는 것은 당신이 사물을 더 가까이 들여다보기 시작할수록 그것들의 절대적인 실체를 정확하게 정의하는 것이 매우 어려운 일임을 인식하게 된다는 것입니다. 그때 당신은 알게 될 것입니다. 당신이 바라봐 온 맥락의 결과로 당신이 사물들에게 영원성 혹은 자기 존재성을 부여해 왔다는 것을. 그리고 만약 당신이 자기 자신과 주위 세상을 다른 관점에서 바라보는 연습을 한다면 자신과 주위 세상에 대한 당신의 지각도 따라서 변화한다는 것을.

물론 물질세계에 대한 당신의 지각과 기대를 바꾸기 위해서는 노력뿐만 아니라 시간이 요구됩니다. 이 장애 요소들을 뛰어넘어 공의 자유를 진정으로 경험하기 위해서는 다른 조명 속에서 시간 그 자체를 보는 법을 배워야만 합니다.

시간의 독재

> 과거는 지각할 수 없고
> 미래는 지각할 수 없으며
> 현재는 지각할 수 없다.
> 〈마더 수트라〉

만약 당신이 시간의 관점에서 경험을 바라본다면 탁자, 물 잔, 그리고 그 밖의 모든 것이 정말로 시간 안에 존재한다고 말할 수 있지만 그것은 단지 상대적인 관점에서만 그럴 뿐입니다. 대부분의 사람들은 시간을 과거, 현재, 미래의 관점에서 생각하는 경향이 있습니다. '나는 지루한 모임에 갔었다.' '나는 지루한 모임에 참가하고 있다.' '나는 지루한 모임에 가야 한다.' '아이들에게 아침식사를 차려 주었다.' '지금 아이들 점심을 차려 주고 있는 중이다.' '아 이런, 아이들에게 점심을 차려 주어야 하는데, 냉장고에 아무것도 없으니까 이 지루한 모임

이 끝나자마자 가게에 가야 한다.'

하지만 실제로 당신이 과거를 생각할 때 당신은 이미 일어난 경험을 상기하고 있을 뿐입니다. 당신은 모임이 끝났습니다. 당신은 아이들 식사를 차려 주었습니다. 당신은 쇼핑을 끝냈습니다. 과거는 마치 불에 타 버린 씨앗과 같습니다. 일단 씨앗이 타서 재가 되면 그곳에 더 이상 씨앗은 존재하지 않습니다. 그것은 단지 하나의 기억이고 마음을 통과하는 생각일 뿐입니다. 다시 말해 과거는 하나의 개념 이상의 아무것도 아닙니다.

마찬가지로 사람들이 '미래'라고 부르는 것은 아직 일어나지 않은 시간의 측면입니다. 심어져 있지도 않은 나무를 마치 견고한 실체를 지닌 살아 있는 대상처럼 말하지는 않을 것입니다. 왜냐하면 그것에 대해 말할 근거 맥락이 없기 때문입니다. 또한 아직 임신하지도 않은 아이를 지금 이곳에서 당신이 상대하고 있는 사람에 대해 말하는 방식으로 얘기하지도 않을 것입니다. 미래 역시 단지 하나의 개념, 당신 마음속을 통과하는 하나의 생각일 뿐입니다.

그렇다면 실제 경험으로서 당신에게 남겨진 것은 무엇인가요?

바로 현재입니다.

그러나 '현재'를 정의한다는 것이 과연 가능하기나 할까요? 1년은 12개월로 이루어져 있습니다. 각각의 달들의 모든 하루는 24시간으로 이루어져 있습니다. 모든 시간은 60분으로 이루어져 있습니다. 1분은 60초로, 1초는 마이크로초(100만 분의 1초)와 나노초(10억 분의 1초)로 이루어져 있습니다. 현재를 계속해서 더 작게 쪼갤 수 있지만, 현재를 경험하는 순간과 그 순간을 '지금'이라고 동일시하는 순간 사이에서 이미 그 순간은 지나가 버렸습니다. 그것은 더 이상 지금이 아닙니다. 그것은 그때입니다.

붓다는 보통의 인간이 가진 시간 개념의 한계를 직관적으로 이해했습니다. 한 가르침에서 그는 상대적인 관점에서 보면 한 시간, 하루, 일주일 등과 같이 시간을 분명한 기간으로 분류하는 것은 어느 정도 타당성이 있을 수 있지만, 절대적인 관점에서 보면 단 한순간의 시간과 영겁의 시간 사이에는 실제로 아무런 차이가 없다고 설명했습니다. 영겁의 시간 속에 한순간이 있을 수 있고, 한순간 속에 영겁이 있을 수 있습니다. 그 두 기간 사이의 관계가 순간을 더 길게 만들거나 영겁을 더 짧게 만들지는 않습니다.

붓다는 심오한 가르침을 구하고자 위대한 스승을 찾아온 한 젊은이의 이야기를 통해 이 점을 설명했습니다. 스승은 젊은이를 받아들였지만 우선 그에게 차 한 잔을 마시기를 권했습니다. 스승이 말했습니다.

"차를 다 마시고 난 다음, 그대가 찾고 있는 심오한 가르침을 주겠다."

그래서 스승은 찻잔에 차를 따랐고, 젊은이가 찻잔을 입에 가져다 대는 순간 찻잔 속에 채워진 물이 산으로 둘러싸인 넓은 호수로 변했습니다. 그가 호숫가에 서서 주위의 아름다운 풍경에 감탄하고 있을 때 뒤쪽에서 한 처녀가 걸어오더니 호수로 다가가 물동이에 물을 길었습니다. 젊은이는 첫눈에 그녀에게 반했고 그녀도 호숫가에 서 있는 젊은이를 보고는 사랑에 빠졌습니다. 젊은이는 처녀의 뒤를 따라 노부모와 함께 살고 있는 그녀의 집으로 갔습니다. 처녀의 부모도 점차 젊은이를 마음에 들어 했고 결국에는 결혼을 승낙했습니다.

3년 쯤 지나 두 사람은 첫아들을 낳았습니다. 그리고 몇 해 뒤 딸이 태어났습니다. 두 아이는 건강하고 행복하게 잘 크고 있었는데, 어느 날 열다섯 살 된 아들이 병에 걸렸습니다. 의사가 처방해 준 약들은 아무 효과가 없었습니다. 1년도 못 넘기고 아이는 죽음을 맞이했습니다.

그 후 오래지 않아, 어느 날 딸아이가 나뭇가지를 주우러 숲에 갔는데 일에 정신 팔려 있다가 그만 호랑이의 공격을 받아 목숨을 잃었습니다. 두 아이를 잃은 슬픔을 극복하지 못하고 젊은이의 아내는 결국 근처 호수에 투신해 죽었습니다. 그녀의 부모는 딸자식과 손자 손녀를 잃은 것에 넋이 나가 식음을 전폐하고 결국 굶어 죽었습니다. 아내와 두 아이, 장인, 장모를 잃은 남자는 자신도 이 세상을 하직하는 게 낫겠다고 생각했습니다. 그래서 호수에 몸을 던지기로 결심하고 물가로 걸어갔습니다.

그러나 물속으로 몸을 던지려는 순간 그는 홀연 스승의 방에 앉아 찻잔을 입술에 가져다대고 있는 자신의 모습을 발견했습니다. 전 생애를 살았지만 거의 한순간도 지나지 않았던 것입니다. 손에 들고 있는 찻잔은 여전히 온기가 있었고 차도 따뜻했습니다.

그는 다탁 맞은편에서 고개를 끄덕이고 있는 스승을 바라보았습니다. 스승이 말했습니다.

"이제 알겠는가. 모든 현상은 마음에서 나오는 것이며, 마음은 텅 빈 것이라네. 그것들은 마음 안에서만 존재할 뿐 실제로는 존재하지 않는다네. 하지만 무는 아니네. 이것이 그대가 찾는 심오한 가르침이네."

불교의 관점에서 보면 시간의 본질은 공간과 공간 속을 움직이는 물체의 본질과 마찬가지로 공입니다. 간격을 좁혀 가며 시간과 공간을 측정해 보려는 시도는 특정 지점에서 결국 실패합니다. 명상을 통해 시간을 점점 더 작은 단위로 쪼개 나가면서 당신은 시간에 대한 당신의 지각을 실험해 볼 수 있습니다. 더 이상 이름 붙일 수도 없고 정의할 수도 없는 지점에 도달할 때까지 당신은 그런 식으로 시간을 조사해 볼 수 있습니다. 그 지점에 이르렀을 때 당신은 언어를 넘어서고 생각을 넘어서고 개념을 넘어서는 경험 속으로 들어갑니다.

'생각과 개념을 넘어선다'는 것은 당신의 마음이 달걀 껍질처럼 텅 비게 되거나 돌처럼 둔감해진다는 의미가 아닙니다. 실제로는 정확히 그 반대 현상이 일어납니다. 당신의 마음은 더 광활해지고 더 열립니다. 여전히 주체와 객체를 지각하지만 이제는 실체가 없는 방식으로 그렇게 합니다. 당신은 그것들을 본래부터 존재하는 실체라거나 객관적인 실체가 아닌 개념들로 인식합니다.

나는 현대의 이론과 발견들 중에서 시공간에 대한 불교의 관점과 동등한 개념이 있는가를 주제로 많은 과학자들과 얘기를 나누었습니다. 비록 그들이 많은 개념들을 제시해 주었지만 양자중력 이론을 소개받기 전까지는 정확히 들어맞는 이론이 없어 보였습니다. 양자중력 이론이란 '시간과 공간은 무엇으로 이루어져 있는가? 그것들은 절대적으로 존재하는 것인가, 혹은 더 근원적인 어떤 것으로부터 생겨나는 것인가? 아주 작은 규모에서 시간과 공간은 어떤 모습인가? 가장 작은 시간의 길이나 단위가 존재할 수 있는가?'와 같은 기본적인 질문을 던져 시공간의 근본적인 본질을 조사하는 것입니다.

내가 설명 들은 것처럼 물리학에서는 시공간을 무한하고 균일하고 완벽하게 매끄러운 것으로 취급합니다. 그 안에서 사물들이 움직이고 사건들이 일어나는 하나의 고정된 배경으로 여기는 것입니다. 이것은 큰 물체와 원자 안의 소립자들 양쪽 모두의 본질과 속성을 조사하는 데 매우 쓸모 있는 가정입니다. 그러나 막상 시간과 공간 그 자체를 조사하면 상황이 매우 달라집니다.

평범한 인간의 지각 차원에서, 세상은 뚜렷하고 분명하며 견고합니다. 4개의 다리에 의해 지지되는 두꺼운 판자는 평범한 지각 차원에서는 명백히 탁자로 보입니다. 평평한 바닥과 천장 없는 원통 모양의 물체는 아주 분명히 유리잔으로 보입니다. 혹시 손잡이가 달려 있으면 우리는 아마도 그것을 컵이라고 부를 것입니다.

이제 현미경을 통해 물체를 들여다본다고 상상해 봅시다. 현미경의 배율을 점차 높이면 당신은 마땅히 물체의 기본 구조를 더 선명하고 명확하게 보게 되리라고 기대할 것입니다. 그러나 실제로는 반대 현상이 일어납니다. 개별적인 원자들을 볼 수 있는 지점까지 배율이 접근하면, 세상은 점점 더 흐릿해지기 시작하고 우리는 고전물리학의 대부분의 규칙들을 뒤로 하게 됩니다. 이것이 양자역학의 영역이며, 앞에서 설명한 것처럼 원자 내의 소립자들은 모든 가능한 방식으로 안절부절못하고 점점 증가하는 진동수로 갑자기 존재를 나타냈다가 사라지곤 합니다.

더욱더 작은 물체를 들여다보기 위해 계속 배율을 확대해 나가면 결국 시간과 공간 자체가 흔들리기 시작하는 것을 발견하게 됩니다. 공간 자체가 상상할 수도 없을 만큼 빠른 속도로 나타났다 사라졌다 하는 작은 곡면과 비틀림을 보입니다. 이것은 극도로 작은 규모에서 일어납니다. 태양계와 원자의 크기의 비율만큼 원자에 비교해 그만큼 작습니다. 이러한 상태를 물리학자들은 '시공간 거품'(초미세 영역을 서술할 때 시공간이 심하게 뒤틀리고 격렬하게 요동치는 현상)이라고 부릅니다. 거리를 갖고 보면 부드럽게 보이는 면도용 거품이 자세히 보면 수백만 개의 작은 기포로 이루어져 있음을 생각하면 됩니다.

이 상태에 대한 더 나은 비유는 격렬하게 끓고 있는 물일 것입니다. 더 짧은 거리와 시간 규모에서, 물 자체는 증발되어 사라지며 시간과 공간은 의미를 잃습니다. 이 지점에서 물리학 자체가 흔들리기 시작합니다. 왜냐하면 물질, 에너지, 운동, 그리고 그것들이 서로 연결되는 방식에 대한 연구들은 시간과의 기본적인 연관성 없이는 성립조차 될 수 없기 때문입니다. 이 지점에서 물리학자들은 남겨진 것들을 설명할 길이 없음을 인정합니다. 이것은 글자 그대로 시간과 공간을 초월한, 모든 가능성을 포함하고 있는 상태입니다.

불교의 관점에서 보면 양자역학이 내놓는 실체에 대한 설명은 대부분의 사람들에게는 익숙하지 않은 어느 정도의 자유를 제공해 줍니다. 어쩌면 그것이 처음에는 낯설고 약간의 두려움을 안겨 줄지도 모릅니다. 서양인들은 특히 자유에 특별한 가치를 부여합니다. 그러므로 사건을 관찰하는 행위가 예측 불가능한 임의의 방식으로 결과에 영향을 미친다는 개념이 그들에게는 너무 지나친 책임처럼 보일 수 있습니다. 자신의 경험에 대한 책임이나 비난을 다른 사람 혹은 자기 외부의 힘에 돌리는 것이 훨씬 쉬울 것입니다. 그러나 현대 과학의 발견을 진지하게 받아들인다면 우리는 순간순간의 자신의 경험에 책임을 져야만 합니다.

그렇게 함으로써 과거에는 우리가 상상하지 못했던 가능성이 열릴 수도 있는 반면에 피해자가 되는 익숙한 습관을 포기하기는 여전히 어렵습니다. 한편 만약에 우리가 자신의 경험에 대한 책임을 받아들이기 시작한다면, 삶은 배움과 발명을 위한 무한한 가능성이 제공되는 일종의 놀이터가 될 것입니다. 개인적인 한계와 상처받기 쉬운 느낌이 열림과 가능성의 느낌으로 대체될 것입니다. 우리는 주변 사람들을 완전히 새로운 빛 속에서 보게 될 것입니다. 우리의 개인적인 안전이나 행복을 위협하는 존재들이 아니라, 단지 그들 자신의 참본성이 지닌 무한한 가능성을 알지 못하고 있는 사람들로. 우리 자신의 참본성은 '이 방식' 혹은 '저 방식'으로 존재하거나 특정한 능력은 있는데 다른 능력은 없다는 식의 임의적인 구분에 구속받지 않기 때문에 우리는 자신이 처한 어떤 상황의 요구에 대해서도 대응할 수 있습니다.

무상함의 진리

> 영원한 것은 없다.
> 파툴 린포체 〈내 완벽한 스승님의 말씀〉

대부분의 사람들은 자신이 살고 있는 사회에 의해 조건 지어져 있기 때문에 끊임없이 변화하는 마음의 현상이나 물질적 현상의 흐름에 관념적인 분류를 해 나갑니다. 예를 들어, 우리는 탁자를 가까이에서 보면서 비록 그것이 단일한 개체가 아니라 실제로는 상판, 다리, 측면, 뒷면, 앞면 같은 여러 다른 부분들로 구성되어 있다는 것을 눈으로 보고 있음에도 본능적으로 그것에 탁자라는 분류표를 붙입니다. 실제로 이 부분들 중 어떤 것을 가리켜 '탁자' 그 자체라고 동일시할 수 없습니다. 사실 '탁자'는 빠르게 일어났다 사라지는 현상에 우리가 붙인 하나의 명칭일 뿐이며, 이것은 단지 명확하고 절대적으로 실재하는 무엇인가가 존재한다는 환상만을 낳을 뿐입니다.

같은 방식으로 우리들 대부분은 자아의 존재감 혹은 흔히 에고라 불리는 것을 확인시켜 주는 일련의 경험들에 '나' 혹은 '나의'라는 명칭을 붙이도록 훈련받아 왔습니다. 우리는 자신을 시간이 지나도 변하지 않고 지속될 유일무이한 실체라고 느낍니다. 일반적으로 우리는 으레 오늘의 나와 어제의 내가 똑같은 사람이라고 느끼는 경향이 있습니다. 우리는 십 대 시절 학교에 다니던 모습을 기억하면서 지금의 '나'가 학교에 다니고 성장하고 집을 떠나 독립하고 직장에 다니던 그때의 '나'와 같다고 느끼는 경향이 있습니다.

하지만 거울에 비친 자신을 바라보면 이 '나'가 시간이 지나면서 변해 가는 것을 알 수 있습니다. 1년 전에 없었던 주름이 지금은 눈에 띨지도 모릅니다. 어쩌면 지금은 안경을 쓰고 있을지도 모릅니다. 머리색이 달라졌거나 대머리가 되었을 수도 있습니다. 기본 구조인 분자 차원에서 보면, 우리 몸의 세포들은 항상 변화하고 있습니다. 오래된 세포는 죽고 새로운 세포가 생성됩니다. 또한 탁자를 보는 것과 똑같은 방식으로 이 '자아'의 느낌을 조사할 수도 있습니다. 우리가 '나'라고 부르는 이것은 실제로 수많은 요소들로 이루어져 있습니다. 그것은 다리, 팔, 머리, 손, 발, 몸속 기관들을 가지고 있습니다. 우리는 과연 이 분리된 부분들 중 어떤 것을 명백히 '나'라고 동일시할 수 있을까요?

우리는 이렇게 말할 수도 있습니다.

"글쎄, 내 손은 내가 아니지만 어쨌든 그것은 내 손이야."

그러나 손은 다섯 개의 손가락, 손바닥 그리고 손등으로 이루어져 있습니다. 나아가 그것들 각각은 손톱, 피부, 뼈 등으로 나눌 수 있습니다. 이 요소들 중 어느 것을 우리는 '손'이라고 딱히 동일시할 수 있을까요?

이런 식으로 원자와 원자 구성 입자 차원까지 계속해서 조사해 들어갈 수 있지만 그래도 여전히 '나'라고 명확히 동일시할 수 있는 존재를 발견할 수 없다는 똑같은 문제에 직면하게 됩니다.

따라서 우리가 물체, 시간, 우리의 '자아', 혹은 우리의 마음을 분석할 때 결국 우리는 우리의 분석이 와해되었다고 깨닫는 지점에 도달하게 됩니다. 그 지점에서 더 이상 줄일 수 없는 무엇인가를 찾으려는 우리의 추구는 마침내 붕괴됩니다. 그 순간, 우리가 절대적인 어떤 것을 찾으려는 노력을 포기했을 때, 우리는 처음으로 공을, 무한하고 정의하기 어려운 있는 그대로의 실체의 본질을 맛보게 됩니다.

특별한 자기 존재감을 생기게 하기 위해 모인 엄청나게 다양한 요소들을 심사숙고할수록 우리가 우리 자신이라고 생각하는 이 '나'에 대한 집착이 느슨해지기 시작합니다. 우리는 생각, 감정, 감각 등을 통제하고 막으려는 욕망을 더 기꺼이 내려놓게 되며, 고통이나 죄책감 없이 그것들을 경험하기 시작합니다. 그것들의 오고감이 다만 무한한 가능성의 표현임을 받아들이면서. 그렇게 함으로써 우리는 우리들 대부분이 어린아이였을 때 알았던 순수한 지각 상태를 회복하게 됩니다.

우리의 가슴은 꽃이 피어나듯이 상대방을 향해 더 많이 열립니다. 우리는 더 잘 귀 기울여 듣게 되고, 우리 주위에서 일어나고 있는 모든 것을 더 온전히 자각하게 됩니다. 그리고 자신을 힘들게 하고 혼란스럽게 하는 상황들에 대해 더 자발적이고 적절하게 대응할 수 있게 됩니다. 서서히, 어쩌면 너무 미묘해서 우리가 그것이 일어나는지도 알아차리지 못하는 차원에서 우리는 우리의 거친 꿈들 너머의 자유롭고 분명하고 사랑이 넘치는 마음 상태에 깨어납니다.

그러나 그러한 가능성을 보는 법을 배우기 위해서는 크나큰 인내가 필요합니다.

사실, 보는 데는 큰 인내심이 필요합니다.

6
마음의 진정한 힘

마음은 마치 무대에 선 마술사와 같다.
마음은 우리로 하여금 실제로는 없는
것들을 보게 만든다. 우리 대부분은
마음이 만들어 내는 허상에 사로잡히며,
실제로 우리는 우리 자신이 더 많은
공상들을 만들어 내도록 부추긴다.
이 완전한 드라마는 중독성이 있으며,
이것은 우리를 혹은 우리의 문제들을
실제보다 더 크게 느껴지도록 만든다.
그렇게 만드는 상황이 무서운데도.

> 모든 현상은 마음의 표현이다.
> 3대 갈와 카르마파 〈카르마파의 노래-진정한 의미의 마하무드라의 염원〉

비록 우리가 마음의 무한한 본성을 이해하는 방법으로 공을 공간에 비교하긴 하지만 이 비유가 완벽하지는 않습니다. 적어도 우리가 알고 있는 한 공간은 의식이 없습니다. 불교의 관점에서 공과 자각은 분리될 수 없습니다. 물에서 축축함을, 불에서 열을 분리시킬 수 없는 것처럼 자각으로부터 공을 떼어낼 수 없습니다. 다시 말해, 인간의 참본성은 그 가능성에 있어서 무한할 뿐 아니라 완전한 자각을 갖추고 있습니다.

　이런 자발적인 자각을 불교 용어로 밝음, 혹은 때로 마음의 밝은 빛이라 부릅니다. 그것은 공으로부터 끊임없이 생겨나는 무한히 다양한 생각, 감정, 감각과 형상들을 인식하고 구별하는 마음의 인지 측면입니다. 의식적으로 생각하지 않았는데 예를 들어 '뭐 좀 먹어야겠다.' '나가 봐야겠다.' '여기 있어야겠다.'는 생각이 갑자기 들었을 때도 마음의 밝음이 기능하는 것입니다. 마음의 이 밝은 빛 없이는 생각하고 느끼고 어떤 것을 지각하는 것이 불가능할 것입니다. 우리 자신의 몸이나 우주, 혹은 그 안에서 나타나는 어떤 것을 인식할 수도 없을 것입니다.

자연스러운 자각

> 현상과 마음은 불과 열처럼 존재한다.
> 오르겐파 〈마하무드라-분명한 의미의 대양〉에서 인용'

나의 스승들은 마음의 이 밝은 빛을 촛불의 불꽃처럼 스스로 빛을 내는 것으로 설명했습니다. 촛불은 빛의 근원이면서 동시에 빛 그 자체입니다. 밝음은 애초부터 마음의 일부인 자연스러운 자각입니다. 당신은 운동으로 근육을 발달시키듯이 그것을 발달시킬 수는 없습니다. 당신이 해야 하는 유일한 일은 그것의 존재를 알고 단순히 자신이 자각하고 있다는 사실을 알아차리는 것입니다. 그런데 문제는 밝음 혹은 자연스러운 자각이 매일의 경험의 빼놓을 수 없는 일부이기 때문에 더 인식하기 힘들다는 점입니다. 그것은 거울을 이용하지 않고 자신의 속눈썹을 보려고 애쓰는 것과 같습니다.

그러면 어떻게 그것을 인식할 수 있을까요?

붓다에 따르면 명상을 통해 그것이 가능합니다. 하지만 대부분의 사람들이 생각하는 방식을 꼭 따를 필요는 없습니다.

여기서 필요로 하는 명상의 종류는 또다시 '비명상' 형식입니다. 어떤 것에 집중하거나 혹은 시각화할 필요가 없습니다. 내게서 명상을 배운 사람들 중 어떤 이들은 이 명상을 아무것도 첨가되지 않은 '유기농 명상'이라고 부릅니다.

아버지가 내게 가르쳐 주신 다른 수행들과 마찬가지로 처음 시작은 허리를 펴고 앉아서 정상적으로 숨을 쉬고 서서히 마음의 긴장을 푸는 것입니다. 네팔의 작은 공부방에서 아버지는 우리에게 가르쳤습니다.

"마음을 휴식한 상태에서 다만 마음을 통과하는 모든 생각, 느낌, 감각들을 자각하라. 그리고 그것들이 지나가는 것을 지켜보면서 단지 자신에게 물어보라. '마음과, 마음을 통과해 지나가는 생각들 사이에 차이가 있는가? 생각하는 자와, 생각하는 자에 의해 지각되는 생각들 사이에 어떤 차이가 있는가?' 마음속으로 이러한 질문들을 하면서 3분 정도 자신의 생각들을 지켜본 다음 멈추라."

그래서 우리 모두는 그곳에 앉아서, 우리 중 일부는 안절부절못하기도 하고 또 일부는 긴장하기도 했지만, 다들 자신의 마음을 지켜보면서 생각들과, 그 생각들을 생각하는 자 사이에 어떤 차이가 있는지 스스로에게 묻는 일에 집중했습니다.

나는 어린아이에 불과했고 다른 제자들은 대부분 어른이었기 때문에 나는 자연히 그들이 나보다 훨씬 더 잘하고 있을 거라고 생각했습니다. 그런데 내 마음을 통과해 지나가고 있는, 스스로 부족하다고 여기는 이런 생각들을 지켜보면서 아버지의 가르침을 떠올리자 한 가지 재미있는 일이 일어났습니다. 아주 잠깐 동안, 나는 다음 사실을 어렴풋이 알아차렸습니다. 내가 다른 제자들만큼 잘하지 못한다는 생각은 단지 생각일 뿐이며 그 생각은 고정된 실체가 아니라 단순히 그것을 생각하는 마음의 움직임이라는 것을. 물론 내가 그것을 어렴풋이 알아차리자마자 그 깨달음은 사라졌고 나는 다시 다른 제자들과 나를 비교하는 일로 돌아와 있었습니다. 하지만 그 짧은 순간의 밝음은 아주 심오한 것이었습니다.

우리가 수행을 마친 뒤 아버지가 설명하신 것처럼, 이 수행의 핵심은 생각을 하는 마음과 그 마음속에 오고 가는 생각들 사이에는 실제로 아무 차이가 없음을 깨닫는 것입니다. 마음 그 자체와, 마음에서 생겨나고 잠시 머물렀다가 사라지는 생각, 감정, 기분들은 모두 공의 표현들, 즉 무엇이든 일어날 수 있는 무제한의 가능성의 표현들인 것입니다. 만약 마음이 '사물'이 아니라 하나의 '발생'이라면, 우리가 마음이라고 여기는 곳에서 일어나는 생각, 느낌, 기분들도 마찬가지로 '발생하는 것들'입니다. 마음과 생각이 동전의 양면처럼 분리될 수 없음을 깨닫는 경험 속에 자리를 잡기 시작하면 우리는 밝음의 진정한 의미가 자각이 무한히 확장된 상태임을 이해하기 시작합니다.

많은 이들은 명상을 과거에 경험한 것과는 완전히 다른, 매우 생생한 상태에 도달하는 것이라 생각합니다. 그들은 정신적으로 스스로를 쥐어짜면서 이렇게 생각합니다.

'나는 더 높은 의식 차원에 이르러야만 한다. 무지갯빛이나 순수 영역의 형상 같은 무엇인가 경이로운 것을 볼 수 있어야만 한다. 나 자신이 어둠 속에서 빛처럼 타올라야만 한다.'

이것을 '용쓰기'라고 부르는데, 내 말을 믿으십시오, 지난 세월 동안 내가 알고 지낸 많은 사람들과 마찬가지로 나 역시 그렇게 용을 써 봤습니다. 어느 날 나는 유럽행 비행기 탑승을 기다리며 인도의 델리 공항에 앉아 있었습니다. 그때 한 남자가 내게 다가와서는 불교 승려인지 물었습니다. 나는 그렇다고 대답했습니다. 그러자 그는 내게 명상법을 알고 있느냐고 물었고 나는 안다고 대답했습니다. 그는 내게 물었습니다.

"당신의 경험은 어떠한가요?"

내가 대답했습니다.

"좋지요."

그가 다시 물었습니다.

"어렵지 않나요?"

나는 대답했습니다.

"아니요, 전혀요."

그는 고개를 흔들며 한숨을 내쉬더니 말했습니다.

"명상은 내게 너무 어려워요. 15분, 20분이 지나면 머리가 어지럽기 시작하지요. 더 오래 앉아 있어 보려고 하면 때로는 토할 것 같기도 해요."

나는 그에게 너무 긴장을 해서 그런 것 같으니 명상을 할 때 아마도 좀 더 긴장을 풀어야 할 것이라고 말해 주었습니다.

남자가 대답했습니다.

"아뇨, 긴장을 풀려고 시도하면 머리가 더 어지러워져요."

그의 문제가 이상해 보였고, 또 그가 해결책을 찾는 데 진심으로 관심을 갖고 있는 듯 보였기 때문에 그에게 내 맞은편 의자에 앉아서 내가 지켜보는 동안만 명상을 해 보라고 말했습니다. 그가 내 반대편 의자에 자리를 잡고 앉자 그의 두 팔과 다리, 가슴이 매우 뻣뻣해졌습니다. 두 눈은 불룩해졌고, 얼굴은 잔뜩 우거지상이 되었으며, 눈썹은 위로 치켜 올라갔습니다. 심지어 두 귀까지 머리 뒤쪽에서 잡아당긴 듯해졌습니다. 그의 몸은 너무 긴장한 나머지 떨리기 시작했습니다.

그를 단지 지켜보는 것만으로도 나 자신까지 어지러워지는 듯해서 내가 말했습니다.

"됐습니다. 그만 해도 되겠어요."

그는 근육의 긴장을 풀었으며 우거지상이 얼굴에서 사라지고, 눈과 귀와 눈썹이 정상으로 돌아왔습니다. 그는 충고를 듣고 싶어 간절히 나를 바라보았습니다.

나는 말했습니다.

"좋아요. 이젠 내가 명상을 할 겁니다. 내가 당신을 지켜본 것처럼 나를 지켜보세요."

나는 평소 하던 대로 자리에 앉아 허리를 똑바로 펴고, 근육의 힘을 빼고, 손을 무릎 위에 가볍게 놓았습니다. 그리고 어떤 특별한 긴장 없이 앞쪽을 바라보면서 현재의 순간에 있는 그대로 집중하며 마음을 편안히 내려놓았습니다. 그 남자는 머리에서부터 발끝까지, 발끝에서부터 머리까지, 그리고 다시 머리에서부터 발끝까지 나를 지켜보았습니다. 나는 간단히 명상을 멈추고 그에게 이것이 내가 명상하는 방법이라고 말했습니다.

잠시 후 그는 천천히 고개를 끄덕이며 말했습니다.

"알 것 같아요."

마침 그때 방송에서 우리의 비행기가 탑승 준비를 마쳤음을 알렸습니다. 그와 나는 좌석 구간이 달랐기 때문에 따로 떨어져서 탑승했고, 나는 비행 동안 그를 전혀 보지 못했습니다.

목적지에 도착한 후 비행기에서 내리는 승객들 속에서 나는 다시 그를 보았습니다. 그는 손을 흔들며 내게 와서 말했습니다.

"있잖아요, 비행하는 동안 내내 당신이 내게 보여 준 방법대로 명상을 해 봤는데 머리가 어지럽지 않고 명상을 할 수 있었어요. 명상 속에서 휴식한다는 것이 무엇인지 마침내 이해한 것 같아요. 정말 감사합니다."

용쓰기를 하면 생생한 경험을 하는 것이 분명 가능하겠지만 흔히 나타나는 결과는 일반적으로 세 가지 형태로 나뉩니다. 첫째, 마음속으로 돌진해 오는 생각, 느낌, 기분들을 전부 자각하려는 시도에 에너지가 간단히 소진되어 그 결과 당신은 몹시 피곤해지고 무뎌진 마음을 발견하게 될 것입니다. 둘째, 생각, 느낌, 기분들을 모두 관찰하려는 시도가 초조함 혹은 동요를 낳는 경우입니다. 셋째, 당신의 마음이 완전히 백지처럼 되어 버린 것을 발견하게 될지도 모릅니다. 이 때 당신이 관찰하는 모든 생각, 감정, 느낌, 혹은 지각 작용들은 너무도 빨리 지나가기 때문에 그것들은 당신의 알아차림을 간단히 빠져나갑니다. 이 세 가지 중 어떤 경우에 해당하더라도 당신은 명상이라는 것이 상상했던 것만큼 그렇게 대단한 경험은 아니구나 하고 당연히 결론 내리게 될 것입니다.

실제로 명상 수행의 본질은 명상에 대한 기대를 모두 내려놓는 일입니다. 평화, 열림, 휴식, 밝음과 같은 당신의 자연스러운 마음의 모든 특성들은 당신의 마음속에 있는 그대로 존재합니다. 당신은 다른 어떤 것도 할 필요가 없습니다. 당신의 자각을 바꾸거나 변화시킬 필요가 없습니다. 마음을 관찰하는 동안 당신이 해야 할 일은 이미 그 마음이 가지고 있는 특성들을 깨닫는 것뿐입니다.

어둠을 밝히기

> 밝은 지역과 그늘진 지역은 서로 분리할 수 없다.
> 둘은 너무 가깝다.
> 툴쿠 우르겐 린포체 〈있는 그대로 1권〉

마음의 밝음을 알아차리는 법을 배우는 것은 공을 자각하는 일과 마찬가지로 서서히 이루어지는 과정입니다. 먼저 그 핵심을 이해하고, 서서히 그것에 익숙해지며, 그런 다음 단지 인식 훈련을 계속하는 것입니다. 실제로 어떤 경전에서는 이 느린 깨달음의 과정을 늙은 소가 오줌을 누는 것으로 비교하는데, 그 과정이 매우 어렵고 추상적일 것이라는 생각에서 벗어나게 해주는 정말 더할 나위 없이 멋진 비유입니다. 그러나 당신이 티베트 유목민이거나 혹은 농장에서 자라지 않고서는 이 비유가 명쾌하게 즉각 와 닿지 않을 것이므로 좀 더 설명이 필요할 것입니다. 늙은 소는 오줌을 한번에 급하게 싸지 않고 동일한 오줌줄기로 천천히 눕니다. 처음에 오줌을 많이 배출하거나 재빨리 끝내는 법이 없습니다. 사실 소는 오줌을 누는 동안 계속 풀을 뜯어먹으며 몇 걸음씩 걸어 다니기도 합니다. 하지만 결국 오줌을 다 누고 나면 얼마나 시원하겠습니까!

공과 마찬가지로 밝음의 진정한 본성은 당신이 그것을 머릿속 주머니 안에다 치워 버릴 수 있는 개념으로 바꾸지 않고서는 완벽하게 정의내리는 것이 불가능합니다. 당신은 "좋아, 알았어. 내 마음은 밝아. 그래서 어쨌다는 거지?" 하고 생각합니다. 그러나 순수한 형태의 밝음은 경험을 해야만 하는 것입니다. 그리고 당신이 그것을 경험할 때,

"그래서 어쨌다는 거지?"는 사라집니다. 당신은 단지 그것을 알 뿐입니다.

본질적으로 설명을 초월해 있는 무엇인가를 설명하려고 하는 어려움을 생각한다면, 당신은 아마도 붓다가 제자들에게 마음의 본성을 설명하느라 직면했던 장벽을 이해할 수 있을 것입니다. 그 제자들도 의심할 여지 없이 우리와 마찬가지로 머릿속을 통쾌하게 쓸어 내어 자신들이 세상 어떤 사람들보다 더 현명하고 더 깨어 있다는 자부심을 일순간에 느끼게 해 줄 명쾌한 정의를 찾고 있었으니까요.

이런 덫에 걸려들지 않기 위해 우리가 봐 온 것처럼 붓다는 말로 표현할 수 없는 것을 비유와 일화들을 통해 설명하는 쪽을 선택했습니다. 밝음의 상태를 일상적인 경험의 용어들로 이해시키기 위해 붓다는 공의 개념을 설명할 때 사용한 것과 똑같은 비유, 즉 꿈의 비유를 사용했습니다.

그는 우리에게 커튼을 친 다음 두 눈을 감고 마음을 완전히 텅 빈 상태로 빠져들게 하면서 잠의 완전한 어둠을 상상하라고 말합니다. 이 어둠 속에서 형상들과 경험들이 나타나기 시작한다고 그는 설명합니다. 사람들이 나타나는데 일부는 아는 사람이고 일부는 낯선 사람들입니다. 아는 장소 혹은 새롭게 상상한 곳에 있는 자신을 발견할 수도 있습니다. 일어나는 사건들이 현실에서의 경험의 메아리일 수도 있고 전에는 전혀 상상하지 않았던 완전히 새로운 것일 수도 있습니다. 꿈에서는 모든 경험이 가능하며, 잠의 어둠 속에서 나타나는 다양한 사람들과 장소들과 사건들을 밝게 비추고 구분하게 하는 그 빛은 마음의 순수한 밝음의 한 측면입니다.

꿈의 경우와 진정한 밝음의 주된 차이는 꿈속에서조차 우리들 대부분은 여전히 '나'와 '남'을 구분하고 우리가 경험하는 장소와 사건들을 구분한다는 것입니다. 진정으로 밝음을 인식했을 때 그곳에는 분리의 개념이 존재하지 않습니다. 자연스러운 마음은 분리가 불가능합니다. 내가 여기서 밝음을 경험하고 당신은 저기서 밝음을 경험하고 있는 것이 아닙니다. 공과 마찬가지로 밝음 역시 무한합니다. 어떤 한계도 없고, 시작점도 끝도 존재하지 않습니다. 마음을 더욱 깊이 관찰하면 할수록 마음의 시작과 끝을 분명하게 구분하기가 더 불가능해집니다.

이 일이 일어나기 시작하면 '나'와 '타인' 사이의 차이감은 모든 존재들과 우리 주위의 세상과 내가 일체화되는 더 유동적이고 더 부드러운 느낌에 자리를 내줍니다. 이 일체감을 통해 우리는 이 세상이 전혀 무서운 곳이 아닐지도 모른다는 것을 깨닫기 시작합니다. 적은 적이 아니며 우리 자신과 마찬가지로 행복해지고 싶어 하고 자신이 아는 최상의 방법으로 그것을 추구하는 사람들이라는 것을 우리는 깨닫습니다. 그리고 모든 사람이 통찰과 지혜와 이해를 소유하고 있음을 깨닫습니다. 이것들을 통해 우리는 이전의 명백한 차이를 알게 되고 우리 자신만이 아니라 우리 주위의 모든 사람에게 이익이 되는 해결책을 발견합니다.

겉으로 드러나는 모습과 환영

의미 있는 것을 의미 있게 보고,
의미 없는 것을 의미 없게 바라봄으로써

진정한 이해의 눈을 갖게 된다.

붓다 〈법구경〉

마음은 마치 무대에 선 마술사와 같습니다. 마음은 우리로 하여금 실제로는 없는 것들을 보게 만듭니다. 우리 대부분은 마음이 만들어 내는 허상에 사로잡히며, 실제로 우리는 우리 자신이 더 많은 공상들을 만들어 내도록 부추깁니다. 이 완전한 드라마는 중독성이 있어서, 나에게서 명상을 배운 몇몇 사람들이 '아드레날린 분출' 혹은 '약에 취한 기분'이라고 부르는 상태를 낳습니다. 이것은 우리를 혹은 우리의 문제들을 실제보다 더 크게 느껴지도록 만듭니다. 그렇게 만드는 상황이 무서운데도.

모자 속에서 토끼를 꺼내는 마술사의 트릭에 박수를 치는 것처럼 우리는 공포 영화를 보고, 추리소설을 읽고, 힘든 관계에 얽혀 들며, 상사와 직장 동료들과 싸움을 벌입니다. 어쩌면 가장 먼 과거의 뇌의 파충류 층과 관련이 있을지도 모르는 이상한 방식으로 우리는 이 경험들이 제공하는 긴장감을 실제로 즐깁니다. '그들'에 대항하는 '나'의 느낌을 강화시킴으로써 그것들은 우리 '개인'의 느낌을 재확인해 줍니다. 앞 장에서 보았듯이 '개인'이라는 것은 실제로는 겉으로 드러나 보이는 모습일 뿐 본질적으로는 실체가 없는 것입니다.

나와 이야기를 나눈 몇몇 인지심리학자들은 인간의 마음을 영화 영사기에 비유했습니다. 영사기가 스크린에 영상을 비추듯이, 마음은 지각되는 현상들을 인지 화면에 비추며 우리는 그것을 '바깥 세계'라고 생각합니다. 그러면서 한편으로는 생각, 감정, 기분을 우리가 우리의 내면세계 혹은 '나'라고 부르는 또 다른 형태의 화면에 그대로 투영시킵니다.

이것은 절대적인 실체와 상대적인 실체에 대한 불교의 관점에 가깝습니다. '절대적인 실체'는 공입니다. 즉 지각 작용을 '일어날 수 있는 경험의 무한하고 덧없는 흐름'으로 직관적으로 인식하는 상태입니다. 지각 작용을 순식간에 흘러가는 상황적 사건에 불과한 것으로 인식하기 시작할 때 그것은 무겁게 느껴지지 않습니다. 그리고 '나'와 '남'이라는 모든 이원론적 구조가 약해지기 시작합니다. '상대적인 실체'는 당신이 지각하는 모든 것이 실재한다는 잘못된 생각으로부터 생겨난 경험들의 총합입니다.

그러나 사물이 '바깥 세계' 혹은 '여기 안에' 존재한다고 생각하는 습관은 포기하기 어렵습니다. 그것은 당신이 소중히 여기는 환상을 모두 내려놓는 것을 의미합니다. 또한 당신이 투영하는 모든 것, '남'이라고 생각하는 모든 것이 사실은 당신 자신의 마음이 자발적으로 표현하는 것임을 깨닫는 것입니다. '실체에 대한 생각'을 내려놓고 실체의 흐름을 '있는 그대로' 경험하는 것을 뜻합니다. 이때 당신 자신의 지각으로부터 완전히 떨어져 나올 필요는 없습니다. 자신을 동굴 속이나 산중 안거 수행으로 고립시킬 필요는 없습니다. 당신은 자신의 지각을 '즐길' 수 있습니다. 거기에 적극적으로 관여하지 않으면서, 꿈속에서 사물을 바라보듯 그것을 바라보면서. 사실 당신은 자신에게 제공되는 다양한 경험들에 경탄할 수 있습니다.

겉으로 드러나는 모습과 환영의 차이를 인식함으로써 당신 지각의 일부가 틀리거나 한쪽으로 치우칠 수 있음을 알아차릴 수 있습니다. 그리고 일이 어떤 식으로 흘러가야 한다는 생각이 굳어져서 자기 이외의 다른 관점을 볼 수 없는 정도에 이르렀다는 사실도 알아차릴 수 있습니다. 내 마음의 밝음과 공을 알아차리기 시작했을 때 내 삶은 상상하지 못했던 방식으로 더욱 풍요로워지고 생생해졌습니다. 일이 어떤 식으로 흘러가야 한다는 생각을 놓아 버리자 나는 자유로워졌고 나의 경험에 있는 그대로 반응할 수 있었습니다. 바로 그 순간 그 자리에서 순수한 나의 모습으로.

밝음과 공의 결합

> 우리의 참본성은 그 속성이 무궁무진하다.
> 마이트레야 〈마하야나 우타라탄트라 샤스트라〉

붓다는 다양한 이해 수준을 지닌 사람들이 마음의 힘을 깨닫도록 도와주기 위해 84,000가지의 방법을 가르쳤다고 합니다. 내가 이 방법들을 모두 공부해 보지는 못했기 때문에 그 숫자가 정확하다고 장담할 수는 없습니다. 붓다는 83,999가지나 84,001가지를 가르쳤을 수도 있습니다. 그런데 그 가르침의 본질은 한 가지 핵심으로 요약될 수 있습니다.

'마음이 모든 경험의 근원이다. 마음의 방향을 바꿈으로써 우리는 우리가 경험하는 모든 것의 성질을 바꿀 수 있다.'

마음을 바꾸면 당신이 경험하는 모든 것이 변합니다. 이것은 마치 노란색 안경을 쓰는 것과 같습니다. 갑자기 보이는 모든 것이 노랗습니다. 초록색 안경을 쓰면 보이는 모든 것이 초록색입니다.

이런 점에서 밝음을 마음의 창조적인 측면으로 이해할 수 있습니다. 당신은 모든 것을 자각의 힘을 통해 지각합니다. 마음의 창조력에는 실로 제한이 없습니다. 이런 창조적인 측면은 공과 밝음이 결합되어 생긴 자연스러운 결과입니다. 티베트 어로는 '마각파', 즉 '가로막히지 않음'으로 알려져 있습니다. 때로 '마각파'를 '힘'이나 '능력'으로 번역하기도 하지만 그 의미는 같습니다. 무엇이든 경험할 수 있는 마음의 자유입니다.

마음의 진정한 힘을 알아차릴 수 있는 한, 당신은 자신의 경험을 좀 더 통제할 수 있게 됩니다. 고통과 슬픔, 두려움, 걱정, 다른 형태의 모든 고난은 더 이상 당신의 삶을 예전처럼 강하게 파괴하지 않습니다. 한때 장애물처럼 보였던 경험은 마음의 가로막힘 없는 본성을 더 깊이 이해하기 위한 기회가 됩니다.

모든 사람은 일생 동안 고통스러운 기분과 즐거운 기분을 경험합니다. 이런 기분 대부분은 일종의 신체적 근거를 가지는 듯합니다. 마사지를 받거나, 좋은 음식을 먹거나, 따뜻한 물에 목욕하는 것은 통상 기분 좋은 신체적 경험으로 여겨집니다. 손가락을 불에 데거나, 주사를 맞거나, 무더운 날 에어컨도 없는 차를 타고 꽉 막힌 도로에 갇혀 있는 것은 육체적으로 불쾌하게 여겨집니다. 그러나 당신이 이것들을 고통스럽게 경험하는지 아니면 기분 좋게 경험하는지는 사실 그 경험을 할 때의 신체적 감각이 어떠한가에 달려 있는 것이 아니라 그것을 어떻게 지각하는가에 달려 있습니다.

이를테면 어떤 사람들은 뜨거운 느낌이나 차가운 느낌을 견딜 수 없어 합니다. 무더운 날 바깥으로 나가야 한다면 죽게 될지도 모른다고 말합니다. 땀방울 몇 개조차 그들을 극도로 불쾌하게 할 수 있습니다. 겨울에는 머리 위에 떨어지는 눈송이 몇 개조차 참지 못합니다.

그러나 자신이 신뢰하는 의사가 매일 10분 동안 사우나를 하면 몸 상태가 개선될 것이라고 말한다면 대개 그 조언을 따를 것입니다. 전에는 견디지 못했던 경험을 찾아다니고 심지어는 돈까지 지불할 것입니다. 사우나에 앉아 이렇게 생각할지도 모릅니다.

'땀을 흘리고 있으니 얼마나 좋아! 이거 정말 괜찮군!'

뜨거움을 느끼고 땀을 흘리는 것에 대한 정신적 자각을 변화시켰기 때문에 이렇게 행동합니다. 열기와 땀은 그들이 다른 의미를 부여하게 된 현상일 뿐입니다. 그리고 사우나를 마친 뒤에 찬물로 샤워하면 혈액순환이 개선될 것이라고 의사가 덧붙인다면 그 차가움을 받아들이는 법을 배우고 심지어 그것을 상쾌하다고 여기기까지 합니다.

심리학자들은 이런 종류의 변화를 종종 '인지적 재구조화'라고 부릅니다. 인간은 자신의 경험에 '주의'뿐 아니라 '의도'를 적용함으로써 경험의 의미를 고통스럽거나 참을 수 없는 것에서 참을 수 있거나 기분 좋은 것으로 변화시킬 수 있습니다. 시간이 흐르면서 '인지적 재구조화'는 뇌 속에 새로운 뉴런 경로를 형성합니다. 특히 고통과 즐거움의 감각 대부분을 인식하고 처리하는 대뇌변연계에 새로운 경로를 만듭니다.

만약 우리의 지각이 실제로는 과거의 경험들과 현재의 기대들로 조건 지어진 정신적 구조물이라면, 우리가 무엇에 초점을 맞추고 어떻게 초점을 맞추는가가 우리의 경험을 결정하는 중요한 요소가 됩니다. 어떤 것이 사실이라고 확실하게 믿을수록 우리 경험에서 그것이 사실로 나타날 가능성이 높아집니다. 그러므로 자신이 나약하거나 멍청하거나 무능하다고 믿는다면, 실제 우리 자질이 어떠하고 친구와 동료가 우리를 얼마나 다르게 보는가에 상관없이, 우리는 자기 자신이 나약하거나 멍청하거나 무능해지는 경험을 하게 될 것입니다.

당신이 자신의 경험을 스스로 투영한 것으로 인식하기 시작하면 어떤 일이 일어날까요? 무서워하던 상황이나 주변 사람에 대한 두려움을 잃게 되면 어떤 일이 일어날까요? 어떤 관점에서는 아무 일도 일어나지 않습니다. 다른 관점에서는 모든 일이 일어납니다.

7
모든 살아 있는 것들과의 연결

사물을 있는 그대로 더욱 투명하게 볼수록 우리가 다른 존재를 향해 더 기꺼이 마음을 열려고 하고 그렇게 될 수 있다. 다른 사람들이 자신의 참본성을 깨닫지 못했기 때문에 고통과 불행을 겪는다는 사실을 알아차리게 될 때, 우리가 알게 된 평화와 투명함과 똑같은 기분을 그들이 경험하기 바라는 깊은 염원에 의해 우리의 마음은 자발적으로 움직인다. 행복을 얻고 고통에서 벗어나는 가능성으로부터 어떤 존재를 배제한다면 자기 자신도 제외시킨 것이다. 바로 자기 자신이 자비심 부족으로 인한 피해자가 된다.

스스로 만든 환영의 감옥 속에서 고통받는
모든 자각 있는 존재를 향해
무한한 자비심이 절로 샘솟는다.
칼루 린포체 〈빛을 발하는 마음-붓다의 길〉

창문이 하나밖에 없는 작은 방에서 일생을 보낸다고 상상해 봅시다. 그 창문은 잠겨 있고, 너무 더러워서 좀처럼 빛이 스며들지 않습니다. 아마 당신은 이 세상이 무척이나 어둡고 음산한 곳이라고 생각할 것입니다. 방 밖을 스쳐 지나가면서 그 더러운 창문에 기괴한 그림자를 드리우는 이상하게 생긴 생명체들로 가득한 곳이라고. 그런데 어느 날 실수로 창문에 물을 조금 쏟았거나 폭풍우가 쳐서 빗방울 몇 개가 안으로 스며들었다고 가정해 봅시다. 당신은 걸레나 소매 깃을 이용해 물기를 닦아 냅니다. 그렇게 함으로써 창문에 쌓여 있던 먼지가 일부 떨어져 나갑니다. 갑자기 창문을 통해 몇 줄기 빛이 들어옵니다. 궁금해진 당신은 창문을 좀 더 세게 문지르고, 먼지가 없어질수록 더 많은 빛이 흘러듭니다. 당신은 생각합니다.

'어쩌면 이 세상은 그렇게 어둡고 음산하지 않은지도 몰라. 어쩌면 그건 창문 때문이었는지도 몰라.'

당신은 싱크대로 가서 물이나 걸레를 더 가져 와 먼지와 더께가 전체 표면에서 없어질 때까지 창문을 문지르고 또 문지릅니다. 빛은 방 안으로 다만 쏟아지고 있고 당신은 아마 처음으로 깨닫게 될 것입니다. 지나갈 때마다 당신을 놀라게 하던 그 이상하게 생긴 그림자들이 모두 당신과 똑같은 사람이었음을. 그 자각의 깊은 곳으로부터 사람들과 관계를 맺고 싶은 본능적인 충동이 샘솟습니다. 바깥 거리로 나가서 그들과 다만 함께 있고 싶은 충동이.

사실 당신은 아무것도 바꾸지 않았습니다. 세상과 빛과 사람들은 언제나 그곳에 있었습니다. 시야가 흐렸기 때문에 그것들을 볼 수 없었던 것뿐입니다. 그러나 이제 모두 볼 수 있습니다. 이것이 얼마나 큰 차이를 만들어 낼지 상상해 보십시오! 불교 전통에서는 이것을 자비의 밝아짐이라고 부릅니다. 다른 사람이 겪는 일에 동질감을 느낄 수 있고 그것을 이해할 수 있는 타고난 능력이 깨어나는 것입니다.

자비의 생물학

> 커다란 자비심을 지닌 사람은 붓다의 가르침을 모두 가지고 있다.
> 〈등송경〉

불교에서 이해하는 자비는 이 단어의 일상적인 뜻과는 어떤 면에서 조금 다릅니다. 불교도들에게 자비란 단순히 타인에게 연민을 느끼는 것을 의미하지 않습니다. 자비의 티베트 어는 '닝제'인데 마음이 완전하게 곧바로 확장되는 것을 의미합니다. '닝제'를 영어로 번역하면 아마도 가장 가까운 단어가 '사랑'일 것입니다. 하지만 보답으로 무엇인가를 얻겠다는 어떤 기대나 집착을 하지 않는 그런 종류의 사랑입니다. 티베트 어로 자비는 모든 살아 있는 것과의 자발적인 연결감입니다. 당신이 느끼는 것을 나도 느낍니다. 내가 느끼는 것을 당신도 느낍니다. 우리 사이에는 차이점이 없습니다.

생물학적으로 우리는 상당히 단순한 조건으로 환경에 반응하도록 프로그래밍되었습니다. 생존을 위협하는 것을 피하고 행복을 도모할 기회를 붙잡도록. 인류 발전의 역사가 아주 빈번하게도 더 약한 존재의 피로 쓰인 폭력 이야기라는 것은 역사책 몇 장을 대충 넘겨 보기만 해도 알 수 있습니다.

그러나 우리를 폭력성과 잔인함 쪽으로 몰고 갔던 똑같은 생물학적 프로그래밍은 다른 감정도 제공하는 듯합니다. 공격성을 억제하게 할 뿐 아니라 다른 사람을 희생해서 개인이 생존하려는 충동을 무시하도록 행동하게 하는 감정입니다. 2003년 마음생명협회 회의에서 하버드 대학의 제롬 케이건 교수가 발표한 내용을 들었을 때 나는 놀라움을 금치 못했습니다. 당시 그는 우리의 공격적인 성향과 더불어 생존 본능이 우리로 하여금 '친절, 자비, 사랑, 양육 쪽에 훨씬 강한 생물학적 경향'을 지니도록 해 왔다고 지적했습니다.

2차 세계대전 중 나치에게 쫓기는 유럽 유대인들에게 피난처를 제공하며 스스로를 위험에 빠뜨린 수많은 사람들에 대해 많은 이야기를 들어 왔습니다. 또한 세계 여러 나라에 존재하는 전쟁, 기아, 폭정의 희생양을 돕기 위해 자신의 행복을 희생하는, 오늘날의 이름 없는 영웅들에 대해서도 많은 이야기를 들어 왔습니다. 이뿐만 아니라, 내게서 명상을 배우는 서양인 상당수는 자녀를 스포츠 경기와 음악 활동, 그 밖의 행사에 참석시키면서 아이들 교육을 위해 참을성 있게 돈을 마련하는 데 막대한 시간과 에너지를 희생하는 부모들입니다.

이런 희생은 한 인간으로서의 두려움과 욕망을 초월하게 만드는 일련의 생물학적 요인을 개인 차원에서 보여 주는 듯합니다. 우리는 가난하고 힘없고 무방비 상태인 사람들을 보호하고 돌봐야 할 필요성만은 적어도 인정하는 사회와 문명을 만들어 올 수 있었고, 이 단순한 사실은 '윤리 의식은 우리 종의 생물학적 특징이다.'라는 케이건 교수의 결론을 뒷받침합니다.

케이건 교수가 말한 내용은 붓다의 가르침의 본질과 거의 완전히 일치합니다. 그것은 사물을 있는 그대로 더욱 투명하게 볼수록 우리가 다른 존재를 향해 더 기꺼이 마음을 열려고 하고 그렇게 될 수 있다는 가르침입니다. 다른 사람들이 자신의 참본성을 깨닫지 못했기 때문에 고통과 불행을 겪는다는 사실을 알아차리게 될 때, 우리가 막 알게 된 평화와 투명함과 똑같은 기분을 그들이 경험하기 바라는 깊은 염원에 의해 우리의 마음은 자발적으로 움직입니다.

반대하기 위한 동의

> 매운 씨앗은 매운 열매를 맺고
> 달콤한 씨앗은 달콤한 열매를 맺는다.
> 〈수라타 수트라〉

내가 배운 사실에 따르면 사람들 사이의 갈등은 대부분 서로의 동기를 잘못 이해하기 때문에 생겨납니다. 우리 모두는 행동하고 말할 때 나름 이유를 가지고 있습니다. 우리가 자비심의 인도를 더 많이 받을수록, 즉 모든 일을 잠시 멈추고서 다른 사람의 동기가 어디에서 나오는 것인지 알아내려고 할수록, 갈등을 겪게 될 가능성은 낮아집니다. 문제가 생기더라도 깊은숨을 쉬며 열린 마음으로 귀를 기울인다면 갈등을 좀 더 효과적으로 다룰 수 있음을 발견하게 될 것입니다. 소위 물을 잠잠하게 할 수 있다는 것을. 또한 그럼으로써 우리 모두 만족하고 결국 '승자'도 '패자'도 없도록 서로의 차이점을 해결할 수 있음을 발견하게 될 것입니다.

예를 하나 들어 보겠습니다. 내게 인도에 사는 티베트 인 친구가 한 명 있습니다. 그는 성질이 고약한 개 한 마리를 키우는 한 남자의 옆집에 살았습니다. 다른 나라와 달리 인도에서는 집 앞마당을 둘러싸는 담장이 무척 높고, 담장에는 대문이 아닌 작은 문이 나 있습니다. 친구네 마당으로 들어가는 입구는 이웃집 마당으로 들어가는 입구와 꽤 가까웠습니다. 친구가 집 문 밖을 나설 때마다 그 개는 털을 곤두세우고 짖거나 으르렁대면서 이웃집 문에서 뛰쳐나오곤 했습니다. 이 모두가 친구를 겁나게 하는 경험이었습니다. 그것으로 성이 차지 않는다는 듯 그 개는 친구네 문을 밀고 마당까지 들어와 연신 짖고 으르렁거리면서 엄청난 소란을 피우는 습관까지 들였습니다.

행동거지가 불량한 이 개를 어떻게 혼내 줄까 하고 친구는 한참 동안 고민했고, 마침내 한 가지 아이디어를 떠올렸습니다. 자기 집 문을 앞마당 쪽으로 조금만 열어 놓고 버팀목으로 받쳐 둔 채 문 위에 작지만 무거운 물건 몇 개를 살짝 올려놓는 것이었습니다. 나중에 그 개가 문을 밀어서 열게 되면 물건들이 떨어질 것이고, 그것들은 개에게 잊을 수 없이 뼈아픈 가르침이 될 테니까요.

어느 토요일 아침 친구는 함정을 설치해 놓은 뒤, 앞마당이 내다보이는 창가에 앉아 개가 마당으로 들어오기를 기다리며 창밖을 바라보았습니다. 시간이 흘러도 개는 오지 않았습니다. 시간이 조금 더 지나자 매일 읽는 기도서를 꺼내 낭송하기 시작했고 때때로 책에서 눈을 떼 창문 밖 앞마당 쪽을 흘낏 쳐다보았습니다. 그러나 여전히 개는 나타나지 않았습니다. 기도문을 계속 낭송하던 중 매우 오래된 염원 기도에 이르게 되었는데 '사무량심四無量心'으로 알려진 그것은 다음과 같이 시작합니다.

모든 자각 있는 존재가 행복과 행복의 원인을 갖게 되기를.
모든 자각 있는 존재가 고통과 고통의 원인에서 해방되기를.

기도문을 낭송하는 도중 불현듯 그 친구에게 어떤 생각이 일었습니다. 그 개는 자각 있는 존재인데 자신이 일부러 함정을 설치해 놓았으니 개에게 아픔과 고통을 일으킬 것이라고. 그는 또 생각했습니다.
'이걸 낭송한다면 나는 거짓 기도를 하게 될 거야. 아무래도 낭송을 그만두어야겠어.'
하지만 사무량심 기도는 생활 습관의 일부였기 때문에 기도를 그만두는 것이 좋은 생각인 것 같지는 않았습니다. 그는 개를 향해 자비심을 키우려고 갖은 애를 쓰며 다시 기도를 시작했지만 절반쯤 가다가 또다시 멈추고 말았습니다. 그는 생각했습니다.
'아니야! 그 개는 정말 나빠. 나한테 큰 해를 입히잖아. 난 그 개가

고통으로부터 벗어나는 것도 행복을 얻는 것도 바라지 않아.'
그는 이 문제에 대해 한동안 생각하다가 마침내 묘책을 하나 얻게 되었습니다. 기도문의 단어 하나를 살짝 바꿀 수 있었던 것입니다. 그러고는 다시 낭송을 시작했습니다.

'일부'의 자각 있는 존재가 행복과 행복의 원인을 갖게 되기를.
'일부'의 자각 있는 존재가 고통과 고통의 원인에서 해방되기를.

친구는 자신의 해결책이 꽤나 마음에 들었습니다. 기도를 마친 뒤 점심을 먹었고, 개에 대해서는 까맣게 잊어버린 채 날이 저물기 전에 산책하러 나가기로 마음먹었습니다. 그런데 서두르느라 함정을 설치해 놓았다는 사실을 깜빡했고, 문을 잡아당기자마자 모서리 위에 쌓아 두었던 온갖 무거운 물건이 머리 위로 떨어졌습니다. 조금의 과장도 없이 표현하건대 그건 불쾌하고도 갑작스러운 깨달음이었습니다.
이 아픔을 통해 친구는 아주 중요한 사실을 깨닫게 되었습니다. 행복을 얻고 고통에서 벗어나는 가능성으로부터 어떤 존재를 배제함으로써 그는 자기 자신도 제외시킨 겁니다. 바로 자기 자신이 자비심 부족의 피해자였음을 깨닫고 전략을 바꾸기로 마음먹었습니다.
이튿날 아침 친구는 산책하러 가면서 작은 '참파' 조각을 들고 나갔습니다. 참파는 빻은 보리와 소금, 차, 버터 덩어리로 만든 반죽의 일종으로 티베트 인들이 대개 아침 식사용으로 먹는 음식입니다. 문을 나서자마자 여느 때처럼 그 개가 으르렁거리고 짖으며 달려 나왔습니다. 그러나 친구는 개에게 욕하는 대신 가지고 있던 참파 조각을 그저 던져 주었습니다. 친구를 향해 짖고 있다가 깜짝 놀란 개는 참파를 입에 물고 씹기 시작했습니다. 여전히 털을 곤두세우며 으르렁거렸지만 받은 먹이에 정신이 팔려 공격할 생각은 잊은 채 말입니다.

이 작은 놀이는 이후 며칠 동안 계속되었습니다. 친구는 마당에서 걸어 나오고, 개는 달려 나와 짖다가 던져 주는 참파 조각을 잡아채곤 했습니다. 개가 참파를 씹으며 계속 으르렁거리긴 했지만 어느 순간 꼬리를 흔들기 시작했음을 며칠 뒤 친구는 알아차렸습니다. 일주일쯤 되었을 무렵, 개는 더 이상 공격할 태세로 튀어나오지 않았고, 대신 간식거리를 반갑게 기대하며 친구를 맞으러 달려 나왔습니다. 급기야 둘의 관계는 개가 친구네 마당으로 조용히 걸어 들어와 함께 햇볕을 쬐며 앉아 있곤 하는 단계까지 발전했습니다. 그러는 동안 친구는 이제 '모든' 자각 능력을 가진 존재의 행복과 자유를 위해 기도할 수 있어서 상당히 흡족해하며 매일 기도문을 낭송했습니다.

사람, 동물, 심지어 곤충 등 자각 능력을 가진 다른 존재가 바로 우리와 같고 그들의 근본 동기가 평화를 경험하고 고통을 피하려는 것임을 일단 깨닫게 되면, 어떤 사람이 우리의 바람에 어긋나게 행동하거나 말해도 그들을 이해할 수 있는 토대를 일부 가질 수 있습니다.

'아, 그래. 이 사람 혹은 이 무엇은 이런 입장에서 비롯된 것이다. 그들도 나와 똑같이 행복해지기를 바라고 고통을 피하고 싶어 하기 때문이다. 이것이 그들의 기본 목적이다. 그들이 나에게 일부러 문제를 일으킨 게 아니다. 자신이 보기에 해야 할 일을 하고 있는 것뿐이다.'

자비는 마음에서 저절로 생겨나는 지혜입니다. 자비는 언제나 우리 곁에 있습니다. 언제나 우리와 함께 있었고 언제라도 그러할 것입니다. 자비가 우리 안에서 일어나면 우리는 우리가 실제로 얼마나 강인하고 안전한지 확인하는 법을 깨닫게 된 것뿐입니다.

8
우리는 왜 행복하지 않은가?

붓다는 집착을 바닷물 마시기에 비유했다. 더 많이 마실수록 목은 더 말라 온다. 마찬가지로 우리의 마음이 집착에 의해 조건 지어지면 아무리 많은 것을 갖고 있더라도 결코 만족하지 못한다. 우리는 순수한 행복의 경험과 우리를 일시적으로 행복하게 하는 대상을 구별할 능력을 상실하게 된다. 그 결과 사물에 의존하게 될 뿐 아니라 특정한 뉴런 패턴도 강화하게 되는데, 이 뉴런 패턴은 행복을 얻기 위해서는 외부적인 요소에 의존하도록 우리를 조건 짓는다.

자각 능력을 가진 모든 존재는
자신에게 이롭지 않은 방식으로 행동하기 쉽다.
잠곤 콩툴 〈확신의 횃불〉

나는 전 세계 이십여 개 나라에서 십 년 가까이 강연하면서 신기하고 경이로운 일들을 많이 보았고, 대중 강연 시간에 질문하는 사람들이나 개인 상담을 받으러 온 사람들로부터 기이하고 놀라운 이야기를 많이 들었습니다. 그러나 나를 가장 놀라게 한 것은 이것이었습니다. 물질적인 안락함이 잘 갖추어진 곳에 사는 사람들이 물질적으로 그다지 개발되지 못한 지역에 사는 사람들에게서 목격되는 것처럼 깊은 고통을 겪는 듯하다는 점입니다. 내가 목격한 고통은 인도와 네팔에서 익숙하게 보아 온 것들과 비교했을 때 그 표현은 어떤 면에서 조금 달랐지만 강도는 뚜렷했습니다.

처음에 서양을 몇 번 방문하는 동안 강연 주최자들이 나를 그 도시의 대표적인 명소로 데려갔을 때 나는 이런 차원의 불행을 감지하기 시작했습니다. 엠파이어스테이트 빌딩이나 에펠탑 같은 곳을 처음

보았을 때 나는 설계자의 천재성과 더불어 이런 건축물을 지은 사람들에게 요구되었을 협력과 투지의 정도에 놀라지 않을 수 없었습니다. 그러나 전망대에 이르렀을 때는 철조망이 경관을 가리고 있고 경비원이 전역을 순찰하고 있는 모습을 발견하곤 했습니다. 나를 초청한 사람들에게 경비원과 철조망에 대해 묻자 그들은 설명했습니다. 사람들이 그토록 높은 곳에서 뛰어내려 자살하는 걸 막기 위해서는 예방책이 필요하다고. 이런 경이로운 구조물을 만들어 낼 수 있는 사회에서 사람들이 이 아름다운 기념물을 자살의 발판으로 삼는 것을 막기 위해 엄격한 조치가 필요하다는 사실이 말할 수 없이 슬프게 느껴졌습니다.

그 장소의 아름다움이나 그것을 건설하는 데 요구되었던 기술력을 감상하는 동안 그 보안 조치들이 방해가 된 것은 전혀 아닙니다. 그러나 이런 장소를 몇 군데 더 방문하고 나니 그 보안 조치들은 내가 알아차리게 된 다른 사실과 정확히 들어맞기 시작했습니다. 물질적으로 편안한 문명 속에 사는 사람들은 참으로 쉽게 미소를 짓곤 하지만 그들의 눈에는 거의 언제나 불만족감이, 심지어는 절망감까지 드러나 있었습니다. 또한 대중 강연과 개인 상담 시간에 사람들이 질문한 내용은 대개 어떻게 하면 예전보다 심리적으로 더 나아지고 강해질 수 있는가, 어떻게 하면 '자기혐오'를 극복할 수 있는가가 주요 핵심이었습니다.

기술적 물질적 성취로 특징지을 수 있는 사회에 살고 있는 사람들이 상대적으로 덜 개발된 지역에 사는 사람들만큼이나 고통, 불안, 외로움, 고립감, 절망감을 느끼기 쉽다는 사실이 더 많은 곳을 여행할수록 내게 점점 분명해졌습니다. 여러 해 동안 대중 강연이나 개인

상담 시간에 아주 핵심적인 질문들을 몇 가지 던져 본 뒤, 나는 다음과 같은 사실을 알아차리게 되었습니다. 외부적 혹은 물질적 발전 속도가 내면적 지식의 개발 속도보다 빨라지면 마음속에서 갈등을 처리하는 방법도 알지 못한 채 사람들이 깊은 감정적 갈등을 겪게 된다는 것을. 물질적 풍요로움은 마음을 산만하게 하는 외부적인 요소를 너무도 다양하게 제공하기 때문에 사람들은 내면의 삶과의 연결을 잃어버리게 됩니다.

예를 들어 새로운 레스토랑에 가거나 새로운 관계를 시작하거나 다른 직장으로 옮겨 감으로써 기대감을 갈구하는 사람들의 숫자를 한번 생각해 보십시오. 한동안 그 새로움은 어떤 자극적인 느낌을 주는 듯합니다. 그러나 결국 흥분은 사라지고 새로운 기분, 새로운 친구, 새로운 책임감은 진부한 것이 되고 맙니다. 처음에 느꼈던 모든 행복은 사라져 버립니다.

그래서 그들은 해변으로 가기 같은 새로운 전략을 시도해 봅니다. 그리고 한동안은 이것도 만족스러워 보입니다. 햇볕은 따뜻하고, 바닷물의 느낌도 좋고, 완전히 새로운 사람도 한 무리씩 만나게 되고, 제트 스키(엔진과 핸들이 있는 소형 배를 타는 스포츠)나 파라세일링(낙하산을 메고 모터보트를 타다가 공중으로 떠올라 비행을 즐기는 스포츠)처럼 새롭고 신나는 활동도 있을 것입니다. 그러나 얼마 지나지 않아 그 해변도 지겨워집니다. 날마다 똑같은 대화가 되풀이되고, 모래는 피부에 깔끄럽게 느껴지고, 태양은 너무 강렬하거나 그렇지 않으면 구름 뒤편에 숨은 상태이고, 바닷물은 차가워집니다. 그러니 이제는 다른 해변으로, 어쩌면 다른 나라로 옮겨 갈 시간입니다. 마음은 제 나름의 만트라를 만들어 냅니다.

'난 타히티(남태평양에 위치한 아름다운 섬)에 가고 싶어……. 타히티……. 타히티…….'

이런 모든 해결책의 문제점은 그것이 본래 일시적이라는 점입니다. 모든 현상은 원인과 조건이 함께 작용하여 나온 결과이므로 어떤 종류의 변화를 불가피하게 겪기 마련입니다. 행복의 경험을 만들어 내고 지속시켰던 근본 원인이 변하게 되면 대부분의 사람들은 결국 다른 사람이나 장소, 날씨 등 외부 조건을 탓하게 됩니다. 혹은 '좀 더 훌륭한 말이나 현명한 말을 했어야 했는데.' '다른 곳으로 갔어야 했는데.' 하고 자신을 탓하게 됩니다. 그러나 이것은 우리에게 행복을 '가져다주어야 한다고' 배우고 믿은 사물이나 자기 자신에 대해 자신감을 상실했음을 반영하는 것입니다. 비난은 행복 찾기를 더욱 어렵게 만들 뿐입니다.

더 큰 문제는 대부분의 사람들이 행복이 무엇인지에 대해 그다지 뚜렷한 개념을 갖고 있지 않다는 점입니다. 따라서 예전에 그토록 없애고 싶어 하던 불만족스러운 상태로 스스로를 다시 끌어들이는 조건을 자신이 만들어 내고 있음을 발견하게 됩니다. 사정이 그러하다면 행복과 불행 그리고 이것들의 근본 원인을 좀 더 자세히 살펴보는 것이 좋겠습니다.

감정적인 신체

테니스를 치는 중심 기관이 하나로 존재하는 것이 아니듯
감정을 주관하는 중심도 한 가지로 존재하지 않는다.

리처드 데이비드슨 '〈파괴적인 감정-어떻게 극복할 것인가〉에서 인용'

감정이 만들어질 때 우리 몸은 우리 대부분이 인식하고 있는 것보다 훨씬 큰 역할을 합니다. 그 과정은 지각 작용에서 시작됩니다. 우리가 이미 알고 있듯이 지각 작용은 감각기관으로부터 뇌 쪽으로 정보를 전달하는 것을 포함하며, 뇌에서는 지각한 대상이 개념적으로 표현됩니다. 일단 사물을 지각하고 인식하면, 감정적인 반응이 만들어지고, 이어서 이것이 일종의 신체적 반응을 형성할 것이라고 우리 대부분은 아주 자연스럽게 추측합니다.

그러나 사실은 그 반대 과정이 일어납니다. 시상은 뇌의 분석 영역(신피질)이라는 높은 곳까지 메시지를 보낼 때 동시에 편도체로도 '적색경보'를 보냅니다. 편도체는 대뇌변연계에 위치하고 있으며 호두같이 생긴 작고 재미난 신경 구조물입니다. 앞에서도 설명했듯이 감정적 반응, 특히 두려움과 분노를 관장합니다. 편도체가 시상과 매우 인접해 있기 때문에 이 적색경보는 신피질로 보내진 메시지보다 훨씬 빨리 이동해 편도체에 도착합니다. 그 신호를 받는 즉시 편도체는 일련의 신체적 반응에 시동을 걸어 심장과 폐를 활성화하고, 팔, 가슴, 복부, 다리의 주요 근육군, 그리고 아드레날린 같은 호르몬 생성 기관도 활성화합니다. 뇌의 분석부가 이 신체 반응을 특정한 감정과 관련지어 해석하는 것은 신체가 반응한 '이후'일 뿐입니다. 다시 말해 당신은 무서운 것을 보고, 두려움을 느끼고, 그 후 달리는 것이 아닙니다. 당신은 무서운 것을 보고, 달리기 시작하고-심장이 요동치고 아드레날린이 몸속에서 급등하기 때문에, 그 후 신체 반응을 두려움으로 해석합니다. 그러나 대부분의 경우 신피질과 같은 뇌의 나머지 부분이 불과 수백만 분의 일초 만에 신체를 일단 뒤따라 잡게 되면, 당신은 자신의 반응을 평가하고 그것이 적절한지 결정할 수 있을 뿐 아니라 특정 상황에 맞도록 행동을 조절할 수도 있습니다.

이런 평가 결과는 최근에야 과학자들이 사용할 수 있게 된 기술을 이용해서 실제로 측정할 수 있습니다. 두려움, 역겨움, 혐오감 같은 감정은 오른쪽 전두엽에서 뉴런 활동이 증가되어 그 일부가 나타납니다. 이 부분은 우뇌의 가장 앞부분에 위치한 신피질 영역입니다. 한편 기쁨, 사랑, 자비, 자신감 같은 감정은 왼쪽 전두엽의 뉴런들 사이에서 그 활동이 상대적으로 크게 측정될 수 있습니다.

내가 설명 듣기로 어떤 경우에는 자신의 반응을 평가하는 우리의 능력이 억제되어 우리는 아무 생각 없이 상황에 반응하게 된다고 합니다. 이런 경우는 편도체의 반응이 너무도 강력하기 때문에 신피질 같은 더 고차원의 뇌 구조물이 반응할 때 합선이 일어난 것입니다. 이런 강력한 '비상 반응' 메커니즘은 의심할 여지 없이 생존에 중요한 이익을 줍니다. 그것은 우리로 하여금 전에 먹고 체했던 음식을 식별하게 하거나 공격적인 동물을 피할 수 있게 합니다. 하지만 편도체에 저장된 뉴런 패턴은 예전과 아주 조금만 유사성을 띠는 사건에 의해서도 쉽게 자극될 수 있습니다. 따라서 현재 일어나고 있는 일에 대한 우리의 지각을 왜곡시킬 수 있습니다.

상태와 특성

모든 것은 상황에 달려 있다.

파툴 린포체 〈내 완벽한 스승님의 말씀〉

과학적인 관점에서 감정은 단기적인 사건 아니면 장기적인 조건으로 볼 수 있습니다. 단기적인 사건은 집 주변 어딘가를 수리하려다 망치로 엄지손가락을 내리치는 실수를 했을 때 경험하게 되는, 갑작스럽게 터지는 분노일 것입니다. 또는 누군가 우리에게 진심어린 찬사를 보냈을 때 느끼는 으쓱한 기분일 것입니다. 이렇게 상대적으로 단기적인 사건을 과학 용어로 종종 '상태'라고 부릅니다.

어린아이에게 느끼는 사랑이나 과거 사건에 대해 계속 남아 있는 원한처럼 시간이 흘러도 갖가지 상황에서 지속되는 감정은 '특성'이나 '기질'이라고 부릅니다. 우리 대부분이 한 사람의 성격을 나타낸다고 여기는 것입니다. 예를 들어, 대개 미소를 짓고 에너지가 넘치며 다른 사람에게 늘 좋은 말을 건네는 사람을 우리는 '쾌활한' 사람이라고 말하기 쉽습니다. 반면에 툭하면 찡그리고 조급하게 뛰어다니며 책상에 구부리고 앉아 사소한 일에도 성질을 부리는 사람은 '신경질적인' 사람이라고 생각하기 쉽습니다.

상태와 특성의 차이는 이공계 학위가 없는 사람에게도 매우 명확합니다. 만약 망치로 엄지손가락을 내리치게 되었다면 당신이 경험하는 분노는 상당히 빨리 지나갈 것이고 그 분노로 인해 일생 동안 망치를 무서워하게 되지는 않을 것입니다. 감정적인 특성은 좀 더 미묘합니다. 대부분의 경우 우리는 자신이 근심스러운 마음으로 잠에서 깨는지 설레는 마음으로 일어나는지 날마다 알아차릴 수 있지만, 우리 기질의 표시는 우리와 긴밀히 접촉하고 있는 다른 사람들에게 일정한 시간이 지나야 차츰 분명해집니다.

감정적인 상태는 뉴런들의 수다가 아주 빠르게 분출된 것입니다. 반면 특성은 뉴런에게 있어 오랫동안 헌신적으로 지속해 온 관계와 비슷한 개념입니다. 이렇게 장기간 지속된 연결은 그 근원이 다를 수 있습니다. 일부는 유전적 근거를 가질 수 있고, 일부는 심각한 트라우마(심리학에서 말하는 정신적 외상 혹은 충격)로 만들어졌을 수 있습니다. 또 다른 것들은 유년 시절과 청소년기에 받은 생활 습관 교육처럼 단지 지속적, 반복적 경험의 결과로 발달되었을 수도 있습니다.

근원이 무엇이든 감정적인 특성은 사람들이 나날의 경험을 특징짓고 그 경험에 반응하는 방식에 조건적인 영향을 줍니다. 예를 들어 두려움이나 우울함을 느끼기 쉬운 사람은 공포심을 갖고 상황에 접근할 가능성이 높고, 자신감이 발달한 사람은 똑같은 상황에 더 침착하고 확신에 찬 태도로 접근할 것입니다.

조건 인자

> 수레를 끄는 소의 뒤에 수레바퀴가 따라오듯
> 부정적인 생각 뒤에는 고통이 따라온다.
> 붓다 〈법구경〉

생물학과 신경 과학은 우리가 유쾌한 감정이나 불쾌한 감정을 경험할 때 우리 뇌 속에서 무슨 일이 일어나고 있는가를 알려 줍니다. 불교는 우리 스스로가 이런 경험을 좀 더 분명히 이해하도록 도와줄 뿐 아니라, 우리의 생각, 감정, 지각을 계속 변화시키는 수단을 제공하여 기초적인 세포 수준에서 더 행복하고 더 평화롭고 더 사랑이 넘치는 인간이 될 수 있게도 합니다.

붓다가 가르쳐 준 방법을 통해 깨어 있는 마음으로 관찰하며 주관적으로 바라보든 현대 실험실에서 이용할 수 있는 기술을 통해 객관적으로 바라보든, 우리가 마음이라고 부르는 것은 두 개의 기본 사건이 끊임없이 변화하며 만들어지는 충돌로 나타납니다. 있는 그대로의 인식과 조건 인자가 그것입니다. 있는 그대로의 인식은 어떤 일이 일어나고 있다는 단순한 자각입니다. 조건 인자는 우리가 지각하고 있는 것을 설명할 뿐 아니라 우리 반응을 결정하기도 하는 과정입니다. 다시 말해 '모든' 정신 활동은 있는 그대로의 인식과 장기간의 뉴런 연합이 결합하여 이루어진 활동으로부터 생겨납니다.

나의 스승인 살자이 린포체가 거듭 반복한 가르침 중 하나는 이것이었습니다. 내가 행복해지려면 강박적인 반응 혹은 특성에 기인한 반응을 만들어 내는 조건 인자를 인식하고 다루는 법을 배워야 한다는 것. 판단하지 않고 사물을 있는 그대로 보려는 우리의 능력을 흐리게 하는 한 어떤 인자도 강박적이라고 볼 수 있다는 것이 그분 가르침의 본질이었습니다. 예를 들어 누군가 나에게 소리 지르고 있다면 우리는 '아, 이 사람은 목소리를 높이고 있고 이런저런 말을 하고 있구나.'라는 있는 그대로의 인식과 '이 사람 얼간이로군.' 하는 감정적 반응을 구분할 시간이 거의 없을 것입니다. 그 대신에 우리는 있는 그대로의 인식과 감정적 반응을 하나의 묶음으로 결합하는 경향이 있습니다.

'이 사람은 얼간이라서 나에게 소리를 지르고 있군.'

한 걸음 뒤로 물러서서 상황을 좀 더 객관적으로 볼 수 있다면 우리에게 소리를 지르는 사람들이 우리와는 관계없는 일에 화가 나 있다는 사실을 알게 될 것입니다. 어쩌면 그들은 방금 전 상사에게 꾸중을 듣고서 해고당할까 봐 두려워하고 있을지 모릅니다. 어쩌면 가까운 사람이 매우 아프다는 사실을 조금 전에 알게 되었는지도 모릅니다. 혹은 친구나 배우자와 말다툼을 한 뒤 잠을 잘 못 잤을지도 모릅니다. 안타깝게도 조건의 영향이 너무도 강하기 때문에 우리는 자신이 한 걸음 뒤로 '물러설 수 있음'을 대부분 기억하지 못합니다. 또한 이해 범위가 제한되어 있기 때문에 자신이 보는 작은 부분이 전체 진실이라고 잘못 생각합니다.

우리의 시야가 이렇게 제한적이고 모든 사실을 알지는 못하는데 어떻게 하면 적절하게 반응할 수 있을까요? 우리의 나날의 경험에 '온전한 진실과 오직 진실만을' 말하는 미국 법정의 기준(증인이 미국 법정에서 증언하기 전에 오직 진실만을 말할 것을 선서하는 내용)을 적용한다면, '온전한 진실'이란 모두가 다만 행복해지기를 원한다는 것임을 깨닫게 될 것입니다. 정말로 안타까운 사실은 대부분의 사람들이 실제로는 자신의 시도를 방해하는 방식으로 행복을 찾는다는 것입니다. 우리가 어떤 상황의 온전한 진실을 볼 수 있다면 우리의 유일한 반응은 자비 하나밖에 없을 것입니다.

마음의 괴로움

누가 어떻게
지옥의 무기를 만들었는가?

산티데바 〈입보리행론〉

조건 인자를 불교 용어로는 종종 '번뇌(마음의 괴로움)'라고 하고 때로는 '독'이라고 부릅니다. 불교 심리학 문헌들에 다양한 조건 인자가 조사되어 있지만 세 가지 주된 괴로움은 모두 똑같이 파악됩니다. 그 세 가지는 사물을 있는 그대로 보는 능력을 저해하는 다른 모든 인자의 기초가 되는 것으로, 무지(치癡), 집착(탐貪), 혐오(진瞋)입니다.

무지

무지는 색안경을 통해 세상을 바라보듯 마음의 무한한 가능성과 밝음과 강인함을 인식할 수 없는 근본적인 무력함입니다. 우리에게 보이는 것은 모두 안경 색깔에 의해 가장되고 왜곡됩니다. 가장 본질적인 차원에서 무지는 자각이라는 근본적으로 열려 있는 경험을 왜곡시킵니다. 그리하여 이원론적 구분을 만들어 그 경험을 본래 존재하는 '나'와 '다른 것'이라는 범주로 나누어 놓습니다.

따라서 무지는 이중적인 문제입니다. 우리 자신을 하나의 독립적으로 존재하는 '나'로 여기는 뉴런들의 습관이 일단 형성되면, 우리는 어쩔 수 없이 '나'가 아닌 것은 모두 '다른 것'으로 보기 시작합니다. '다른 것'은 무엇이든 될 수 있습니다. 탁자나 바나나, 다른 사람도 될 수 있고, 심지어 '나'가 생각하고 있거나 느끼고 있는 것도 될 수 있습니다. 어떤 면에서는 우리가 경험하고 있는 모든 것이 낯선 존재가 됩니다. 그리고 '나'와 '다른 것' 사이의 구분에 익숙해짐에 따라 자신을 이원론적 지각 방식 속으로 가두고 '나'와 '바깥 세계' 사이에 개념적인 경계선을 긋게 됩니다. 바깥 세계는 너무도 광대해 보이기 때문에 우리는 스스로를 아주 작고 제한적이고 상처받기 쉽다고 생각하게 될 수밖에 없습니다. 우리는 다른 사람들과 물질적인 대상 등을 행복과 불행의 잠재적인 원천으로 보기 시작합니다. 그리고 삶이라는 것은 발버둥이 됩니다. 행복해지기 위해선 우리가 원하는 것을 다른 사람이 붙잡기 전에 얻어야만 하는.

이런 발버둥은 산스크리트 어로 '삼사라'로 알려져 있습니다. 문자 그대로는 '바퀴'나 '원'을 의미합니다. 구체적으로는 불행의 바퀴나 원을 말하며, 매번 다른 결과를 기대하면서 반복적으로 같은 경험을 쫓아 제자리를 맴도는 습관을 말합니다. 개나 고양이가 자신의 꼬리를 뒤쫓아 다니는 모습을 본 적이 있다면 당신은 삼사라의 본질을 본 것입니다. 어떤 동물이 자신의 꼬리를 뒤쫓아 다니는 모습을 지켜볼 때는 우스울 수 있지만 자신의 마음이 똑같은 행동을 할 때는 그렇게 우습지가 않습니다.

삼사라의 반대는 '니르바나'입니다. 대개 '공'으로 완전히 잘못 이해되는 용어입니다. 니르바나는 '없애다', 혹은 촛불을 '끄다'라고 할 때의 '끄다'로 대략 번역되는 산스크리트 어이며, 에고나 '나'라는 관념을 없애거나 '끔'으로써 생겨나는 완전한 축복이나 행복 상태로 종종 해석됩니다. 이 해석은 어느 정도는 정확합니다. 우리 대부분이 도덕적, 윤리적, 법적, 물리적 구분이 있는 상대적 실체의 세계에서 육체를 가진 존재로 삶을 영위하고 있다는 사실을 고려하지 않는다는 점을 제외하고는.

상대적인 구분을 따르지 않고 이 세상을 살아가려는 것은 오른손잡이나 왼손잡이로 태어난 결과를 피하려고 하는 것만큼이나 어리석고 힘들 것입니다. 핵심이 무엇일까요? 니르바나를 좀 더 정확히 해석하자면 넓은 시야를 자각의 관점으로 채택하는 것입니다. 즐거운 것이든 고통스러운 것이든 모든 경험을 받아들이는 넓은 시야입니다. 자연스레 대부분의 사람들은 행복의 '고음부'만을 경험하고 싶어 합니다. 그러나 나의 제자 중 한 명이 최근에 지적했듯이 베토벤 교향곡에서, 혹은 같은 목적으로 모든 현대 음악에서도 만약 '저음부'를 제거한다면 상당히 저급하고 얕은 소리가 나는 것을 경험하게 될 것입니다.

삼사라와 니르바나를 관점으로 생각하면 아마도 이해하기가 가장 쉬울 것입니다. 삼사라는 경험을 고통스럽거나 불쾌한 것으로 규정하고 동일시하는 데 주요 토대를 둔 관점입니다. 니르바나는 근본적으로 객관적인 마음 상태입니다. 판단 없이 경험을 받아들이는 것입니다. 이것은 우리의 마음을 열게 해서, 해결 방안을 보게 될 가능성을 제공합니다. 개인으로서의 우리의 생존에 직접적인 관련이 없겠지만 자각 능력을 가진 그 모든 존재의 생존에는 관련이 있을 해결 방안을 볼 수 있습니다.

이제 세 가지 주된 번뇌 중 두 번째 내용으로 다시 돌아갑시다.

집착

앞에서 말했듯이 '나'를 '다른 것'과 분리시켜 지각하는 것은 본질적으로 생물학적인 메커니즘입니다. 즉 뉴런들의 수다의 확립된 패턴입니다. 이 뉴런들은 신경계의 다른 부분으로 끊임없이 신호를 보내고 있습니다. 우리들 각각은 독립적으로 존재하는 개별적인 생명체이고 이 존재를 지속하기 위해서는 어떤 것들이 필요하다는 신호를 보냅니다. 우리는 육체를 갖고 살아가기 때문에 우리가 필요로 하는 것들 중 일부는 산소, 음식, 물처럼 실로 없어서는 안 되는 것입니다. 또한 나와 이야기를 나눈 사람들이 갓난아기의 생존을 연구한 바에 따르면 생존에는 신체를 보살피는 행위가 일정량 필요하다고 합니다. 누군가 우리를 만져야 하고, 누군가 우리에게 말을 걸어야 하며, 누군가 우리 존재를 인정한다는 단순한 사실이 필요합니다.

그러나 생물학적으로 필수인 것들을 기본적인 생존과 상관없는 영역으로 일반화할 때는 문제가 생깁니다. 이 일반화를 불교 용어로 '집착' 혹은 '욕망'이라고 합니다. 무지와 마찬가지로 순전히 신경학적 근거를 가진다고 볼 수 있습니다.

예를 들어 초콜릿 같은 것을 먹고 기분이 좋아지면 우리는 초콜릿과 즐거움의 신체 감각을 동일시하는 뉴런 연결망을 형성합니다. 초콜릿 자체가 좋거나 나쁘다는 말이 아닙니다. 초콜릿 안에는 즐거움의 신체 감각을 형성하는 많은 화학 물질이 들어 있습니다. 문제를 만드는 것은 초콜릿에 대한 뉴런들의 집착입니다.

집착은 여러 면에서 중독에 필적할 만합니다. 중독은 완전함이라는 환상을 만들기 위해 외부적인 사물이나 경험에 강박적으로 의존하는 것입니다. 불행히도 다른 중독들처럼 집착도 시간이 갈수록 강해집니다. 원하던 물건이나 사람을 얻었을 때 어떤 만족감을 경험하든 그것은 지속되지 않습니다. 오늘이나 이번 달 혹은 올해에 우리를 행복하게 한 그 무엇이나 누군가는 변하기 마련입니다. 상대적인 실체에서는 변화라는 것만이 유일하게 변화하지 않는 것입니다.

붓다는 집착을 바닷물 마시기에 비유했습니다. 더 많이 마실수록 목은 더 말라 옵니다. 마찬가지로 우리 마음이 집착에 의해 조건 지어지면 아무리 많은 것을 갖고 있더라도 결코 만족하지 못합니다. 우리는 순수한 행복의 경험과 우리를 일시적으로 행복하게 하는 대상을 구별할 능력을 상실하게 됩니다. 그 결과 사물에 의존하게 될 뿐 아니라 특정한 뉴런 패턴도 강화하게 되는데, 이 뉴런 패턴은 행복을 얻기 위해서는 외부적인 요소에 의존하도록 우리를 조건 짓습니다.

당신은 초콜릿을 다른 많은 사물로 대체할 수도 있습니다. 다른 어떤 사람에게는 관계가 행복의 열쇠입니다. 그들은 매력적인 사람을 발견하게 되면 그 사람에게 다가가기 위해 가능한 온갖 방법을 시도할 것입니다. 하지만 그 사람과 마침내 가까워지면 그 관계가 상상했던 것만큼 만족스럽지는 않다는 사실이 드러나고 맙니다. 왜인가요? 집착의 대상이 실제로는 외부적인 것이 아니기 때문입니다. 그것은 뇌 속의 뉴런이 지어낸 이야기일 뿐입니다. 그리고 그 이야기는 원하던 것을 이룸으로써 얻으리라 생각했던 것에서부터, 원하던 것을 얻지 못하면 두려워하게 될 것에 이르기까지 수많은 차원에서 다양하게 펼쳐집니다.

또 어떤 사람들은 복권 당첨과 같은 엄청난 행운을 경험한다면 매우 행복해질 것이라고 생각합니다. 그러나 나의 제자 중 한 명에게서 들은 필립 브링크먼의 흥미로운 연구에서는 근래 복권에 당첨된 사람들이 벼락부자가 되는 흥분을 경험하지 못한 대조군보다 더 행복한 것은 아니라는 사실이 드러났습니다. 사실상 처음의 황홀감이 사라지면 복권에 당첨되었던 사람들은 그런 커다란 변화를 경험하지 못했던 사람들보다 일상적인 즐거움을 '더 적게' 느끼게 된다는 결과가 보고되었습니다. 친구와 담소를 나누거나 칭찬을 듣거나 단순히 잡지를 읽는 것 같은 일상적인 즐거움을.

이 연구는 얼마 전 들은 이야기 하나를 생각나게 합니다. 당첨금이 수십억 원대인 복권을 샀던 어느 노인에 대한 이야기입니다. 복권을 사고 얼마 지나지 않아 그 노인의 심장에 문제가 생겼습니다. 그는 병원에 입원해서 한 의사에게 치료를 받게 되었는데 의사는 침대에서 절대 안정을 취할 것을 노인에게 명했고 과도한 흥분을 일으킬 수 있는 것은 절대적으로 모두 금지시켰습니다. 그런데 노인이 입원해 있는 동안 그의 복권이 실제로 당첨되었습니다. 물론 노인은 병원에 있었기 때문에 자신의 행운에 대해 알지 못했지만, 그의 자식들과 부인은 이것을 알게 되었고 그 소식을 노인에게 전하기 위해 병원으로 달려갔습니다.

입원실로 가는 길에 그들은 담당 의사를 만나게 되어 의사에게 노인의 행운을 전부 이야기했습니다. 그들이 말을 마치자마자 의사는 일단 노인에게는 아무 말도 하지 말아 달라고 요청했습니다. 의사는 설명했습니다.

"그 이야기를 들으면 너무 흥분하실 수 있고, 그러면 심장에 무리가 와 돌아가실 수도 있습니다."

노인의 부인과 자식들은 좋은 소식이 노인의 상태를 호전시키는 데 도움이 될 것이라고 믿었기 때문에 의사와 승강이를 벌였습니다. 그리고 노인이 지나치게 흥분하지 않도록 의사가 그 소식을 천천히 조심스럽게 전하는 것에 결국 합의하게 되었습니다.

노인의 부인과 자식들이 복도에 앉아 기다리는 동안 의사가 병실로 들어갔습니다. 의사는 노인에게 증상이 어떤지, 기분이 어떤지 등 여러 가지 질문을 던지며 말을 꺼냈습니다. 잠시 후 의사가 아주 무심하게 물었습니다.

"혹시 최근에 복권을 사신 적이 있나요?"

사실 입원하기 직전에 복권을 하나 샀노라고 노인이 대답했습니다. 의사가 물었습니다.

"만약 복권에 당첨된다면 기분이 어떨 것 같습니까?"

노인이 대답했습니다.

"글쎄요. 내가 당첨된다면 물론 좋겠지요. 하지만 당첨되지 않아도 그것 역시 괜찮을 겁니다. 나는 늙은이라 오래 살지 못해요. 당첨되든 안 되든 별 상관 없소이다."

의사는 순전히 이론적인 이야기를 하는 사람처럼 말했습니다.

"실제로는 그렇게 느끼지 못할 겁니다. 만일 복권에 당첨된다면 정말로 흥분될 겁니다. 그렇죠?"

그러나 노인은 이렇게 응답했습니다.

"그렇지만은 않소. 사실 나를 더 기분 좋게 하는 방법을 당신이 찾을 수만 있으면 그 돈의 절반을 기꺼이 당신에게 주겠소."

의사는 웃으며 말했습니다.

"그런 생각은 하지도 마십시오. 나는 그냥 물어본 것뿐이니까요."

그러나 노인은 고집을 꺾지 않았습니다.

"아니오. 진심이라오. 만일 내가 복권에 당첨된다면 당첨금의 절반을 정말로 당신에게 주겠소. 당신이 내 기분을 더 좋게 할 수만 있다면 말이오."

의사는 또다시 웃으며 농담 삼아 이야기했습니다.

"차라리 당첨금의 절반을 나한테 주겠다는 각서를 쓰지 그러세요?"

"물론이오. 왜 안 되겠소?"

노인은 의사의 말에 동의하며 침대 옆 탁자로 손을 뻗어 종이 뭉치를 집어 들었습니다. 노인은 자신이 얻게 될 모든 복권 당첨금의 절반을 의사에게 준다는 각서를 천천히 힘주어 쓰고 난 뒤 서명하여 의사에게 건네주었습니다. 그 각서와 서명을 보자 의사는 그렇게 엄청난 액수의 돈을 얻게 된다는 생각에 너무도 흥분해서 그 자리에 쓰러져 죽고 말았습니다.

의사가 쓰러지자마자 노인이 소리치기 시작했습니다. 소리를 들은 노인의 부인과 자식들은 의사가 임무를 제대로 완수한 것인지, 그 소식이 실제로 노인을 너무 흥분시킨 것은 아닌지, 심장에 무리가 와서 노인이 사망한 것은 아닌지 걱정되었습니다. 그들은 병실 안으로 황급히 달려왔지만 노인은 침대에 앉아 있었습니다. 오히려 의사만 바닥에 쓰러져 있는 것을 발견했습니다. 간호사와 다른 병원 관계자들이 의사를 살려 내려고 분주해 하는 동안 노인의 가족은 노인에게 복권에 당첨된 사실을 조용히 알려 주었습니다. 놀랍게도 노인은 자신이 수십억 원에 당첨되었다는 사실을 알고도 그다지 흥분하는 것 같지 않았고, 전혀 피해를 입지 않았습니다. 사실 몇 주 뒤 그는 상태가 호전되어 퇴원했습니다. 그는 새로운 부를 누릴 수 있어서 물론 기뻤지만 그것에 별로 집착하지는 않았습니다. 반면 그 의사는 그렇게 많은 돈을 가지게 된다는 생각에 너무도 집착했고 극도로 흥분했기 때문에 심장이 그 부담을 이기지 못해 쓰러진 것입니다.

혐오

모든 강한 집착은 그 집착만큼 똑같이 강한 두려움을 만들어 냅니다. 그것은 원하는 것을 얻지 못하게 되거나 이미 얻은 것을 모두 잃게 될 것이라는 두려움입니다. 이 두려움을 불교 용어로 '혐오'(진에瞋)

恚, 자기 뜻대로 되지 않는 것을 노여워함)라고 합니다. 이것은 상대적인 실체가 비영구적인 본성을 지니기 때문에 일어나는 어쩔 수 없는 변화들에 저항하는 것입니다.

독립적으로 존재하며 지속되는 자아라는 관념은 우리로 하여금 막대한 노력을 기울여 피할 수 없는 변화에 저항하도록 강요하며, 이 '자아'가 안전하고 확실하게 유지된다고 확신하게 합니다. 우리를 완전하고 온전하다고 느끼게 만드는 어떤 조건을 달성했을 때 우리는 모든 것이 바로 그대로 머물기를 바랍니다. 이런 완전함을 느끼게 하는 것에 깊이 집착할수록 상실의 두려움은 더욱 커지고 그것을 잃었을 때의 고통은 더욱 심해집니다.

여러 면에서 혐오는 자기실현적 예언(발생하지 않을 수도 있는 사건이 예언의 영향을 받아 나타나는 현상)입니다. 혐오는 지속적인 평화와 안정감, 만족감을 가져다주리라고 여기는 것들을 얻으려고 할 때 실제로는 우리의 노력이 반드시 실패하도록 우리의 행동을 조종합니다. 강하게 끌리는 사람 옆에서 자신이 어떻게 행동하는지 잠시 생각해 보십시오. 당신은 그 사람이 봐 주었으면 하는 정중하고 교양 있고 자신감 있는 사람처럼 행동합니까, 아니면 갑자기 저도 모르게 혀 짧은 바보가 되고 맙니까? 그 사람이 다른 사람과 이야기 나누고 웃음을 터뜨리면 당신은 상처받거나 질투심에 불타 자신의 고통과 질투를 사소하게 혹은 공공연하게 드러내게 됩니까? 또 그 사람에게 지독하게 집착해서 그 사람이 당신의 극성스러움을 감지하여 당신을 슬슬 피하게 되는 정도까지 이르고 맙니까?

혐오는 특정한 정신적 구조를 형성하는 뉴런 패턴을 강화합니다. 자신을 제한적이고 허약하고 불완전하다고 여기는 뉴런 패턴입니다.

당신은 이 정신적으로 구조화된 '자아'의 독립성을 약화시키는 모든 것을 위협으로 지각합니다. 그러므로 잠재적 위험을 경계하느라 막대한 양의 에너지를 무의식적으로 소비합니다. 아드레날린이 몸속을 마구 돌아다니고 심장이 요동치고 근육이 긴장하며 폐가 미친 듯이 펌프질합니다. 이런 감각은 모두 스트레스 증상입니다. 많은 과학자들에게 듣기로 이것은 우울증, 수면 장애, 소화 불량, 발진, 갑상선 기능 장애, 신장 기능 장애, 고혈압, 심지어 콜레스테롤 수치 증가 등 온갖 종류의 크나큰 문제를 불러올 수 있다고 합니다.

순전히 감정적인 차원에서 혐오는 분노와 증오로까지 나타나는 경향이 있습니다. 자신이 느끼는 불행이 모두 마음속에서 구성된 이미지를 토대로 한 것임을 깨닫는 대신, 당신은 자신의 고통에 대해 다른 사람이나 외부적인 대상, 상황을 탓하는 것이 너무도 당연하다고 생각합니다. 사람들이 당신이 원하는 것을 얻지 못하게 막는 듯한 행동을 할 때, 당신은 그들이 믿을 수 없거나 비열하다고 생각하게 되고 그들을 피하거나 반격할 방법을 찾습니다. 분노에 사로잡힌 채 모든 사람과 모든 사물을 적으로 봅니다. 그 결과 당신 내부 세계와 외부 세계는 점점 작아집니다. 결국 자신에 대한 신념을 잃게 되고, 두려움과 허약함의 감정을 만드는 특정한 뉴런 패턴을 강화시킵니다.

괴로움인가 기회인가?

이렇게 드문 인간 존재의 이점을 생각해 보라.
잠곤 콩툴 〈확신의 횃불〉

번뇌를 성격상의 결함으로 생각하기 쉽습니다. 그러나 그것은 우리 자신에게 내리는 평가절하가 될 것입니다. 감정을 느끼는 능력, 고통과 기쁨을 구별하는 능력, 본능적으로 반응하는 능력은 우리의 생존에 중요한 기능을 해 왔고 앞으로도 그러할 것입니다. 이 능력들은 주변 세상에서 일어나는 미묘한 변화들에 우리가 거의 즉각적으로 적응할 수 있게 하고, 이런 적응을 의식적으로 공식화시켜 자유자재로 기억해 내고 다음 세대로 넘겨줄 수 있게 합니다.

이런 특별한 민감성은 붓다가 가르친 가장 기초적인 가르침 한 가지에 힘을 더해 줍니다. 그것은 모든 자유와 기회를 지닌 이런 인간의 삶이 얼마나 값진 것인지, 그런 삶을 얻기가 얼마나 어려운지 그리고 그것을 잃기가 얼마나 쉬운지를 생각하는 것입니다.

당신이 인간의 삶을 우주적인 우연이라고 믿든, 카르마에 따른 수업이라고 믿든, 신성한 창조주의 작품이라고 믿든 관계없습니다. 상대적으로 낮은 비율의 인간에 비해 엄청나게 많은 수를 차지하며 이 행성을 우리와 공유하고 있는 다양한 생명체에 대해 잠시 멈추어 생각해 본다면 인간으로 태어날 확률이 극히 낮다는 결론을 내려야만 합니다. 그리고 현대 과학은 인간의 뇌가 보기 드물게 복잡하고 민감하다는 사실을 보여 주면서 인간으로 태어난 우리가 얼마나 운이 좋은지 상기시켜 줍니다. 주변 존재들의 감정을 감지하고 느낄 수 있는 바로 그 인간의 능력을 지니고 있기 때문입니다.

불교 관점에서 인간의 감정 성향이 지니는 습관적인 본성은 흥미로운 도전 과제입니다. 심리학적 습관을 관찰하는 데 현미경이 필요하지는 않습니다. 대부분의 사람들은 자신의 최근 관계를 살펴보는 것으로도 충분합니다. 그들은 이렇게 생각하면서 관계를 시작합니다.

'이번에는 달라질 거야.'

그러나 몇 주, 몇 달 혹은 몇 년 뒤에는 자신의 머리를 쥐어박으며 이렇게 생각합니다.

'아, 이럴 수가. 이건 내가 예전에 겪었던 관계와 완전히 똑같은 유형이잖아.'

혹은 자신의 직장 생활을 살펴볼 수 있습니다. 당신은 이렇게 생각하며 새로운 직장 생활을 시작합니다.

'이번에는 몇 시간씩 야근하며 시간을 보내고도 제대로 일하지 못했다고 비난받지 않을 테야.'

그러나 서너 달 동안 그 일에 몰두한 뒤 "나 오늘 저녁 안 되겠어. 할 일이 너무 많아."라고 말하기 위해 친구에게 전화를 걸거나 약속을 취소하고 있는 자신을 발견합니다.

의도는 좋았음에도 불구하고 당신은 다른 결과를 기대하면서 동일한 패턴을 반복하는 자신을 발견합니다. 여러 해 동안 나와 함께 일해 온 많은 사람들은 한 주를 버틴 뒤에 주말을 즐기게 될 것을 얼마나 꿈꾸고 있는지 말해 왔습니다. 그러나 주말이 지나고 나면 다음 한 주를 보내기 위해 책상 앞으로 돌아와 다음 주말에 대한 꿈을 꿉니다. 혹은 그들은 한 프로젝트를 완성하느라 얼마나 막대한 시간과 노력을 투자했는지 내게 이야기하지만 스스로 어떤 성취감도 느끼도록 내버려 두지 않습니다. 왜냐하면 목록에 있는 다음 업무를 시작해야 하기 때문입니다. 그들은 쉬고 있을 때도 지난주, 지난달, 심지어 지난해에 일어난 일에 마음을 빼앗겨 있다고 말합니다. 마음속에서 지나간 장면을 끊임없이 중계하고, 그 결과를 좀 더 만족스럽게 만들기 위해 무엇을 할 수 있었는지 알아내려고 애쓰면서.

다행히도 마음을 점검하는 데 점점 익숙해질수록 우리가 직면하고 있는 문제에 대한 해결책을 찾기가 더욱 쉬워집니다. 또한 집착, 분노, 스트레스, 불안, 두려움, 욕망 등 우리가 경험하는 모든 것이 단순히 자신의 마음이 만들어 낸 것임을 더욱 쉽게 깨닫게 됩니다.

외부 상황에 아랑곳하지 않고 내면의 풍요로움을 탐구하는 데 성실한 노력을 기울인 사람들은 자연스럽게 어떤 종류의 명성과 존경, 신뢰를 얻는 경향이 있습니다. 여러 가지 상황에서 그들이 하는 행동은 다른 사람에게 깊은 경의감과 존경심, 신뢰감을 불러일으킵니다. 그들이 세상에서 얻은 성공은 개인적 야망이나 주목받으려는 갈망과는 관계가 없습니다. 그것은 멋진 자동차나 아름다운 집을 소유하는 것 혹은 중요한 지위를 얻는 데서 나오지도 않습니다. 오히려 넓게 트여 있는, 긴장이 풀린 행복 상태로부터 나오며, 이것은 그들로 하여금 사람들과 상황을 더 분명하게 보게 할 뿐 아니라 개인적 상황에 관계없이 기본적인 행복감을 유지하게 합니다.

사실 우리는 돈이 많거나 유명하거나 혹은 영향력 있는 사람들에 대한 이야기를 종종 듣습니다. 자신들이 이룬 것이 기대했던 행복을 가져다주지 않음을 어느 날 인정할 수밖에 없게 된 사람들에 대해. 부와 권력에도 불구하고 그들은 고통의 바다에서 허우적거리고, 때로는 이것이 너무도 깊어서 자살이 유일한 탈출구인 듯합니다. 이런 강력한 고통은 사물이나 상황이 지속적인 행복을 만들 수 있다는 믿음에서 나옵니다.

당신이 영원한 평화와 만족의 기분을 진정으로 발견하고 싶다면 마음을 휴식하는 법을 배워야 합니다. 마음을 쉬게 할 때만이 그것이 본래 지닌 성질이 드러날 것입니다 진흙과 다른 침전물로 흐려진 물을 맑게 하는 가장 단순한 방법은 잠잠해질 때까지 그대로 놓아두는 것입니다. 이런 방식으로 마음을 쉬게 하면 무지, 집착, 분노, 그 밖의 모든 번뇌가 점차 진정되고, 마음속 자비와 밝음이 드러나며, 마음의 진정한 본성이 무한히 확장되어 나타날 것입니다.

9
자신에게 자유를 허락하라

'좋은' 생각이나 '나쁜' 생각이란 없다.
명상의 진정한 핵심은 어떤 일이
일어나든 일어나지 않든 순수한 자각
상태에서 휴식하는 것이다. 당신에게
무슨 일이 일어나든 다만 마음을 열고
그 일에 깨어 있고 그 일을 놓아 주라.
아무 일도 일어나지 않거나 혹은 당신이
알아차리기도 전에 생각 등이 사라져
버리면 그 자연스럽고 투명한 상태에서
다만 휴식하라.

고정되지 않은 상태에서 휴식하라.

괏상파 〈빛나는 보석 램프〉

이제 우리는 과학과 이론의 영역을 잠시 뒤로 하고 실제 적용법을 이야기하기 시작할 것입니다. 이것을 불교 용어로 '길道'이라고 합니다. 오래전에 들었던 한 남자에 대한 이야기로 시작할까 합니다. 그는 젊은 시절 수영 선수였는데 노년에 이르자 젊은 날의 수영만큼 몰두할 수 있는 다른 도전 과제를 찾아보기로 했습니다. 마침내 그는 수행자가 되기로 결심했습니다. 바다의 파도에 통달했듯이 마음의 파도에도 통달하리라 생각하면서. 그는 존경스러운 스승을 찾아냈고 스승에게 고개 숙여 절한 뒤 가르침을 전수받아 수행하기 시작했습니다. 그러나 흔히 그렇듯 명상은 쉽게 다가오지 않았습니다. 그래서 조언을 구하기 위해 스승을 다시 찾아갔습니다.

스승은 그에게 수행하는 모습을 관찰할 수 있도록 앉아서 명상을 해 보라고 말했습니다. 잠시 그 모습을 살펴본 다음 스승은 그 나이 든 수영 선수가 너무 용을 쓰고 있다는 사실을 알게 되었습니다. 그래서 긴장을 풀라고 이야기했습니다. 그러나 수영 선수는 그 간단한 지시조차 따르기 어려워했습니다. 긴장을 풀려고 하자 그의 마음은 떠다니게 되었고 몸은 웅크려졌습니다. 집중을 하려고 하자 몸과 마음이 너무 굳어졌습니다.

마침내 스승이 그에게 물었습니다.

"그대는 수영을 할 줄 알 테지. 그렇지 않은가?"

남자는 대답했습니다.

"물론입니다. 누구보다도 잘 압니다."

스승이 물었습니다.

"수영 능력은 근육을 완전히 긴장시키고 있을 때 생기는가, 아니면 완전히 이완시키고 있을 때 생기는가?"

나이 든 수영 선수는 대답했습니다.

"둘 다 아닙니다. 긴장과 이완 사이에서 균형을 찾아야 합니다."

"좋네."

스승은 말을 이었습니다.

"그럼 하나 묻겠네. 수영할 때 근육이 너무 긴장한다면 그대 스스로가 팔의 긴장을 만드는가, 아니면 다른 사람이 억지로 그대를 긴장하게 만드는가?"

남자는 입을 열기 전에 잠시 생각하더니 마침내 대답했습니다.

"저 이외의 어떤 사람도 제 근육을 억지로 긴장시키지 않습니다."

나이 든 수영 선수가 자신의 대답을 곱씹어 보도록 스승은 잠시 기다렸습니다. 그러고 나서 설명했습니다.

"만일 명상을 하는 동안 그대의 마음이 너무 굳어진다면 그대 스스로가 그 긴장을 만들고 있는 것이네. 하지만 그대가 모든 긴장을 놓아 버리면 마음이 너무 느슨해져서 졸리게 될 것이네. 수영 선수였을 때 그대는 긴장과 이완 사이에서 근육의 균형을 적절히 찾는 법을 배웠네. 명상할 때도 마음속에서 똑같은 평형을 찾을 필요가 있네. 그 평형을 찾지 못한다면 그대는 자신의 본성 안에 존재하는 완벽한 균형을 결코 깨달을 수 없을 것이네. 그대 본성 안에 있는 그 완벽한 균형을 일단 발견하게 되면 물속을 헤엄쳐 가듯 삶의 어떤 측면이든 통과해서 헤엄쳐 갈 수 있을 것이네."

아주 간단히 말하자면 가장 효과적으로 명상에 접근하는 방법은 결과에 너무 신경 쓰지 않으면서 최선을 다하는 것입니다.

지혜와 방편

> 산만해지지 않는다면 마음은 맑다.
> 휘저어지지 않는다면 물은 투명하다.
> 9대 걀와 카르마파 〈마하무드라-분명한 의미의 대양〉

그 스승이 나이 든 수영 선수에게 알려 주었던 구체적인 지시 사항은 사실 더 큰 가르침의 일부입니다. 그 가르침은 지혜와 방편 사이에서, 즉 철학적 이해와 철학의 실제적인 적용 사이에서 균형을 찾는 법에 대한 것입니다. 지혜는 그것을 적용하기 위한 실질적인 수단이 없으면 무의미합니다. 그 지점에서 방편이 도입됩니다. 마음을 깨닫기 위해 마음을 사용한다는 방편입니다. 사실 이것은 실제로 편리하게 사용되는 명상의 정의입니다. 명상은 세계 전역을 여행하면서 사람들로부터 들은 많은 용어 중 '황홀해지는 느낌' '텅 비어지는 상태' '점점 투명해지는 마음'이 아닙니다. 사실 명상은 현존하는 마음의 자연스러운 상태에서 휴식하는 아주 간단한 연습이며, 어떤 생각, 기분, 감정이 일어나도 단순하고 분명하게 그것들에 깨어 있는 연습입니다.

많은 사람들이 명상이라는 개념에 저항감을 가집니다. 왜냐하면 마음속에 떠오르는 첫 번째 이미지가 마음을 완전히 비운 상태에서 가부좌를 튼 채 허리를 펴고 몇 시간씩 앉아 있는 것이기 때문입니다. 이 중 어떤 것도 필요하지 않습니다.

첫째, 가부좌를 한 채 허리를 똑바로 펴고 앉는 자세는 익숙해지기까지 시간이 걸립니다. 컴퓨터나 텔레비전 앞에 구부정하게 앉아 있는 것이 일상적인 서양에서는 특히 그러합니다. 둘째, 마음이 생각과 느낌과 기분을 만들어 내지 못하게 막기란 불가능합니다. 생각은 마음의 자연적인 기능입니다. 태양의 자연적인 기능이 빛과 열을 만들어 내는 것이고, 폭풍우의 자연적인 기능이 번개와 비를 만들어 내는 것이듯. 처음 명상을 배우기 시작했을 때 나는 마음의 자연적인 기능을 억누르려는 것이 임시방편에 불과할 뿐이라고 들었습니다. 최악의 상황에서는, 마음을 변화시키려고 의도적으로 노력하면 생각과 느낌에 고정되려는 자신의 경향을 그것이 본래의 실체인 양 더욱 강화하기만 할 것입니다.

바다가 끊임없이 파도를 만들어 내듯 마음은 언제나 활동 중이고 늘 생각을 만들어 냅니다. 우리가 바다의 파도를 멈출 수 없듯이 우리는 우리의 생각도 멈출 수 없습니다. 자연스러운 상태에서 마음을 쉬게 하는 것은 모든 생각을 한꺼번에 멈추려고 하는 것과는 매우 다릅니다. 불교 명상법은 마음을 백지 상태로 만들려는 시도를 결코 포함하지 않습니다. 생각이 없어지는 명상을 성취할 길은 없습니다. 생각을 멈추게 할 수 있더라도 당신은 명상을 하고 있는 상태가 아닐 것입니다. 좀비 같은 상태에서 단지 떠다니고 있을 것입니다.

한편 생각, 감정, 기분을 바라보는 순간, 더 깊은 물속으로 돌연 헤엄쳐 가 버리는 물고기처럼 그것들이 사라진다는 사실을 알게 될 수도 있습니다. 이것 역시 좋은 일입니다. 사실 이것은 아주 좋습니다. 순수한 주시나 자각의 감각을 유지하고 있는 한, 생각과 감정 등이 당신을 피해 빠져나가더라도 당신은 마음의 참본성이 지닌 자연스러운 투명함과 공을 경험하고 있는 것입니다. 명상의 진정한 핵심은 어떤 일이 일어나든 일어나지 않든 순수한 자각 상태에서 휴식하는 것입니다. 무슨 일이 일어나든 다만 마음을 열고 그 일에 깨어 있고 그 일을 놓아 주십시오. 만약 아무 일도 일어나지 않거나 알아차리기도 전에 생각 등이 사라져 버리면 그 자연스럽고 투명한 상태에서 다만 휴식하십시오.

이보다 더 간단한 명상법이 어디 있겠습니까?

고려해야 할 또 다른 핵심은 비록 어떤 경험이 다른 경험보다 더 낫다, 더 적절하다, 더 생산적이다 하는 개념에 집착하고 있더라도 사실 '좋은' 생각이나 '나쁜' 생각이란 없다는 점입니다. 오직 생각만이 존재할 뿐입니다. 생각이나 느낌으로 해석하게 될 신호를 한 다발의 수다스런 뉴런들이 만들기 시작하면 곧바로 또 다른 집단이 그것을 평가하기 시작합니다. "아, '그건' 복수심에 불타는 생각이었어. 넌 정말 '나쁜' 사람이야." "넌 너무 '겁이 많아.' 넌 '정말' 무능한 사람임에 틀림없어." 명상은 실로 판단하지 않고 자각하는 과정입니다. 명상할 때 자신의 주관적인 경험에 대해 객관적인 과학자의 관점을 채택해야 합니다. 처음엔 쉽지 않을 겁니다. 어떤 것이 좋다고 생각하면 실제로도 그것은 좋은 것이고 어떤 것이 나쁘다고 생각하면 실제로도 그것은 나쁜 것이라고 믿도록 우리 대부분은 훈련되었습니다. 그러나 생각이 오고 가는 것을 단지 바라보는 수행을 하면 그런 견고한 구분이 무너지기 시작합니다. 짧은 시간 동안 일어나고 사라지는 그렇게 많은 정신 활동이 '모두' 사실일 수는 없음은 상식적으로도 알 수 있습니다.

단순히 마음의 작용을 알아차리도록 계속 연습한다면 한때 견고하게 실재한다고 믿었던 생각, 감정, 기분, 지각이 투명한 본성을 지닌다는 사실을 아주 서서히 인식하게 될 것입니다. 그것은 마치 거울 표면에서 먼지와 더께 층이 천천히 씻겨 나가는 것과 같습니다. 마음의 투명한 표면을 바라보는 것에 익숙해질수록 우리는 자신이 누구라거나 무엇이라고 생각하는지에 대한 모든 뉴런들의 수다를 간파할 수 있고 우리 참본성의 빛나는 정수를 알아차릴 수 있습니다.

몸의 자세

> 위대한 지혜는 위대한 몸에 깃든다.
> 〈희금강 탄트라〉

붓다는 몸이 마음의 물리적 지지대라고 가르쳤습니다. 몸과 마음의 관계는 물 잔과 그 속에 담긴 물의 관계와 비슷합니다. 물 잔을 탁자 모서리나 평평하지 않은 곳에 놓아두면 물은 찰랑거릴 수도 있고 어쩌면 쏟아질 수도 있습니다. 그러나 물 잔을 평평하고 안정적인 표면 위에 놓아두면 그 속의 물이 완전히 고요하게 유지될 것입니다.

마찬가지로 마음을 휴식하는 가장 좋은 방법은 안정적인 몸자세를 만드는 것입니다. 마음이 '긴장을 풀면서도' 동시에 '깨어 있도록' 균형을 잡으며 몸을 정렬하는 방법을 붓다는 자신의 지혜를 통해 일러 주었습니다. 여러 해 동안 이 신체 자세는 '비로자나불의 일곱 가지 중심 자세(칠지좌법七支坐法)'로, 붓다의 면모 중에서 깨달음을 얻은 형태를 나타내는 것으로 알려져 왔습니다.

이 자세의 첫 번째 요점은 안정적인 신체 기반을 만드는 것입니다. 가능하다면 두 다리를 교차시켜 각각의 발을 반대쪽 허벅지 위에 편하게 올려놓습니다(결가부좌). 할 수 없다면 한쪽 다리만 반대쪽 허벅지 위에 올려놓고 다른 다리는 반대쪽 허벅지 아래에 편하게 둡니다(반가부좌). 두 자세 모두 불편하다면 다리를 그냥 교차시켜도 됩니다(책상다리). 발바닥을 바닥 위에 평평하게 두면서 의자에 편하게 앉아도 됩니다. 이 자세의 목적은 편안하면서도 안정적인 신체적 기반을 만드는 것입니다. 다리에 큰 통증이 느껴지면 거기에 너무 사로잡히게 되므로 마음이 휴식할 수 없을 것입니다. 이 첫 번째 요점에 그토록 많은 선택 사항이 존재하는 이유는 바로 이 때문입니다.

두 번째 요점은 두 손을 배꼽 바로 아래 다리 위에 자연스럽게 놓아두는 것입니다. 한 손의 손등이 다른 손 손바닥 위에 놓이게 합니다. 어느 손이 위로 가든 상관없습니다. 수행 중 언제든, 예를 들어 시간이 많이 흐른 뒤 포개진 손바닥에 열이 나면 두 손의 위치를 바꿀 수 있습니다. 손바닥을 아래로 한 채 두 손을 무릎 위에 그냥 올려놓아도 됩니다.

세 번째 요점은 팔 윗부분과 몸통 사이에 약간의 공간을 두는 것입니다. 불교 경전에서는 이것을 '팔을 독수리처럼 유지하는 것'이라고 합니다. 이것은 당신이 먹이를 잡아먹으려는 새의 일종인 양 견갑골을 활짝 펼치는 것으로 잘못 이해하기 쉽습니다.

파리에서 강연하고 있을 때 실제로 있었던 일입니다. 어느 날 공원을 거닐다가 어떤 남자가 어깨를 앞뒤로 계속 푸드덕거리며 가부좌를 한 채 바닥에 앉아 있는 것을 보게 되었습니다. 그 옆을 지나갈 무렵 그는 내가 승려인 것을 눈치 채고는 물었습니다. 붉은색 승복은 명백한 증거가 되니까요.

"명상할 줄 아시나요?"

"네."

"아무 문제 없으신가요?"

"별 문제 없습니다."

우리는 서로에게 미소 지으며 잠시 서 있었습니다. 어쨌든 그날은 파리에서 보내는 맑고 화창한 하루였으니까요. 잠시 후 그가 말했습니다.

"전 명상을 아주 좋아하지만 저를 정말 미치게 하는 설명이 하나 있어요."

자연스레 그것이 무엇이냐고 물었습니다.

그는 약간 당혹스러워하며 대답했습니다.

"그건 팔의 자세예요."

내가 물었습니다.

"정말인가요? 명상을 어디서 배웠나요?"

"책에서요."

그 책에 팔의 자세에 대해 뭐라고 적혀 있는지 물었습니다.

그는 대답했습니다.

"팔을 독수리 날개처럼 유지해야 한다고 적혀 있었어요."

바로 그 순간 그는 내가 그에게 처음 다가갔을 때 보았던 것처럼 어깨를 앞뒤로 푸드덕거리기 시작했습니다. 몇 초간 그 푸드덕거림을 본 뒤 그에게 이제 그만해 달라고 요청했습니다. 내가 말했습니다.

"한 가지 알려 드리지요. 그 설명의 진정한 핵심은 팔과 몸통 사이에 약간의 공간을 유지하라는 것입니다. 가슴을 열고 긴장을 풀어서 자유롭게 제대로 호흡하기에 충분할 정도로만 말이지요. 독수리는 쉬고 있을 때 날개와 몸 사이에 언제나 약간의 공간을 둡니다. 그것이 그 가르침의 진정한 의미입니다. 팔을 푸드덕거릴 필요는 없습니다. 어쨌든 당신은 그저 명상을 하려는 것이지 날려는 게 아닙니다."

몸자세에 관한 이 요점의 본질은 두 어깨 사이에 균형을 찾아서 한쪽 어깨가 다른 쪽 밑으로 내려가지 않게 하는 것입니다. 동시에 가슴을 계속 열어 '숨 쉴 공간'을 조금 만드는 것입니다. 어떤 사람들은, 특히 오랜 기간 체육관에서 운동을 해 온 경우라면, 팔이 너무 두껍거나 몸통이 너무 큽니다. 이 경우에 해당한다면 팔과 가슴 사이에 억지로 공간을 유지하려고 무리하지 마십시오. 가슴이 조이지 않도록 팔을 자연스럽게 쉬게만 하십시오.

몸자세의 네 번째 핵심은 척추를 가능한 한 곧게 세우는 것입니다. 경전에서 말하듯이 '화살처럼' 세웁니다. 그런데 여기서도 균형을 찾는 것이 중요합니다. '너무' 곧게 앉으려고 하면 몸이 뒤로 기울게 되고 결국 몸 전체가 긴장으로 떨리게 될 것입니다. 완전히 똑바른 척추를 만드는 데 지나치게 신경 쓰는 제자들에게서 이런 현상이 일어나는 걸 많이 보았습니다. 한편 몸을 구부정하게 그냥 내버려 두면 폐가 압박되어 결국 숨쉬기가 더 힘들어질 것이 분명합니다. 그뿐만 아니라 몸 안의 온갖 장기가 눌려 몸이 불편해지는 원인이 될 수 있습니다.

다섯 번째 요점은 목 위에 머리 무게를 골고루 실어서 편히 쉬는 것을 포함합니다. 따라서 기관(코부터 폐까지 이어지는 관. 기도의 일부분)을 찌그러뜨리지도 않고 목을 너무 뒤쪽으로 당겨 목뼈를 압박하는 일도 없게 만듭니다. 목뼈는 척수 윗부분에 위치한 일곱 개의 뼈들로서 하체로부터 뇌까지 신경 신호를 전달하는 데 필수 역할을 합니다. 자신에게 맞는 자세를 찾고 나면 아마도 턱이 평소보다 약간 더 목구멍 쪽으로 기울어짐을 깨닫게 될 것입니다. 턱을 목 쪽으로 조금 당겨 컴퓨터 앞에 몇 시간이고 앉아 있어 본다면 이런 간단한 교정만으로도 기분이 얼마나 좋아지는지 금방 이해하게 될 것입니다.

여섯 번째 요점은 입에 관한 것입니다. 이와 입술 사이가 아주 조금 벌어지도록 자연스럽게 놓아두어야 합니다. 가능하다면 혀끝을 이 바로 뒤 입천장에 살짝 붙여도 됩니다. 혀를 입천장에 억지로 붙이려 하지 마십시오. 그냥 부드럽게 놓아두십시오. 혀가 너무 짧아서 무리하지 않고서는 입천장에 닿지 않더라도 걱정할 필요가 없습니다. 가장 중요한 것은 혀를 자연스럽게 쉬게 하는 것입니다.

명상 자세의 마지막 요점은 눈에 관한 것입니다. 명상이 처음인 사람들 대부분은 눈을 감는 것을 더 편안하게 느낍니다. 마음을 휴식하고 평화와 고요함을 느끼기에는 그 방법이 더 쉽다고 생각합니다. 눈을 감는 것은 처음에는 괜찮습니다. 하지만 내가 초기에 배운 것 중 하나는 눈을 계속 감고 있으면 인위적인 고요함에 집착하기 쉬워진다는 것입니다. 따라서 며칠 동안 수행해 본 뒤에는 기민하고 분명하게 깨어 있도록 명상할 때 눈을 뜨는 것이 더 낫습니다. 눈을 깜빡이지도 않고 계속 똑바로 쳐다보라는 의미가 아닙니다. 그냥 평상시처럼 정상적으로 뜨고 있으라는 말입니다.

비로자나불의 일곱 가지 중심 자세는 실제로 일련의 지침일 뿐입니다. 명상은 개인적인 수행이고 모든 사람은 다릅니다. 가장 중요한 것은 긴장과 이완 사이에서 적절한 균형을 '스스로' 찾는 일입니다.

짧은 '두 가지 중심 자세(이지좌법二支坐法)'도 있습니다. 좀 더 형식을 갖춘 일곱 가지 중심 자세를 완전히 취하기가 불편하거나 불가능할 때 더 이용할 수 있습니다. 요점은 매우 간단합니다. 그저 척추를 똑바로 세우고 몸의 나머지 부분은 가능한 한 긴장을 풀고 이완하는 것입니다. '두 가지 중심 자세'는 운전을 하거나 길을 걷거나 장을 보거나 저녁을 준비하는 것처럼 일상적인 행위를 할 때 온종일 무척 유용합니다. 이 두 가지 중심 자세는 그 자체로 편안한 자각의 느낌을 거의 자동적으로 만들어 냅니다. 그리고 이 자세의 가장 좋은 부분은 이 자세를 취할 때 어느 누구도 당신이 명상하고 있음을 알아차리지조차 못할 거라는 점입니다.

마음 자세

　　매듭처럼 꼬인 마음이 저절로 느슨해지면
　　의심할 여지 없이 자유로워진다.
　　사라하 〈사람들을 위한 도하〉

편안하게 쉬면서도 기민한 몸자세를 갖추는 데 적용된 원리가 마음속에서 동일한 종류의 균형을 찾는 데도 똑같이 적용됩니다. 마음이 편안함과 기민함 사이에서 자연스럽게 균형을 잡으면 마음의 타고난 본성이 저절로 드러나게 됩니다. 이것이 안거 수행하던 방에서 내 마음을 관찰하리라 결심하고서 홀로 앉아 보냈던 그 삼 일 동안 깨달았던 것 중 하나입니다. 방에 앉아 있으면서 스승들이 내게 말했던 것을 줄곧 기억했습니다. 물이 고요해지면 토사, 진흙, 그 밖의 침전물이 물에서 서서히 분리되고 바닥에 가라앉아, 물과 그것을 통과해 지나가는 모든 것을 아주 선명하게 볼 기회가 생긴다는 것입니다. 같은 방식으로, 정신적 이완 상태가 유지되면 생각, 감정, 기분, 지각이라는 '정신적 침전물'이 자연스럽게 가라앉고 마음의 타고난 투명함이 드러나게 됩니다.

몸자세와 마찬가지로 마음 자세에서도 요점은 균형을 찾는 일입니다. 마음이 너무 굳어 있거나 너무 집중하고 있으면 급기야 당신은 자신이 '훌륭한' 명상 수행자인지 아닌지 걱정하게 될 것입니다. 한편 마음이 너무 느슨해지면 주의가 산만해지거나 일종의 무뎌짐 속에 빠질 것입니다. 완벽해지려는 긴장감과 '아, 싫어. 이렇게 앉아서 명상해야만 하다니.' 종류의 환멸감 섞인 따분함 사이에서 당신은 중도를 찾고 싶어 합니다. 이상적인 접근법은 자신의 수행이 좋거나 혹은 나쁘거나는 실제로 중요하지 않음을 기억하도록 자신에게 자유를 허락하는 것입니다. 중요한 점은 명상하려는 의도입니다. 그것 하나로 충분합니다.

10
대상 없는 명상

어떤 의미에서 대상 없는 명상은 우주를 지나다니는 은하수, 별, 행성에 초점을 맞추기보다는 광활하게 탁 트인 우주 자체를 바라보는 것과 비슷하다. 은하수, 별, 행성이 우주를 지나다니듯 생각과 감정과 기분이 순수한 자각 속에서 오고 간다. 우주를 지나다니는 물체들로 우주를 정의하지 않듯이 생각과 감정과 지각 등 자각이 파악하는 것들로 순수 자각을 정의하거나 한정하지 않는다. 순수 자각은 단순히 '있음'이다.

일어나는 모든 일의 본질을 자연스럽게 바라보라.

카르마 착메이 린포체 〈마하무드라와 족첸의 결합〉

붓다는 완벽하게 똑같은 두 사람은 없으며 모두가 능력, 성질, 기질이 독특하게 조합되어 태어난다는 사실을 깨달았습니다. 붓다가 엄청나게 많은 다양한 명상법을 개발할 수 있었다는 사실은 그의 위대한 통찰력과 자비심을 가늠하게 하는 척도입니다. 이 방법을 통해 다양한 종류의 사람들이 자신의 참본성을 직접 경험하기에 이르고 고통에서 완전히 벗어날 수 있을 것입니다.

붓다가 가르친 것의 대부분은 어떤 주어진 순간에 우연히 붓다 주변에 있게 된 사람들의 필요에 따라 자발적으로 전수되었습니다. 즉 흥적이면서도 정교하게, 올바른 방식으로 대응할 수 있는 능력은 깨달은 스승의 징표 중 하나입니다. 이 방식은 그 깨달은 스승이 생존해 있는 동안에는 아주 훌륭하게 작용합니다. 그러나 붓다가 입적하고 나자 그의 초기 제자들은 다음 세대에게 유용하도록 이런 자발적인 가르침을 조직화하는 법을 찾아내야만 했습니다. 다행히도 붓다의 초기 추종자들은 분류와 범주를 만들어 내는 데 매우 능숙했기에 마침내 그들은 붓다가 가르친 갖가지 명상 수행법을 두 가지 기본 범주로 조직화하게 되었습니다. 분석적 명상법과 비분석적 명상법입니다.

대개 비분석적 명상법을 먼저 가르칩니다. 이 방법이 마음을 고요하게 하는 수단을 제시하기 때문입니다. 마음이 고요해지면 갖가지 생각과 느낌과 기분에 사로잡히지 않은 채 그것들을 단순히 자각하기가 한결 쉬워집니다.

분석적 명상법은 경험 도중에 마음을 직접 바라보는 일을 포함합니다. 그리고 대개는 마음을 단순히 있는 그대로 쉬게 하는 수행을 조금 한 뒤에 배우게 됩니다. 또한 마음을 직접 바라보는 경험은 많은 질문을 불러일으킬 수 있기 때문에 분석적 명상법은 스승 문하에서 지도받을 때 가장 잘 수행할 수 있습니다. 이런 질문들을 이해하고 제자들 저마다에게 독특하고 알맞은 대답을 제시할 수 있는 통찰력과 경험을 지닌 스승 밑에서. 이런 이유에서 내가 여기서 강조하고 싶은 명상 수행은 마음을 휴식하고 고요하게 하는 방법과 관련된 것들입니다.

비분석적 접근법은 산스크리트 어로 '사마타'라고 하고, 티베트 어로는 '시네'라고 부릅니다. 이것은 '평화', '평온'을 의미하는 '시'와 '머물다', '묵다'를 의미하는 '네'의 두 음절로 이루어진 낱말입니다. 이 접근법을 영어식으로 표현한다면 '고요한 머물기'입니다. 마음을 다만 있는 그대로 고요하게 휴식하는 것입니다. 이것은 기본적인 수행의 한 종류입니다. 이를 통해 마음의 본성이 스스로를 드러내도록 하기 위해서 우리는 편안한 자각 상태에서 자연스럽게 마음을 휴식합니다.

대상 없는 명상

> 마음의 뿌리를 잘라 내라.
> 아무것도 걸치지 않은 자각 상태에서 휴식하라.
> 틸로파 〈갠지스 강의 마하무드라〉

'아무것도 걸치지 않은 자각 상태에서' 마음을 자연스럽게 휴식하는 법을 아버지가 처음으로 가르쳐 주셨을 때, 아버지가 무슨 말씀을 하시는지 알지 못했습니다. 내 마음을 쉬게 할 곳이 없는데 어떻게 내가 마음을 다만 '쉬게' 할 수 있었겠습니까?

다행히도 당시 아버지는 이미 세계 순회강연을 조금 다닌 상태였고 꽤나 많은 사람들을 만나 보았으며, 그들의 삶과 문제와 성공에 대해 몇 가지 대화를 나눌 수가 있던 터였습니다. 사실 이것은 승복을 걸치고 다니는 일의 큰 장점 중 하나입니다. 사람들은 그들이 현명하고 중요한 사람이라고 곧잘 생각하는 경향이 있으며, 즉시 마음을 열어 자신들의 삶에 대해서 자세한 이야기를 기꺼이 나누기 시작합니다.

마음을 휴식하는 방법에 대해 아버지가 사용한 예는 어느 호텔 직원한테서 들은 내용에서 유래했습니다. 그 직원은 언제나 행복한 마음으로 하루 일과를 마치곤 했습니다. 그의 하루에는 여덟 시간 동안 안내 데스크 뒤에 서서 사람들을 투숙시키고 내보내며, 방에 대한 손님들의 불만사항에 귀를 기울이고, 숙박 요금으로 끝없이 실랑이를 벌이는 고객들을 응대하는 것이 들어 있었습니다. 정해진 근무 시간이 끝날 무렵이면 그 직원은 육체적으로 너무도 탈진했기 때문에 진정으로 고대하는 것이라고는 집으로 돌아가 길고 멋진 욕조 속에 몸을 담그고 앉아 있는 것뿐이었습니다. 목욕을 마친 뒤 그는 침실로 들어가 침대에서 휴식하며 숨을 토해내고 다만 긴장을 풀곤 했습니다. 이후 몇 시간 동안 그는 혼자입니다. 제복을 입고 두 발로 서 있을 필요도 없고, 손님들의 불평불만에 귀를 기울일 필요도 없으며, 예약 사항을 확인하거나 비는 방이 있는지 알아보기 위해 컴퓨터를 쳐다볼 필요도 없습니다.

이것이 대상 없는 시네 명상법에서 마음을 쉬게 하는 방법입니다. 마치 기나긴 하루 일과를 방금 끝낸 것처럼 휴식하는 것입니다. 다만 모든 것을 내려놓고 긴장을 푸십시오. 어떤 생각이나 감정, 기분이 일어나든 그것들을 막을 필요도 뒤쫓을 필요도 없습니다. 열려 있는 현재 순간 속에서 다만 휴식하고, 어떤 일이 일어나든 그냥 내버려 두십시오. 생각이나 감정이 일어나면 그저 그것을 자각하십시오. 대상 없는 시네 명상법은 환상이나 기억이나 망상들 사이로 마음이 정처 없이 떠돌아다니도록 그냥 내버려 두는 것을 의미하지 않습니다. 자각의 중심으로 대략 묘사할 수 있는 마음의 어떠한 현존은 여전히 존재합니다. 당신은 어떤 특정한 것에 고정되어 있지는 않겠지만 그럼에도 불구하고 여전히 지금 이 순간에 일어나고 있는 것을 자각하고 그것들에 깨어 있습니다.

이렇게 대상 없는 상태에서 명상할 때 우리는 생각과 감정의 흐름과는 완전히 무관한, 자연스러운 투명함 속에서 실제로 마음을 쉬게 하고 있습니다. 이 자연스러운 투명함은 주체와 객체라는 어떤 이원론적 파악을 초월한 것이며, 공간이 언제나 존재하는 것과 마찬가지로 언제나 우리 안에 존재합니다. 어떤 의미에서 보면 대상 없는 명상은 구름이나 안개가 비록 하늘을 흐리게 하더라도 하늘 자체는 변함없이 그대로임을 자각하며 받아들이는 것과 같습니다. 비행기를 타 본 적이 있다면 어떤 구름이나 안개, 비가 존재하더라도 그 위의 하늘은 언제나 열려 있고 맑은 상태임을 본 적이 있을 것입니다. 하늘은 너무도 일상적인 듯 보입니다. 마찬가지로, 생각과 감정이 참본성을 희미하게 할 때라도 참본성은 언제나 열려 있고 늘 투명합니다. 매우 일상적인 듯 보일지라도 투명함, 공, 자비의 모든 성질이 그 상태 안에 포함되어 있습니다.

대상 없는 시네 수행법은 마음을 쉬게 하는 가장 근본적인 접근법입니다. 뒤에서 설명하게 될 생각이나 감정을 관찰하는 수행을 할 필요도 없고, 그것들을 막으려고 애쓸 필요도 없습니다. 당신은 어린아이와 같은 일종의 순수함으로, '와, 지금 이 순간 얼마나 많은 생각, 기분, 감정이 내 자각을 통과해 가고 있는지 봐 봐.'라는 느낌을 가지고, 제 할 일을 하고 있는 마음을 자각하며 휴식하기만 하면 됩니다.

어떤 의미에서 대상 없는 시네 수행법은 우주를 지나다니는 은하수, 별, 행성에 초점을 맞추기보다는 광활하게 탁 트인 우주 자체를 바라보는 것과 비슷합니다. 은하수, 별, 행성이 우주를 지나다니듯이 생각과 감정과 기분이 순수한 자각 속에서 오고 갑니다. 우주를 지나다니는 물체들로 우주를 정의하지 않듯이 생각과 감정과 지각 등 자각이 파악하는 것들로 순수 자각을 정의하거나 한정하지 않습니다. 순수 자각은 단순히 '있음'입니다. 그리고 대상 없는 시네 수행은 순수 자각의 '있음'을 의식하며 다만 휴식하는 것을 포함합니다. 어떤 사람은 이 수행이 상당히 쉽다고 생각하고, 어떤 사람은 매우 어렵다고 생각합니다. 이것은 능력이나 기술의 문제라기보다는 개인마다의 성향 문제입니다.

  가르침은 간단합니다. 정식 수행 중이라면 최선을 다해 일곱 가지 중심 자세를 취하는 것이 가장 좋습니다. 정식 자세를 취할 수 없다면, 예를 들어 당신이 운전 중이거나 거리를 걷는 중이라면, 단지 척추를 똑바로 세우면서 몸의 나머지 부분의 긴장을 풀고 균형을 유지합니다. 그리고 현재 상태를 순수하게 자각하며 마음을 편안히 휴식합니다.

  어쩔 수 없이 온갖 종류의 생각, 기분, 느낌이 마음속을 통과하여 지나갈 것입니다. 마음을 쉬게 하는 훈련이 되어 있지 않기 때문에 충분히 예상할 수 있는 일입니다. 이것은 마치 체육관에서 근력 강화 운동 프로그램을 시작하는 것과 똑같습니다. 처음에는 근육이 피로를 느낄 때까지 고작 몇 킬로그램만을 몇 차례 반복해서 들어 올릴 수 있을 뿐입니다. 그러나 계속 시도하다 보면 서서히 더 많은 무게를 여러 차례 반복적으로 들어 올릴 수 있게 된 당신 자신을 보게 될 것입니다.

  마찬가지로 명상 수련도 점진적인 과정입니다. 처음에는 생각, 감정, 기분이 표면으로 솟아오르기 전까지 한 번에 몇 초 동안만 고요하게 머물 수 있을 것입니다. 기본적인 지침은 단순히 이런 생각과 감정을 뒤쫓아 가지 말고 자각을 통과해 지나가는 모든 것을 있는 그대로 다만 인식하라는 것입니다. 마음속을 무엇이 통과해 가든 그것에 초점을 맞추려고도 그것을 억누르려고도 하지 마십시오. 그것이 오고 가는 것을 관찰하기만 하십시오.

　일단 생각을 뒤쫓기 시작하면 지금 여기서 일어나고 있는 일과의 연결 고리를 잃게 됩니다. 또한 현재 순간의 실체와는 아무 관계가 없는 온갖 종류의 환상, 판단, 기억, 그 밖의 시나리오를 상상하기 시작합니다. 그리고 이런 종류의 정신적 방황에 더 많이 사로잡히게 될수록 현재 순간의 열린 마음으로부터 쉽게 멀어질 것입니다.

　대상 없는 시네 명상의 목적은 천천히, 그리고 서서히 이 습관을 고치고 현재의 자각 상태에 머무는 것입니다. 현재 순간의 모든 가능성에 마음을 여는 것입니다. 생각을 뒤쫓고 있는 자신을 발견하더라도 스스로를 비판하거나 비난하지 마십시오. 과거 사건을 회상하거나 미래를 계획하고 있는 자신을 알아차렸다는 사실만으로도 자신을 현재 순간으로 되돌려 놓고 명상하려는 자신의 의도를 강화하기에 충분합니다. 수행을 하는 동안에는 '명상하려는 의도'가 중요한 요소입니다.

　천천히 진행하는 것 역시 중요합니다. 아버지는 나를 포함한 모든 초보 제자들에게 처음 명상할 때 가장 효과적인 접근법은 아주 짧은 순간이라도 하루에 여러 차례 마음을 휴식하는 것이라고 매우 세심하게 일러 주셨습니다. 그러지 않으면 지루해하거나 자신의 진전에 실망하게 될 위험이 있고, 결국은 모든 시도를 포기하게 될 것이라고. 오래된 문헌들은 말합니다.

　'한 방울 한 방울씩 잔은 채워진다.'

　그러므로 처음 명상을 시작할 때는 20분 동안 앉아 있겠다는 거창한 목표를 세우지 마십시오. 대신 1분이나 단 30초를 목표로 삼으십시오. 망상 속으로 빠져들기보다는, 판에 박힌 일상에서 벗어나 마음을 관찰하기 위해 기꺼이 시간을 내려고 하거나 그것을 열망하기까지 하는 자신을 발견할 때 그 몇 초간을 이용하십시오. '한 번에 한 방울씩' 이렇게 수행하면 피로, 실망, 분노, 절망의 근원인 정신적 감정적 한계로부터 점차 자유로워지는 자신을 보게 될 것입니다. 또한 밝음, 지혜, 성실, 평화, 자비의 무한한 원천을 자신 안에서 발견하게 될 것입니다.

11
대상에 집중하기

소리 명상의 장점은 온갖 소리에 '의미'를 부여하는 습관에서 벗어나는 법을 서서히 배우게 된다는 점이다. 소리의 '내용'에 굳이 감정적으로 반응하지 않고 듣는 법을 배우게 된다. 소리를 단순히 소리로 순수하게 집중해서 듣는 일에 익숙해지면 화를 내거나 방어적인 자세를 취하지 않으면서 비난에 귀 기울일 수 있을 것이고, 지나치게 자랑스러워하거나 흥분하지 않으면서 칭찬에 귀 기울일 수도 있다. 훨씬 편안하고 균형 잡힌 태도를 가지고 감정적인 반응에 휩쓸리지 않으면서 다른 사람들이 말하는 것을 단지 듣기만 할 수 있다.

특정한 대상에 한 방향으로만 집중하여
마음을 쉬게 하라.
9대 갈와 카르마파 〈마하무드라-분명한 의미의 대양〉

처음 정식 명상을 시작했을 때 대상 없는 명상이 너무 어렵다고 생각했습니다. 너무 쉬웠기 때문입니다. 이 단순한 자각은 자연스러운 마음의 본질이며, 우리가 알아차릴 수 없을 만큼 너무 가까이에 존재합니다. 그것은 우리가 아침에 일어났을 때, 하루 종일 어디든 갈 때, 무엇을 먹을 때, 잠자리에 들 준비를 할 때 그곳에 있습니다. 그것은 단순히 자각하는 것입니다. 이것이 바로 그것의 의미입니다. 그러나 우리는 자각이 얼마나 소중한지 깨닫지 못합니다. 언제나 우리와 함께 있기 때문입니다. 그리고 자연스러운 상태에서는 마음의 자연적인 부산물인 온갖 생각, 느낌, 기분에 사로잡히기가 너무도 쉽습니다.

이 문제에 맞닥뜨린 자신을 발견했다면 당신만 그런 게 아닙니다.

다행히도 아버지와 여러 스승들은 마음을 직접적으로 쉬게 하는 방법이 가진 문제점을 잘 알고 있었기에 좀 더 점진적인 다른 기법들도 가르칠 수 있었습니다. 가장 간단한 방법은 마음을 고요하게 휴식하는 수단으로 감각을 직접 이용하는 것입니다.

지각의 문

> 온 세상은 마음이 만든 세상이며, 마음의 결과물이다.
> 초감 트룽파 〈붓다의 마음〉

과학자들처럼 불교도들도 시각, 청각, 후각, 미각, 촉각이라는 다섯 가지 감각을 인식하고 있습니다. 이 다섯 가지 감각 능력을 불교 용어로 '지각의 문'이라고 하는데 이것은 집에 뚫린 구멍들을 기초로 한 이미지입니다. 대부분의 감정과 지각은 이 다섯 가지 문 중 하나 이상을 통해 경험 속으로 들어옵니다. 그런데 이 다섯 가지 감각 기능, 즉 대부분의 불교 경전에서 '감각식感却識'이라고 지칭하는 것은 감각기관을 통한 지각만을 기록할 수 있습니다. 따라서 불교 과학에서는 정신 의식이라는 여섯 번째 감각을 덧붙입니다. 이 여섯 번째 의식에 신비스럽거나 불가사의한 것은 없습니다. 이것은 초감각적 지각이나 영혼과 대화를 나눌 수 있는 것과는 관계없습니다. 우리가 보고, 냄새 맡고, 듣고, 맛보고, 만지고 있는 것을 알아차리고 구분할 수 있는 마음의 능력일 뿐입니다.

여섯 가지 의식에 대한 전통적 비유는 다섯 개의 구멍이 뚫린 집입니다. 구멍은 네 방향으로 하나씩 나 있고 지붕에도 한 개가 뚫려 있습니다. 이 다섯 개 구멍은 다섯 가지 감각식을 나타냅니다. 이제 누군가 이 건물 안에 원숭이 한 마리를 풀어 놓았다고 생각해 봅시다. 원숭이는 정신 의식을 나타냅니다. 큰 집 안에서 갑자기 자유의 몸이 된 원숭이는 자연스레 구멍에서 구멍으로 미친 듯이 뛰어다니며 이것저것 확인하고, 뭔가 새로운 것, 다른 것, 흥미로운 것이 없나 찾아다닙니다. 자신이 찾아낸 게 무엇이냐에 따라 이 정신 나간 원숭이는 자신이 지각하는 대상이 즐겁거나 고통스럽다고, 좋거나 나쁘다고, 혹은 경우에 따라서는 그냥 지루하다고 판단합니다. 그 집을 지나쳐 가며 구멍마다에서 원숭이를 보게 되는 사람은 집 안에 풀어 놓은 원숭이가 다섯 마리라고 생각할 것입니다. 그러나 사실은 단 한 마리만 존재합니다. 한시도 가만히 있지 못하는 훈련받지 않은 정신 의식이 그것입니다.

하지만 자각 능력을 가진 다른 모든 존재처럼 정신 나간 원숭이가 진정으로 원하는 것은 행복해지고 고통을 피하는 것뿐입니다. 그러므로 원숭이의 주의를 한두 가지 다른 감각으로 일부러 돌려서 마음속 정신 나간 원숭이에게 스스로 진정하는 법을 가르칠 수 있습니다.

대상 있는 명상

> 우리의 마음은 끊임없이 무엇인가를 만들어 내려 하기에
> 이에 대응하여 붓다는 방편에 의존하는 법을 가르쳤다.
> 이 방편에 익숙해짐으로써 우리의 주의는 안정된다.
> 툴쿠 우르겐 린포체 〈있는 그대로 1권〉

일상 경험에서 우리가 감각으로부터 받는 정보는 대부분 어쩔 수 없이 마음을 산만하게 만드는 근원이 됩니다. 마음은 감각기관을 통해 받는 정보에 고정되려는 경향이 있기 때문입니다. 동시에 우리는 육체를 가진 존재이므로, 감각을 통해 받는 정보를 막으려 하거나 감각으로부터 완전히 분리되려고 한다면 분명 부질없는 일일 것입니다. 더 실질적인 접근법은 감각과 친구가 되고, 감각기관을 통해 받는 정보를 마음을 고요하게 하는 수단으로 활용하는 것입니다. 불교 경전에서는 이 과정을 '자기 해독제'라 부릅니다. 산만함으로부터 자유로워지는 수단으로 산만함의 근원 자체를 이용하는 겁니다. 이 비유는 고대에 일반적으로 행해지던 관습에서 유래했는데, 그것은 작업해야 할 특정한 물질과 동일한 재질을 이용하는 것입니다. 예를 들어 유리를 자르고 싶다면 유리를 이용해야 합니다. 철을 잘라 내고 싶다면 철로 만든 도구를 이용해야 합니다. 마찬가지로 감각을 산만하게 만드는 것을 잘라 내기 위해서는 자신의 감각을 이용할 수 있습니다.

　대상 있는 명상 수행에서 우리는 마음을 안정화하는 수단으로 우리의 감각을 이용합니다. 형태와 색깔 명상을 위해 시각 능력을 이용하고, 소리 명상을 위해 청각 능력을 이용하고, 냄새 명상을 위해 후각 능력을 이용하고, 맛 명상을 위해 미각 능력을 이용하며, 신체 감각 명상을 위해 촉각 능력을 이용할 수 있습니다. 감각을 통해 우리가 받는 정보는 산만함의 원인이 되기보다는 수행을 위한 훌륭한 자산이 될 수 있습니다.

　고요하게 명상하며 나의 지각을 관찰하는 법을 일단 배우고 나자 수행이 한결 수월해졌습니다. 내가 지각하고 있는 것에 감정적으로 개입하는 정도가 훨씬 줄어들었습니다. '아니, 이 남자가 내게 소리를 지르고 있군.'이라고 생각하는 대신 '음, 이 남자의 목소리는 상당히 크고, 어조는 조금 날카롭고, 만들어 내는 소리는 모욕이나 상처를 주려는 의도인 것 같군.' 하고 생각할 수 있었습니다.

다시 말해, 내가 받는 감각 정보에 아주 가볍게 주의를 집중하는 법을 배우고, 그 남자가 만들어 낸 소리와 관련된 감정적, 지적 내용으로부터 분리되는 것만으로 '그는 나를 상처 입힐 수 없었습니다.' 또한 그가 하는 말을 방어적으로 듣지 않게 되자 마음이 충분히 열려서 나 자신의 온전함을 감소시키지 않고도 그의 두드러진 분노가 누그러지도록 반응할 수 있었습니다.

신체 감각 명상

대상을 기초로 한 시네 명상을 시작하는 방법 중 가장 쉬운 것 한 가지는 간단한 신체 감각에 부드럽게 주의를 기울이는 것입니다. 예를 들어 이마 같은 특정 부위에 다만 주의를 집중하십시오.

척추를 똑바로 세우고 몸을 이완시킴으로써 시작하십시오. 정식 수행 중이라면 앞에서 설명한 일곱 가지 중심 자세를 취할 수 있습니다. 그 자세를 취하기가 불편한 곳에 있다면 그냥 척추를 곧게 세우고 몸의 나머지 부분을 편안하게 이완하십시오. 수행하면서 눈을 뜨느냐 감느냐는 중요하지 않습니다. 사실 어떤 사람들은 눈을 감는 것이 더 도움이 된다고 생각합니다. 물론 운전 중이거나 거리를 걷고 있다면 눈을 뜨기를 강력히 추천합니다!

잠시 있는 그대로 마음을 다만 휴식하십시오.

이제 천천히 이마 부위를 자각하십시오.

그곳에서 얼얼한 느낌이나 온기를 느낄지 모릅니다. 어떤 가려움이

나 압박감까지 느낄지도 모릅니다. 무엇을 느끼든 1, 2분 동안 단지 그것을 자각하십시오.

다만 주시하십시오.

그 감각에 부드럽게 주의를 두고 다만 휴식하십시오.

이어서 주의를 거두고, 마음을 있는 그대로 쉬게 하십시오. 눈을 감고 있었다면 이제 떠도 됩니다.

어땠습니까?

몸의 한 부분에서 느껴지는 감각에 잠시 주의를 집중한 뒤에는 몸 전체로 부드럽게 주의를 돌려 이 기법을 확대할 수 있습니다. 전신 감각으로 확대하는 이 접근법을 때때로 나는 '스캔 수행'이라 부릅니다. 몸 전체를 스캔할 수 있는 기계 위에 누워 있었던 경험을 생각나게 하기 때문입니다. 거듭 말하지만 정식 수행 중이라면 일곱 가지 중심 자세를 취하는 것부터 시작하십시오. 약식 수행 중이라면 척추를 똑바로 세우고 몸의 나머지 부분을 편안하고 자연스럽게 이완하십시오. 둘 중 어느 경우든 눈은 떠도 되고 감아도 됩니다. 자신에게 가장 편안한 것을 선택하십시오.

잠시 동안 대상 없는 시네 명상을 하며 마음을 휴식함으로써 시작하십시오. 그리고 이마 부위에서 느껴지는 감각을 부드럽게 자각하십시오. 마음이 이런 감각을 그냥 관찰하도록, 단순히 자각하도록 하십시오. 그 이상은 필요 없습니다. 얼굴, 목, 어깨, 팔 등에서 일어나는 어떤 감각이든 관찰하면서 점차 초점을 내리십시오. 다만 관찰하십시오. 마음속에서 일어나는 어떤 것을 막을 필요도 없고 관찰하고 있는 것을 바꾸려 할 필요도 없습니다. 단지 몸과 마음의 긴장을 풀고 고요하게 유지하면서 감각이 일어날 때 단순히 그것을 자각하십시오. 몇 분 뒤에는 마음을 그냥 휴식합니다. 그러고 나서 감각 관찰하기로 돌아오십시오. 수행 시간이 지속되는 동안 관찰과 마음 휴식을 번갈아 하십시오.

대부분의 감각에는 어떤 종류의 신체적 근거가 포함됩니다. 앉아 있는 의자, 바닥, 펜, 옷, 동물, 사람 등과 우리 몸은 접촉하게 됩니다. 이런 접촉은 뚜렷한 신체 감각을 만듭니다. 직접적인 신체 접촉으로부터 오는 이런 종류의 감각을 불교 용어로 '전체적 신체 감각'이라고 합니다. 그러나 자신의 느낌에 좀 더 깊이 주의를 기울이게 됨에 따라, 반드시 직접적인 접촉과 관련되지는 않은 느낌, 즉 '미묘한 신체 감각'이라고 부르는 느낌을 우리는 인식하기 시작합니다.

이런 종류의 시네 명상 기법을 처음 수행하기 시작했을 때 특정한 감각을 피하려 할수록 그것이 커진다는 사실을 발견했습니다. 그러나 그것을 다만 바라보는 법을 배웠을 때는 내가 느낀 어떤 불편함도 좀 더 참을 수 있게 되었습니다. 물론 나는 호기심 많은 어린아이처럼 이런 변화가 왜 일어났는지 알아야 했습니다. 그리고 그 과정을 한동안 관찰한 후에야 비로소 깨닫게 되었습니다. 하나의 감각을 다만 관찰하면, 바로 그때 그 순간에 일어나고 있는 일에 내가 적극적으로 참여하게 된다는 것을. 내 마음의 일부는 고통스러운 감각에 저항하고 있고, 내 마음의 또 다른 일부는 그것을 다만 객관적으로 바라보라고 권하고 있음을 알게 되었습니다. 이런 대립하는 충동을 동시에 바라보았을 때, 도피와 받아들임을 다루는 과정에 내 마음 전체가 관여하고 있음을 알 수 있었습니다. 그리고 마음의 작용을 관찰하는 과정이 도피나 받아들임보다 더 흥미로워졌습니다. 마음의 작용을 다만 관찰하는 것은 그 자체로 매력적이었습니다. 내가 알려 줄 수 있는 밝음의 가장 실제적인 정의는 다음과 같다고 생각합니다. 다양한 차원에서 동시에 작용하고 있는 마음을 볼 수 있는 능력입니다.

고통스러운 감각 명상

차가움, 뜨거움, 배고픔, 배부름, 멍함, 어지러움, 두통, 치통, 코 막힘, 따끔거리는 목, 무릎이나 허리 통증 같은 것은 언제나 유쾌하게 자각되지는 않을지라도 상당히 곧바로 자각됩니다. 고통과 불편함은 이토록 직접적으로 자각되는 감각이기 때문에 사실 명상할 때 집중의 대상으로 삼기에 매우 효과적입니다. 우리 대부분은 고통을 신체 건강을 위협하는 요소로 여깁니다. 한편으로는, 우리가 걱정하거나 이런 위협에 마음을 빼앗기면 거의 대부분의 경우 그 고통 자체가 커집니다. 다른 한편으로는, 고통이나 불편함을 명상의 대상으로 삼으면 그런 감각을 이용할 수 있고 이로써 밝음을 인식하는 능력을 증대시킬 수 있습니다. 이것은 마음이 다양한 해결책을 다루는 과정을 지켜보는 것만으로도 가능합니다.

예를 들어 만약 정식 명상 자세로 앉아 있거나 자동차나 비행기에 그냥 앉아 있는 동안에도 다리나 허리에 어떤 통증이 느껴지면, 스트레칭을 하거나 자리에서 일어나거나 돌아다니는 대신 통증이라는 정신적 경험을 바라보라고 배웠습니다. 감각을 실제로 인식하고 기록하는 것은 결국 정신 의식입니다. 통증이 느껴지는 특정 부위에 집중하는 대신 그 통증을 기록하고 있는 '마음'에 주의를 집중할 때 그 통증이 반드시 사라지는 것은 아닙니다. 그러나 그것은 통증을 피하려고 애쓰기보다는 지금 이 순간 내가 경험하고 있는 모든 것에 적극적으로 관여하게 되는 연결점이 됩니다. 기분 좋은 감각에 대해서도 같은 원리가 적용됩니다. 그 감각을 지속시키려 하기보다는 그것을 경험의 표현으로 보고 다만 관찰합니다. 실제로 내가 초기에 한 수련은 감각을 이용하는 방법이었는데, 이것은 감각에게 이용당해 신체적 한계에 사로잡힌 기분을 강화하기보다는 마음의 무한한 능력을 점검하고 감상하는 수단으로 감각을 이용하는 것이었습니다.

물론 만성적인 통증이나 심각한 통증을 경험하고 있다면 의사를 만나보아야 합니다. 이 증상들이 심각한 신체 문제를 나타낼 수 있기 때문입니다. 그런데 몇 사람에게 듣기로는 의사가 어떤 심각한 의학적 문제점을 배제한 후에는 그들이 경험했던 통증이 사실상 진정된다고 합니다. 마치 통증에 대한 두려움이 통증이라는 감각을 악화시키고 그것을 어딘가에 가두어 두는 것만 같습니다. 이 가두어진 통증은 지속적인 '적색경보' 신호로 나타날 수 있으며, 이 신호는 시상으로부터 편도체와 뇌의 다른 부분으로 보내집니다. 하지만 의사가 심각한 의학적 문제점을 발견했다면 반드시 의사의 권고에 따라 치료받으십시오. 심각한 의학적 문제가 주는 통증과 불편함을 다루는 데 명상이 도움을 줄 수는 있지만 이것이 치료의 대안은 아닙니다.

의사가 처방한 약이나 처방전이 필요 없는 약을 복용하는 동안에도 당신은 통증을 일부 경험할 수 있습니다. 이 경우에는 통증이라는 신체적 감각을 명상의 방편으로 다루어 볼 수 있습니다. 경험하는 통증이 의학적으로 심각한 증상이라면 결과에 집중하는 것을 피해야 합니다. 당신의 근본 동기가 통증을 제거하는 것이라면 사실상 당신은 통증에 대한 두려움과 관련된 뉴런 패턴을 강화하고 있는 것입니다. 이 뉴런 패턴을 약화시키는 가장 좋은 방법은 결과가 알아서 제자리로 가도록 놓아두면서 단지 그 통증을 객관적으로 관찰하려고 하는 것입니다.

 아버지가 독일에 머무는 동안 간단한 수술을 받으셔야 했을 때만큼 내가 이 가르침에 감명받은 적은 없습니다. 듣자 하니, 수술 부위를 마취하기로 했던 담당자는 다른 할 일에 정신이 팔려 아버지에 대해선 완전히 잊어버렸다고 합니다. 집도를 맡은 의사가 첫 절개를 했을 때 그는 그 부위 근육들이 경련을 일으키고 있음을 발견했습니다. 그 부분이 제대로 마취되었다면 일어나지 않았어야 할 일입니다. 그 의사는 마취과 의사에 대해 격분했지만 아버지는 어떤 문제도 일으키지 말아 달라고 요청했습니다. 왜냐하면 아무런 고통도 느껴지지 않았기 때문입니다. 그토록 민감한 부위가 절개되는 느낌은 사실 아버지에게 마음의 투명함과 평화로움을 더 많이 느낄 수 있도록 자각 수준을 끌어올릴 기회를 주었다고 아버지는 설명하셨습니다.

 간단히 말하자면, '고통스러운 경험'을 '고통을 경험하는 마음을 객관적으로 관찰하기'로 끌어올리도록 자발적으로 점화되는 뉴런 연결망이 수행을 통해 아버지에게 발달되었던 것입니다. 의사는 수술을 계속하기 전에 그 부위를 마취시켜야 한다고 주장했지만, 아버지가 뜻을 굽히지 않자 결국 마취 시술을 하기로 했던 여의사에 대해 문제 삼지 않는 것으로 매듭지었습니다.

 이튿날 그 마취과 의사가 등 뒤에 무언가를 든 채 아버지의 침대 맡으로 다가왔습니다. 그녀는 미소를 지으며 자신을 곤경에서 구해 준 것에 감사를 표했습니다. 그리고 간식거리로 가득한 꾸러미를 등 뒤에서 꺼냈는데 아버지는 이것들을 상당히 맛있어하셨습니다.

 '전체적'인 것이든 '미묘한' 것이든 신체적인 감각을 관찰하는 수행은 너무도 간단해서 정식 명상 시간에도 이용할 수 있고, 하루 중 언제라도 회의나 약속, 그 밖의 해야 할 일들 사이에 몇 초 동안 짬을 낼 수 있을 때 이용할 수 있습니다. 사실 나는 이 수행이 온종일 특히 유용하다는 것을 알게 되었습니다. 왜냐하면 마음을 즉시 밝게 하고 열어 주기 때문입니다. 지루하기 짝이 없는 발표를 몇 시간씩 들으며 앉아 있어야 했을 때 이 수행이 직장에서 적잖이 유용했다고 몇 사람이 나에게 말해 주었습니다.

형태 명상

마음을 쉬게 하는 수단으로 시각을 이용하는 방법에 대한 기술적인 명칭은 '형태 명상'입니다. 이름만 듣고 겁부터 먹지는 마십시오. 형태 명상은 실제로 매우 간단합니다. 사실 우리는 컴퓨터 화면을 응시하거나 신호등을 바라볼 때마다 매일 무의식적으로 이 수행을 하고 있습니다. 특정한 대상에 의도적으로 주의를 집중하면서 이 무의식적인 과정을 활동적인 자각 차원으로 끌어올릴 때, 마음은 매우 평화로워지고 열리며 긴장을 풀게 됩니다.

무리하지 않고도 볼 수 있도록 충분히 가까이에 위치한 아주 작은 대상을 가지고 시작하라고 나는 배웠습니다. 그것은 바닥 무늬 색깔이나 촛불, 사진일 수도 있고, 교실에서 내 앞에 앉아 있는 사람의 뒤통수일 수도 있습니다. 흔히 '순수한 형태'라고 일컫는 좀 더 영적인 의미를 지니는 대상을 바라보는 것도 괜찮습니다. 불교도라면 그 대상이 불상이거나 붓다의 사진이어도 좋습니다. 기독교인이라면 십자가나 성인의 사진에 초점을 맞추어도 됩니다. 또 다른 종류의 종교 전통에 속한다면 당신에게 특별히 중요한 대상을 선택하십시오. 이 수행에 점점 익숙해질수록 정신적인 형태, 즉 당신의 상상 속에서 단순하게 생각난 대상에 초점을 맞추는 것도 가능해집니다.

어떤 대상을 선택하든 그것이 형태와 색깔이라는 두 가지 특징을 지닌다는 사실을 알아차리게 될 것입니다. 둘 중 당신이 더 좋아하는 쪽에 집중하십시오. 흰색, 검정색, 분홍색이든 원형, 사각형, 다각형이든 모두 선택할 수 있습니다. 대상 자체는 중요하지 않습니다. 대상을 겨우 인식할 정도로만 정신적인 기능을 사용하면서 색깔이나 형태를 주시하는 것이 요점입니다. 그 이상은 없습니다. 그 대상으로 주의를 가져오는 순간 당신은 자각하고 있습니다.

세부 사항을 전부 인식하기 위해 너무 분명하게 보려고 애쓸 필요는 없습니다. 그렇게 되면 이 수련의 전체 핵심이 휴식하는 것임에도 긴장하게 될 것입니다. 당신이 바라보고 있는 대상을 있는 그대로 자각하기에 충분할 정도로만 집중하면서 초점을 느슨하게 유지하십시오. 어떤 것을 일어나게 '하려고' 애쓰거나 마음을 이완시키려고 애쓰지 마십시오. 단순하게 생각하십시오.

'좋았어. 무슨 일이 일어나든 일어나라지. 이것이 명상이야. 이것이 내가 하고 있는 일이야.'

그 이상이 될 필요는 없습니다. 물론 대상을 진정으로 보지 않고 눈만 뜬 채 응시하는 것도 가능합니다. 당신은 멀리서 들려오는 어떤 소리에 마음을 완전히 빼앗겨 몇 초 혹은 몇 분 동안 그 대상을 전혀 보지 않게 됩니다. 마음이 그렇게 표류하는 것을 나는 참으로 싫어했었습니다. 그러나 아버지에 따르면 이런 종류의 표류는 전적으로 자연스러운 것입니다. 따라서 초점의 대상으로부터 마음이 표류하고 있음을 알아차리게 되면 다만 그 대상으로 주의를 다시 가져오십시오.

이제 수행을 한번 해 보십시오.

가장 편안한 몸자세를 취하고 편안하고 느슨한 상태에서 잠시 마음을 다만 쉬게 하십시오. 그리고 바라볼 대상을 고른 뒤 형태나 색깔을 주시하며 그곳에 편안하게 시선을 둡니다. 의도적으로 응시할 필요는 없습니다. 눈을 깜빡여야 한다면 그냥 깜빡이십시오. 사실 깜빡이지 않으면 눈이 무척 건조해지고 따가울 것입니다. 대상을 잠시 응시한 뒤에는 단순히 마음의 긴장을 다시 푸십시오. 몇 분 동안 그 대상으로 초점을 다시 돌리고, 다시 한 번 마음의 긴장을 푸십시오.

시각적 대상을 방편으로 삼아 수행할 때마다 롱첸파의 말이 떠오릅니다. 그는 14세기 위대한 불교 학자이자 명상의 대가 중 한 명이었습니다. 자신의 책에서 그는 대상을 기반으로 한 명상과 앞에서 설명한 일종의 대상 없는 명상을 번갈아 할 때 큰 장점을 얻을 수 있다고 지적했습니다. 롱첸파가 설명하기로는 어느 대상에 마음을 두고 휴식할 때 당신은 그것을 자신과 분리되어 있거나 별개인 것으로 보고 있습니다. 그러나 마음을 내려놓고 순수한 자각 상태에서 다만 휴식할 때는 그 구분이 사라집니다. 그리고 대상에 집중하기와 순수한 자각 상태에서 마음 휴식하기를 번갈아 하다 보면 신경 과학이 우리에게 보여 준 기본적인 진실을 실제로 알아차리게 됩니다. 우리가 지각하는 모든 것이 마음속에서 만들어진 재구성물이라는 사실을. 바꿔 말하면, 보이는 것과 그것을 보는 마음에는 아무 차이가 없습니다.

물론 이런 인식이 하룻밤 새 생기지는 않습니다. 이를 위해서는 약간의 수행이 필요합니다. 나중에 살펴보겠지만 사실 붓다는 마음과 마음이 지각하는 것 사이의 구분을 없애는 몇 가지 구체적인 방법을 가르쳐 주었습니다. 그러나 내가 지금 너무 앞서서 이야기하고 있군요. 어떤 것에 들떠 있으면 일어나는 일입니다. 지금은 감각 정보를 변환시켜서 마음을 고요하고 평화롭게 만드는, 기초적인 방법으로 다시 돌아옵시다.

소리 명상

소리 명상은 청각 기능을 이용한다는 점을 제외하고는 형태 명상과 아주 비슷합니다. 긴장이 풀린 상태에서 잠시 동안 마음을 다만 쉬게 하는 것으로 시작하십시오. 그러고 나서 심장 박동 소리나 숨소리처럼 귀 가까이에 들리는 소리나 바로 옆에서 자연스럽게 나는 소리를 점차 자각하십시오. 어떤 사람은 자연의 소리를 녹음한 것이나 기분 좋은 음악을 틀어놓는 것이 도움이 된다고 합니다. 이 소리들을 파악하려고 노력할 필요는 없고 특정한 소리에 초점을 맞출 필요도 없습니다. 사실은 들리는 모든 소리를 자각하는 것이 더 쉽습니다. 핵심은 소리가 귀에 와서 부딪칠 때 그 소리를 단순하고 순수하게 자각하는 능력을 기르는 것입니다.

형태와 색깔 명상에서와 마찬가지로 한 번에 단지 몇 초 동안만 주위 소리에 집중할 수 있을 것이고 머지않아 마음이 배회하기 시작함을 깨닫게 될 것입니다. 이것은 좋은 일입니다. 마음이 배회하는 것을 발견하면 다만 마음의 긴장을 다시 풀고 그 소리를 또 한 번 자각하십시오. 소리에 주의를 기울이는 일과 편안하고 열린 명상 상태에서 마음을 단지 휴식하는 일을 번갈아 하십시오.

소리 명상의 커다란 장점 중 하나는 들리는 온갖 소리에 '의미'를 부여하는 습관에서 벗어나는 법을 서서히 배우게 된다는 점입니다. 소리의 '내용'에 굳이 감정적으로 반응하지 않고 듣는 법을 배우게 됩니다. 소리를 단순히 소리로 순수하게 집중해서 듣는 일에 익숙해지면 화를 내거나 방어적인 자세를 취하지 않으면서 비난에 귀 기울일 수 있을 것이고, 지나치게 자랑스러워하거나 흥분하지 않으면서 칭찬에 귀 기울일 수도 있을 것입니다. 훨씬 편안하고 균형 잡힌 태도를 가지고 감정적인 반응에 휩쓸리지 않으면서 다른 사람들이 말하는 것을 단지 듣기만 할 수 있습니다.

어느 유명한 시타르 연주가에 대한 멋진 이야기를 들은 적이 있습니다. 그는 명상 수행의 방편으로 악기 소리를 이용하는 법을 배운 인도 사람이었습니다. 인도 악기에 친숙하지 않을 수도 있으니 설명을 좀 하자면, 시타르는 보통 열일곱 개의 줄로 구성된 목이 긴 악기이고 기타처럼 들고 치면 아름답고 다양한 음색을 낼 수 있습니다. 이 특별한 시타르 연주가는 재능이 무척 뛰어나서 늘 공연 요청을 받았고, 오늘날 몇몇 록 밴드들이 순회공연을 하느라 집을 종종 떠나 있는 것처럼 그 역시 인도 전역을 순회하며 많은 시간을 보냈습니다.

유난히 길었던 어느 순회공연을 마치고 집으로 돌아온 그는 부인이 다른 남자와 불륜 관계에 있다는 사실을 알게 되었습니다. 그런데 이 같은 상황에서 이상하게도 이성을 잃지 않았습니다. 어쩌면 다년간의 끝없는 연습과 공연을 통해 배운 집중력이 이 사랑스러운 악기 소리와 결합되어 그의 마음을 고요하게 하고 집중시켰는지도 모릅니다. 어찌 되었든 그는 부인과 말다툼을 하지 않았고 화를 내며 부인을 몰아세우지도 않았습니다. 그 대신 부인과 앉아서 오랜 대화를 나누었습니다. 그러는 동안 나라 전역에서 공연 요청을 받는 사실을 자랑스러워하는 자신의 마음도 부인의 불륜도 모두 집착의 증상임을 깨닫게 되었습니다. 집착은 우리를 삼사라의 순환에 계속 중독되도록 만드는 마음의 삼독 중 하나입니다. 그가 명성에 집착하는 마음과 부인이 다른 남자에게 집착하는 마음에는 거의 차이가 없었습니다. 이 인식은 마치 벼락처럼 그를 치고 지나갔고, 그는 자신의 중독으로부터 자유로워지기 위해서는 명성에 대한 집착을 내려놓아야 함을 깨닫게 되었습니다. 이렇게 하기 위한 단 한 가지 길은 명상을 가르쳐 줄 스승을 찾아내어 자신의 집착이 단지 정신적 습관의 표현일 뿐임을 인식하는 법을 배우는 것이었습니다.

부인과 대화를 마친 뒤 그는 시타르를 제외한 모든 것을 포기하고 부인에게 주었습니다. 그러나 시타르에 대해서는 여전히 강하게 집착하고 있었고 아무리 이성적으로 분석해 보아도 그 집착을 사라지게 할 수는 없었습니다. 그러고 나서 스승을 찾아 나섰습니다. 마침내 어느 납골당 지대에 이르렀는데 그곳은 시체가 매장되지도 화장되지도 않은 채 다소간 버려져 있는 고대의 묘지에 해당하는 곳이었습니다. 납골당 지대는 사람의 뼈와 해골 일부, 그리고 썩고 있는 시체들로 뒤덮인 무시무시한 곳이었습니다. 그러나 죽음과 덧없음에 대한 두려움을 극복한 위대한 스승을 찾기에는 최적의 환경이었습니다. 죽음과 덧없음은 대부분의 사람들을 삼사라 상태에 계속 가두어 놓는 무서운 조건들로서, 사람들로 하여금 현재 존재하는 것에 집착하게 만들고 앞으로 일어날 일을 혐오하게 만듭니다.

이 특별한 납골당 지대에서 시타르 연주가는 '마하싯다'를 발견했습니다. '마하싯다'는 비범한 시험을 통과하여 심도 깊은 이해에 이른 사람을 말합니다. 그 마하싯다는 비바람조차 막지 못하는 허름한 오두막에 살고 있었습니다. 일상생활에서 만나는 사람들에게 어떤 사람들이 강한 연결감을 느끼듯이, 시타르 연주가는 이 특별한 마하싯다에게 깊은 유대감을 느꼈고 자신을 제자로 받아들이겠는지 물었습니다. 마하싯다는 청을 받아들였고, 시타르 연주가는 나뭇가지와 진흙을 이용해 근처에다 자신의 오두막을 지었습니다. 그곳에서 그는 마하싯다가 자신에게 알려 준 대상 없는 명상에 대한 기본적인 가르침을 수행할 수 있었습니다.

  명상 수행을 시작하는 많은 사람들과 마찬가지로, 시타르 연주가는 스승의 지시를 따르기가 매우 어렵다는 사실을 알게 되었습니다. 스승의 지시에 따라 몇 분의 시간을 보내는 것조차 영원처럼 느껴졌습니다. 명상을 하려고 앉을 때마다 그는 시타르를 연주하던 오랜 습관으로 이끌리게 되었고, 결국 수행을 포기한 채 연주를 하곤 했습니다. 그러다 단지 시타르를 치는 것 때문에 명상 수행을 소홀히 한다는 사실에 지독한 죄책감을 느끼기 시작했습니다. 그는 결국 스승의 오두막을 찾아가 자신이 명상할 수 없었노라고 고백했습니다.

  마하싯다가 물었습니다.

  "무엇이 문제인가?"

  "저는 제 시타르에 너무 집착합니다. 저는 명상을 하지 않고 시타르를 연주합니다."

  "그것은 큰 문제가 아니다. 나는 그대에게 시타르 명상 수행을 연습시킬 수 있다."

  우리 대부분이 그렇듯이 스승에게 꾸중을 들을 것이라 생각했던 시타르 연주가는 깜짝 놀랐습니다. 마하싯다는 말을 이었습니다.

  "그대의 오두막으로 돌아가 시타르를 연주하라. 그리고 악기 소리를 순수하게 자각하며 그 소리에 다만 귀를 기울이라. 완벽하게 연주하려는 생각일랑 잊어버리라. 다만 소리에 귀를 기울이라."

  마음이 놓인 시타르 연주가는 오두막으로 돌아와 시타르를 연주하기 시작했습니다. 완벽해지려고 애쓰지 않고 연주 결과나 수행 결과 어느 것에도 초점을 맞추지 않으며 다만 소리에 귀를 기울였습니다. 그리고 몇 년 뒤에는 그 자신이 마하싯다가 될 수 있었습니다. 결과에 대한 걱정 없이 단순히 수행하는 법을 배웠기 때문입니다.

내게서 명상을 배우는 사람들 대부분이 시타르 연주자는 아니므로, 이 이야기의 진정한 교훈을 알려 드리겠습니다. 그것은 결과에 상관하지 말고 자신의 경험을 수행의 방편으로 이용하는 법을 배우라는 것입니다. 특히 교통 체증 소리나 광경, 냄새가 마음을 빼앗는 너무도 강력한 근원이 될 수 있는 서양에서는 혼잡한 상황을 헤쳐 나가려는 목표에 집중하기보다는 차량들 사이에서 느껴지는 감각을 단순히 관찰하는 연습이 명상 수행을 위한 절호의 기회가 됩니다. 어딘가에 도달하겠다는 목표로부터 주의를 돌리고, 대신 주변 감각에 주의를 집중한다면 당신은 분명코 '교통의 마하싯다'가 될 것입니다.

냄새 명상

사실 어떤 주어진 순간에 우리의 주의를 강하게 끄는 어떤 감각이든 명상의 대상으로 이용할 수 있습니다. 예를 들어 냄새를 명상 대상으로 이용하는 것은 정식 수행을 할 때 혹은 하루를 그냥 보낼 때 어느 쪽이든 특히 도움이 될 수 있습니다. 정식 수행 중이라면 주위의 냄새에 집중해도 됩니다. 향 피우기를 좋아한다면 향냄새에 집중해도 되고, 수행지 주변에서 자연스레 나는 냄새에 집중해도 됩니다.

냄새 명상은 요리나 식사처럼 일상적인 활동에 관여하고 있을 때 특히 유용할 수 있습니다. 음식에서 나는 냄새에 주의를 집중할 시간을 가짐으로써 당신은 요리하기, 식사하기, 회사 건물을 그냥 걸어가기와 같은 지루한 일상을 마음을 고요하게 하고 강인하게 하는 수행으로 전환할 수 있습니다.

맛 명상

무엇을 먹거나 마실 때 나 자신이 무슨 일을 하고 있는지 좀처럼 알아차리지 못한다는 사실을 깨닫기까지 상당한 시간이 걸렸습니다. 대개 나는 다른 사람과 대화하는 데 정신이 팔려 있거나, 나 자신의 문제나 갈등 혹은 망상으로 마음이 산만해져 있었습니다. 그 때문에 하고 있는 일에 진정으로 몰두하지 않았고 현재 순간의 풍요로움을 경험할 기회도 놓쳤습니다. 맛에 초점을 맞추는 명상은 더없이 실용적인 기법으로, 하루 동안 여러 시점에 잠시라도 명상에 집중할 때 이용할 수 있습니다.

맛을 이용해서 명상에 집중하는 법을 배우게 되었을 때 여느 때처럼 내 마음을 잠시 자연스럽게 휴식하는 것으로 시작하라는 말을 들었습니다. 그리고 나서 내가 지각하는 맛에 가볍게 주의를 집중합니다. 나는 쓴맛, 단맛, 신맛처럼 특정한 미각을 분석할 필요는 없었습니다. 단지 지각하는 모든 맛에 가볍게 집중하고 그 후 자연스럽게 마음을 휴식하면서, 미각에 주의 두기와 자연스럽게 마음 휴식하기를 번갈아 하면 되었습니다.

그 밖에 도움이 되는 방편

내가 다양한 접근법들을 가르친 것은

제자들을 잘 지도하기 위함이었다.

붓다 〈능가경〉

붓다는 감각의 대상을 다루는 법 외에도 언제 어디서든 쉽게 이용할 수 있는 다른 몇 가지 기법을 가르쳤습니다. 그 중 한 가지는 호흡을 명상의 대상으로 이용하는 것입니다. 당신이 살아 있다면 숨을 쉬고 있을 가능성이 크니, 들고 나는 숨에 주의를 돌리는 능력을 언제나 이용할 수 있습니다. 두 번째 방편은 나의 오랜 친구로, 특히 고맙게 여기는 것인데, 어렸을 때 내가 정신 나간 사람이 되는 것을 막아주었기 때문입니다. 이 방법은 동굴에 앉아 있는 동안 순전히 우연히 알게 된 것으로 만트라를 반복해서 외는 것을 기초로 합니다.

들이쉬고 내쉬기

나는 호흡을 명상의 대상으로 이용하는 여러 방법을 많이 배웠습니다. 하지만 이것들 전부를 가지고 당신을 지루하게 하지는 않겠습니다. 그 대신 가장 간단한 두 가지 방법에만 집중하겠습니다. 이것은 사람들 사이에 있을 때 주의를 끌지 않으면서 수행할 수 있는 가장 쉬운 방법이기도 합니다. 숨을 들이쉬고 내쉬는 간단한 행위에 가볍게 주의를 집중하기만 하면 됩니다. 콧구멍을 통과하는 공기의 흐름이나 폐를 채웠다가 빠져나가는 공기의 감각에 주의를 집중해도 됩니다. 호흡을 이런 식으로 이용하는 것은 신체 감각에 집중하는 것과 무척이나 비슷합니다. 다만, 감각이 자각하는 대상을 들숨과 날숨이라는 간단한 경험으로 좁히고 있다는 점만 다릅니다. 들숨과 날숨 사이에는 자연스러운 짧은 틈이 있기 때문에 들숨과 날숨 그리고 그 사이라는 세 가지로 된 과정에 집중할 수도 있습니다.

  호흡에 집중하는 방법은 스트레스를 받고 있거나 마음이 산만해졌을 때 특히 유용합니다. 호흡에 집중하는 행위는 마음속에 고요한 자각 상태를 만듭니다. 이 상태는 직면하고 있는 모든 문제에서 한 걸음 뒤로 물러설 수 있게 하고, 더 차분하고 객관적으로 문제에 대응할 수 있게 합니다. 스트레스를 받았다면 그저 주의를 호흡으로 가져오십시오. 누구도 당신이 명상하고 있음을 눈치 채지 못할 것입니다. 그들은 당신이 숨을 쉬고 있다는 사실에도 전혀 주의를 기울이지 않을 것입니다.

  정식 호흡 명상은 조금 다릅니다. 내가 배운 방법 중 하나는 주의를 좀 더 완전하게 집중시키는 방편으로 들숨과 날숨의 횟수를 단순히 세는 것이었습니다. 처음의 들숨과 날숨을 '하나'로 세고, 그다음 들숨과 날숨을 '둘'로 세어 일곱까지 세십시오. 그리고 그 과정을 '하나'부터 다시 시작하십시오. 마침내 당신은 들숨과 날숨 숫자를 훨씬 많이 세게 될 수 있습니다. 그러나 언제나 그렇듯이 여러 번 반복할 수 있는 짧은 수행 시간으로 목표를 한정하여 명상을 시작하는 것이 제일 좋습니다.

나의 오랜 친구 만트라

만트라 명상법은 투명한 자각 능력을 키울 수 있는 강력한 기법입니다. 그뿐 아니라 깨달음을 얻은 스승들이 수천 년에 걸쳐 낭송해 온 음절의 힘을 통해 정신적 몽롱함의 층을 벗겨내고 자신과 타인을 이롭게 하는 능력을 증대하는 기법입니다. 처음에는 이 연결성을 받아들이기가 꽤 어려울 수 있습니다. 이건 너무나도 마술처럼 느껴집니다. 만트라 음절이라는 개념을 수천 년, 어쩌면 수백만 년 동안 공간 속에 지속되어 온 음파라고 생각하는 편이 더 이해하기 쉬울 겁니다.

만트라 명상에서는 마음을 고요하게 하고 투명하게 하는 데 직접적인 효과가 있는 듯한 특정한 일련의 음절을 마음속으로 반복하는 것에 주의를 집중합니다. 이 수행을 위해 우리는 아주 간단한 세 음절 집합을 이용할 것입니다. 그것들은 모든 만트라의 가장 기초적인 성분을 이루는 '옴 아 훙'입니다. '옴'은 경험의 명료하고 뚜렷하고 지각적인 측면을 나타냅니다. '아'는 비어 있는 혹은 본래 열려 있는 측면을 나타냅니다. '훙'은 뚜렷한 현상과 그 현상의 본래 비어 있는 본성이 결합된 것을 나타냅니다.

이 만트라를 소리 내어 낭송하는 것으로 시작한 뒤 서서히 암송이라는 좀 더 내면적인 형태로 들어갈 수 있습니다. 중요한 점은 이 만트라를 약 3분 동안 마음속으로 줄곧 암송한 뒤 다만 마음을 휴식하고, 암송과 마음 휴식을 할 수 있는 만큼 번갈아 하는 것입니다. 그 효과를 즉시 느끼든 그렇지 않든 당신은 어떤 것을 움직이게 했습니다. 그 '어떤 것'은 마음의 자유입니다.

그러나 자유는 우리가 생각하는 형태로는 좀처럼 찾아오지 않습니다. 사실 우리 대부분에게 자유는 낯설게 느껴질 뿐 아니라 뚜렷이 불쾌하게도 느껴집니다. 우리 자신이 우리의 사슬에 길들어 있기 때문입니다. 이 사슬은 피부를 벗겨지게 할 수도 있고 피 흘리게 할 수도 있지만 적어도 이것은 익숙합니다.

하지만 익숙함은 그저 생각이거나 때로는 느낌일 뿐입니다. 우리가 익숙함에서 자유로 넘어가는 어려운 변환을 완성하는 데 도움을 주기 위해 붓다는 생각과 느낌을 직접 다루는 방법을 알려 주었습니다.

12
생각과 느낌 다루기

생각은 마음의 자연스러운 활동이다.
명상은 생각을 멈추는 것이 아니다.
명상은 자연스러운 상태에서 마음을
휴식하는 과정일 뿐이다. 명상은 생각,
감정, 기분이 일면 그것을 자연스럽게
자각하고 그것에 마음을 여는 것이다.
마음은 마치 강과 같으며, 강과
마찬가지로 마음의 흐름을 멈추려고
애쓰는 것은 아무 소용이 없다.

갈망에게 등을 돌리라!
집착을 뿌리 뽑으라!
　　잠곤 콩툴 〈확신의 횃불〉

오래전 인도에 한 소몰이꾼이 있었습니다. 그는 주인의 젖소들을 돌보며 일생의 대부분을 보냈습니다. 그러다 마침내 환갑 무렵이 되자 깨닫게 되었습니다.

'이건 지루한 일이야. 매일매일이 똑같아. 젖소를 초원으로 몰고 가고 풀 뜯는 것을 지켜보고 다시 집으로 데려오지. 내가 여기서 뭘 배울 수 있겠어?'

그는 이 문제에 대해 한동안 생각한 뒤, 자신의 직업을 포기하고 명상하는 법을 배우기로 마음먹었습니다. 적어도 삼사라의 단조로움으로부터는 벗어나기 위한 목적이었습니다.

그는 자신의 일을 포기한 뒤 산으로 올라갔고, 어느 날 동굴 하나를 발견했습니다. 그곳에는 마하싯다 한 명이 앉아 있었습니다. 마하싯다를 보자 소몰이꾼은 뛸 듯이 기뻐하며 그에게 다가가 명상법에 대한 조언을 구했습니다. 스승은 소몰이꾼의 청을 받아들였고, 생각을 방편으로 삼아 명상하는 기본적인 가르침을 일러 주었습니다. 가르침을 받은 소몰이꾼은 근처 동굴에 자리를 잡은 뒤 수행을 해 보려고 노력했습니다.

대부분의 사람들처럼 그도 당장 문제에 부딪혔습니다. 소몰이꾼으로 일생을 보내는 동안 그는 젖소를 무척 좋아하게 되었습니다. 그러다 보니 마하싯다의 가르침을 연습하려 할 때마다 마음속에 나타난 생각과 영상은 돌보던 젖소들뿐이었습니다. 그 생각을 막으려고 갖은 애를 썼지만 젖소는 계속 나타났고, 애를 쓰면 쓸수록 젖소들은 더욱 선명하게 나타났습니다. 결국 지쳐 버린 그는 스승을 찾아가 가르침을 수행하는 데 커다란 문제가 있다고 이야기했습니다. 문제가 무엇이냐고 마하싯다가 묻자 소몰이꾼은 겪고 있는 어려움을 설명했습니다.

스승은 말했습니다.

"그건 정말로 문제가 아니네. 내가 다른 방법을 알려 줄 수도 있는데, 그것은 바로 젖소 명상법이라는 것일세."

소몰이꾼은 깜짝 놀라 물었습니다.

"뭐라고요?"

"진심이라네. 그대가 해야 할 일은 그저 보이는 젖소 영상을 관찰하는 것뿐이네. 젖소들을 초원으로 인도하면서, 젖소들이 풀을 뜯는 동안, 그리고 젖소들을 다시 농장 우리로 데리고 가면서 다만 그것들을 바라보게."

소몰이꾼은 동굴로 돌아와 앉아 이러한 일련의 가르침에 따라 새롭게 수행했습니다. 생각을 막으려고 애쓰지 않았기 때문에 이번에는 수행이 아주 수월하게 진행되었습니다. 그는 평화로움과 행복감을 느끼기 시작했고, 더 이상 젖소를 그리워하지 않게 되었습니다. 마음은 더 고요해지고 균형을 잡아 갔으며 유연해졌습니다.

얼마 후 그는 마하싯다에게 돌아가 말했습니다.

"저는 이제 젖소 명상을 마쳤습니다. 그다음엔 무엇을 할까요?"

"아주 좋네. 마음을 고요하게 하는 법을 배웠으니 젖소 명상의 두 번째 단계를 가르쳐 주겠네. 가르침은 다음과 같다네. 마치 그대 자신이 젖소인 것처럼 그대 몸에 대해 명상하게."

소몰이꾼은 동굴로 돌아와 스승이 알려 준 가르침대로 이렇게 생각하며 수행하기 시작했습니다.

'그래 나는 이제 젖소다. 나에게는 뿔과 발굽이 있고 나는 음매 소리를 내며 풀을 뜯는다……'

이 수행을 계속하자 마음이 예전보다 한결 평화로워지고 행복해지는 것을 깨닫게 되었습니다. 이 수행법에 통달했다고 느꼈을 때 그는 스승에게 돌아가 세 번째 단계가 있는지 물었습니다.

마하싯다는 천천히 대답했습니다.

"그렇다네. 젖소 명상의 세 번째 단계에서는 뿔을 갖는 것에 집중해야 한다네."

소몰이꾼은 다시 한 번 동굴로 돌아와 오로지 뿔을 갖는다는 생각에만 초점을 맞추면서 스승의 가르침을 실행했습니다. 그는 뿔의 크기와 위치, 색깔, 머리 양쪽의 무게감에 집중했습니다. 이런 식으로 수행한 지 몇 달이 지난 어느 날 그는 아침에 일어나 소변을 보러 바깥으로 나섰습니다. 그러나 동굴 밖으로 나가려고 할 때 무엇인가가 동굴 벽면을 들이받아 바깥으로 나가려는 자신을 방해하고 있음

느끼게 되었습니다. 그 방해물이 무엇인지 알아내려고 손을 위로 뻗어 더듬어 보다가 놀랍게도 양쪽 머리 위에 기다란 뿔 두 개가 자라난 것을 발견했습니다. 마침내 몸을 옆으로 돌려 동굴에서 간신히 빠져나온 그는 두려움에 사로잡힌 채 스승에게 달려갔습니다. 그는 외쳤습니다.

"무슨 일이 일어났는지 좀 보세요! 스승님께서 젖소 명상법을 알려 주셨는데 지금 저에게 뿔이 자라났어요! 끔찍해요! 악몽 같아요!"

마하싯다는 행복하다는 듯 웃음 지었습니다.

"그렇지 않네. 그것은 좋은 일이네!"

이어서 마하싯다는 외쳤습니다.

"그대는 젖소 명상의 세 번째 단계에 통달했네! 이제 그대는 네 번째 단계를 수행해야 하네. 그대는 '이제 나는 젖소가 아니고 나에게는 뿔이 없다.'라고 생각해야 하네."

충실한 소몰이꾼은 동굴로 돌아와 '나는 이제 뿔이 없다. 나는 이제 뿔이 없다. 나는 이제 뿔이 없다……'라고 생각하며 젖소 명상의 네 번째 단계를 연습했습니다. 그는 이런 식으로 며칠 동안 수행을 했고, 어느 날 아침 일어나 아무 어려움 없이 동굴 바깥으로 걸어 나갈 수 있다는 사실을 깨닫게 되었습니다. 뿔이 사라진 것입니다.

깜짝 놀란 그는 스승에게 뛰어가 그 소식을 전했습니다.

"보십시오. 이제는 더 이상 뿔이 없습니다! 어떻게 이런 일이 일어납니까? 저에게 뿔이 있다고 생각하자 뿔이 생겼습니다. 저에게 뿔이 없다고 생각하자 뿔이 사라졌습니다. 왜인가요?"

"그대가 마음을 집중했기 때문에 뿔은 왔다가 갔다네. 마음은 아주 강력하다네. 마음은 경험을 진정한 현실처럼 만들 수도 있고 현실이 아닌 것처럼 만들 수도 있다네."
"아, 그렇구나."
스승은 설명을 계속했습니다.
"그대 마음이 집중한 바에 따라 나타나고 사라지는 것은 뿔만이 아니라네. 모든 것이 그와 같다네. 그대의 몸, 다른 사람들, 세상 전체가 그러하다네. 그들의 본성은 공이지. 그대 마음이 지각하는 것 이외에 실제로 존재하는 것은 없다네. 이것을 깨닫는 것이 대상을 진정으로 바라본다는 의미이지. 먼저 그대 마음을 고요하게 할 필요가 있네. 그리고 나서 사물을 투명하게 보는 법을 배우게. 이것이 젖소 명상의 다섯 번째 단계라네. 평온한 마음과 대상을 진정으로 바라보기 사이에서 균형을 이루는 법을 배우는 것이라네."

소몰이꾼은 다시 동굴로 돌아와 평온한 마음과 대상을 진정으로 바라보기에 대해 명상했습니다. 몇 년 후에는 그 자신이 마하싯다가 되었고 마음은 고요해졌으며 삼사라적 고통의 순환으로부터 자유로워졌습니다.

이제 이 세상에는 소몰이꾼이 많이 존재하지 않습니다. 그들이 존재한다면 세상은 좀 더 평화로운 곳이 될 텐데 말입니다. 그럼에도 불구하고 용기를 낸다면 당신도 나이 든 소몰이꾼처럼 수행할 수 있습니다. 그러나 자동차 같은 다른 대상을 이용하겠지요. 몇 년 동안 자동차 명상을 한 뒤에는 마침내 당신도 나이 많은 소몰이꾼처럼 위대한 스승이 될 수 있습니다. 물론 당신은 몇 년의 시간을 기꺼이 투자해서 헤드라이트, 문, 좌석 벨트나 어쩌면 트렁크를 자라게 하고 그 후 그것들을 사라지게 하는 법을 배워야 합니다. 그리고 수행하는 동안 자신이 사무실 엘리베이터에 들어가고 나가기가 어렵다는 사실을 발견하게 될 것입니다. 또한 당신의 동료들은 자신들의 질문에 말 대신 경적 소리로 대답하는 당신이 조금 이상하다고 생각할 것입니다.

물론 농담입니다. 젖소 뿔이나 자동차 미등을 키우는 법보다 훨씬 배우기 쉬운, 생각을 다루는 방법들이 존재합니다.

생각 이용하기

> 생각이 일면 그것이 잘못되었다고 생각하지 말고
> 생각이 비어 있음을 인식하고 있는 그대로 놓아두라.
> 괏상파 〈최상의 연속체〉

다섯 가지 감각과 친구가 되고 감각기관을 통해 입력되는 정보를 명상의 방편으로 이용하는 법을 배우고 난 뒤에도 '정신 나간 원숭이'를 다루는 데 몇 가지 어려움을 겪을지 모릅니다. 정신 나간 원숭이는 여기저기 뛰어다니면서 혼란과 의심, 불확실성을 만들기 좋아하는 정신 의식입니다. 단순하게 감각을 자각하며 휴식하는 법을 배우더라도 마음속 그 정신 나간 원숭이는 일어난 사건을 다른 방식으로 불안하게 해석함으로써 당신이 이룬 모든 고요함, 밝음, 열려 있음을 방해하는 새로운 방법을 언제나 찾아낼 겁니다. 그것은 원숭이가 주변으로 방석을 던지고 제단 제물을 게걸스럽게 먹어 치우는 행위에 해당하는 일종의 심리학적 행동입니다. 정신 나간 원숭이의 방해는 다루기 어렵습니다. 하지만 '나쁜' 일은 아닙니다. 그것은 단지 자신을 분명히 하려고 애쓰는 견고한 뉴런 패턴의 문제입니다. 본래 이 정신 나간 원숭이는 인간의 생존을 위협하는 것에 대한 반응으로서 신경학적으로 프로그래밍된 것입니다. 원숭이에게 화를 내기보다는 그 원숭이를 다루십시오. 우리의 생존을 도우려는 행동에 감사하는 마음을 만들어 내지 못할 이유가 어디 있겠습니까?

감각을 다루는 법을 일단 배우고 나면, 이제는 마음을 고요하게 하는 방편으로 정신 나간 원숭이가 만들어 내는 생각과 감정을 이용하여 원숭이를 다룰 필요가 있습니다. 그리고 이런 생각과 감정을 일단 다루기 시작하면 당신은 생존을 기반으로 한 오랜 패턴으로부터 완전히 새로운 차원에서 자유로워지는 것을 발견하게 될 것입니다. 자신의 모든 생각과 느낌이 사실인지 혹은 습관인지부터 질문함으로써 그 과정을 시작합니다.

우리가 인생에서 맨 처음 배운 교훈들이 가장 중요한 것인 경우가 많습니다. '길 건너기 전에 양쪽을 잘 살펴라.' '모르는 사람이 주는 사탕은 받지 마라.' '성냥 가지고 장난치지 마라.' 등입니다. 그럴 만한 이유가 있기 때문에 아이들은 부모로부터 이런 얘기를 반복해서 듣습니다. 그러나 이런 어린 시절 가르침의 중요성만큼이나 쉽게 우리는 늘 그것을 잊어버리게 되는 것 같습니다. 인간은 본질적으로 위험을 감수합니다. 그것이 우리가 학습하는 방법입니다. 그러나 어떤 교훈들은 그것을 지키지 않으면 목숨이 위태로워지기도 하고 지속적인 고통이 생기기도 합니다. 어른이 되고 나서도 어린아이였을 때 배운 가르침을 반복하고 이것을 우리 아이들에게 물려주어야 하는 이유가 그것입니다. 어떤 가르침은 단지 반복할 필요가 있습니다.

그러므로 내가 정식 수행 초기에 배운 것을 반복하더라도 용서해 주기 바랍니다.

생각은 마음의 자연스러운 활동이다.

명상은 생각을 멈추는 것이 아니다.

명상은 자연스러운 상태에서 마음을 휴식하는 과정일 뿐이다.

명상은 생각, 감정, 기분이 일면 그것을 자연스럽게 자각하고 그것에 마음을 여는 것이다.

마음은 마치 강과 같으며, 강과 마찬가지로 마음의 흐름을 멈추려고 애쓰는 것은 아무 소용이 없습니다. 당신은 심장의 박동이나 폐의 호흡도 멈추려고 할 것입니다. 그것이 무슨 소용이 있겠습니까?

그러나 이것이 마음이 만들어 내는 모든 것의 노예가 되어야 한다는 뜻은 아닙니다. 생각의 본성과 근원을 이해하지 못할 때 당신의 생각이 '당신을 이용'하게 됩니다. 붓다는 마음의 이런 성질을 깨달았을 때 그 과정을 거꾸로 이용했습니다. 생각에게 '이용당하지' 않고 어떻게 생각을 이용할 수 있는가를 우리에게 보여 주었습니다.

아버지와 정식 수행을 처음 시작했을 때 나는 몹시 긴장했습니다. 내 마음이 얼마나 활동적인지, 매 순간 얼마나 많은 정신 나간 생각이 내 마음속을 빠르게 통과해 가는지 아버지가 보게 될 것이라고 확신했습니다. 게다가 나는 명상을 배우기에 괜찮은 후보감이 아니기 때문에 아버지가 다른 곳으로 보내 버릴 것이라고도 확신했습니다. 어떤 면에서는 내가 맞았습니다. 내 마음이 얼마나 정신 나간 상태인지 아버지는 분명히 보셨습니다. 그러나 명상을 하기에 스스로 나쁜 후보감이라고 생각했던 점에서는 내가 틀렸습니다.

나를 비롯한 제자들에게 아버지가 해 주신 말씀은 명상하는 동안 아무리 많은 생각들이 마음속을 통과해 지나가더라도 괜찮다는 것이었습니다. 일 분이라는 시간 동안 백 가지 생각이 마음속을 통과해 지나간다면 당신은 명상을 위한 백 가지 방편을 갖는 것입니다.

아버지는 말씀하곤 하셨습니다.

"넌 참으로 운이 좋구나! 네 머릿속의 정신 나간 원숭이가 사방으로 뛰어다니고 있으면 그것은 좋은 일이다! 정신 나간 원숭이가 뛰어다니는 것을 다만 지켜보아라. 모든 뛰어다님, 모든 생각, 모든 산만함이 모든 감각 대상처럼 명상의 방편이다. 주의를 산만하게 하는 많은 것들로 마음이 힘들어하고 있는 것을 발견하면 모든 산만함의 원인을 명상의 대상으로 삼을 수 있다. 그러면 그것들이 산만해지기를 멈추고 네 명상 수행의 방편이 될 것이다."

그러나 아버지는 생각이 일어날 때 그 생각을 모두 유지하려고 애쓰지는 말라는 경고도 하셨습니다. 마음속을 통과해 지나가는 것이 무엇이든 그것이 오고 가는 것을 다만 지켜보아야만 합니다. 집착 없이 가볍게, 우리가 형태와 소리와 냄새에 부드럽게 주의를 기울이는 연습을 한 것처럼 하면 됩니다.

생각을 관찰하는 것은 버스를 놓치지 않으려고 달리는 것과 약간 비슷합니다. 당신이 버스 정류장에 도착하는 순간 버스는 어느새 출발하기 시작하고, 그러므로 다음 버스가 오기를 기다려야 합니다. 마찬가지로 생각과 생각 사이에는 종종 틈이 있습니다. 어쩌면 찰나 동안만 지속될지 모르지만 그래도 틈은 존재합니다. 이 틈은 자연스러운 마음이 완전히 열리는 경험입니다. 그러고 나면 다른 생각이 솟아나고, 그것이 사라지면 또 다른 틈이 생깁니다. 그 후 다른 생각이 왔다가 가고, 그 뒤를 또 다른 틈이 뒤따릅니다.

생각을 관찰하는 과정은 이런 식으로 계속됩니다. 생각 뒤를 틈이 뒤따르고, 그 뒤를 생각이 뒤따르고, 그리고 틈이 뒤따릅니다. 이 수행을 계속하다 보면 아주 서서히 그 틈은 점점 길어지고, 마음을 있는 그대로 휴식하는 경험은 더욱 생생해집니다. 그러므로 마음속에는 생각이 있는 것과 생각이 없는 것, 두 가지 기본 상태가 존재하고 이 둘 다 명상의 방편들입니다.

처음에는 생각에 집중한 주의가 항상 약해집니다. 이것은 좋은 일입니다. 마음이 방황하기 시작하는 것을 발견하면 단지 그 방황을 자각하십시오. 당신의 자각이 부드럽게 스며들게 할 수 있다면 망상조차 명상의 방편이 될 수 있습니다.

그리고 '어이쿠! 내 생각을 지켜봐야 하는데, 형태에 초점을 맞추어야 하는데, 소리에 귀를 기울여야 하는데, 내 생각을 관찰해야 하는데' 하고 갑자기 깨닫게 되면, 집중하려고 한 대상이 무엇이든 다만 그것에 다시 주의를 집중하십시오. 이러한 '어이쿠' 순간에 대한 위대한 비밀은 사실 그것이 당신의 근본적인 본성을 찰나적으로 경험한 순간이라는 점입니다.

경험하는 모든 '어이쿠'를 붙잡는다면 좋을 것입니다. 그러나 당신은 그렇게 할 수 없습니다. 그렇게 하다 보면 그것들은 관념으로 굳어집니다. 즉 '어이쿠'가 의미하도록 정해져 있던 개념으로 굳어집니다. 한 가지 좋은 소식은 수행을 많이 하면 할수록 '어이쿠'를 경험할 가능성이 높아진다는 것입니다. 그리고 이러한 '어이쿠'는 서서히 늘어나기 시작해 어느 날은 '어이쿠'가 자연스러운 마음 상태가 됩니다. 뉴런들의 수다의 습관적인 패턴으로부터 해방되는 것입니다. 그리고 이것은 당신으로 하여금 모든 생각, 모든 느낌, 모든 상황을 완전히 자유롭고 열린 마음으로 바라볼 수 있게 합니다.

'어이쿠'는 멋진 것입니다.

이제 명상의 방편인 당신의 생각에 주의를 집중하면서 '어이쿠'를 수행해 보십시오. 다른 모든 수행에서처럼 대상 없는 자각 상태에서 잠시 동안 마음을 그냥 휴식하면서 시작하는 것이 중요합니다. 그러고 나서 생각을 지켜보기 시작합니다. 너무 오랫동안 수행하려고 애쓰지는 마십시오. 몇 분 동안만 하십시오.

우선 1분 동안 다만 마음을 쉬게 합니다.

그 후 약 2분 정도 마음속으로 생각을 자각합니다.

그리고 다시 1분 동안 마음을 휴식합니다.

끝나고 나서 그 경험이 어떠했는지 자신에게 물어보십시오. '어이쿠'가 많았습니까? 생각들을 아주 분명하게 볼 수 있었습니까? 아니면 생각들이 흐릿하고 희미했습니까? 혹은 당신이 바라보려고 하자마자 엷은 공기 속으로 그냥 사라져 버렸습니까?

대중 강연에서 이 수행법을 가르치고 나서 사람들에게 그 경험에 대해 물었을 때 다양한 대답을 많이 들었습니다. 어떤 사람은 생각을 지켜보려고 하자 생각 자체가 다소 엉큼해졌다고 했습니다. 생각은 즉시 사라지기도 했고 그다지 선명하게 일어나지 않기도 했습니다. 어떤 사람은 생각이 아주 확실하고 분명해져서 마음속에 단어처럼 나타났고, 많은 집착이나 방해 없이 생각이 오고 감을 관찰할 수 있었다고 말했습니다.

이제 큰 비밀을 하나 알려 드리겠습니다.

'비밀이란 것은 없습니다!'

사람들이 말하는 양 극단과 그 사이의 모두가 명상의 경험입니다. 생각을 두려워하고 있다면 당신은 생각에게 당신을 지배할 힘을 부여하고 있습니다. 왜냐하면 그것들이 너무도 견고하고 실제 같고 진실처럼 보이기 때문입니다. 당신이 더 무서워할수록 생각은 더욱 강해지는 듯 보입니다. 그러나 생각을 관찰하기 시작하면 그들에게 부여한 힘이 사라지기 시작합니다. 이것은 두 가지 중 하나로 일어날 수 있습니다.

앞에서 설명한 것처럼 생각을 면밀히 관찰하면 때로는 그것이 매우 빠르게 나타났다가 사라지면서 그 사이에 작은 틈을 남긴다는 사실을 알아차리게 될 것입니다. 처음에는 한 생각과 다음 생각 사이의 틈이 그다지 길지 않을 것입니다. 그러나 수행을 할수록 그 틈은 길어지고 당신의 마음은 대상 없는 명상 상태에서 더욱 평화롭게 활짝 열려 휴식하기 시작합니다.

어떤 경우는 생각을 관찰하는 단순한 수행이 텔레비전 시청이나 영화 관람처럼 됩니다. 텔레비전이나 영화 스크린에서는 많은 일이 일어나고 있지만 당신이 그 영화나 텔레비전 화면 '속에' 실제로 존재하지는 않습니다. 당신 자신과 보고 있는 것 사이에는 약간의 공간이 있습니다. 생각을 관찰하는 수행을 할 때 당신은 자신과 자신의 생각 사이에서 똑같은 종류의 작은 공간을 실제로 경험할 수 있습니다. 당신이 이 공간을 실제로 만들고 있는 것은 아닙니다. 그것은 언제나 그곳에 존재했기 때문입니다. 당신은 단지 스스로가 그것을 알아차리게 할 뿐입니다. 그리고 이 공간을 자각하게 됨으로써 자신의 생각에 빠지거나 조종되지 않고 생각 관찰을 실제로 즐기기 시작할 수 있습니다. 그것이 비록 무서운 생각일지라도. 아이들이 모래성을 쌓고 장난감 병정으로 전쟁놀이를 하거나 다른 경기에 몰두하며 노는 것을 어른들이 지켜보는 것처럼 생각들이 자신만의 방식으로 퍼져 가게 하십시오. 아이들은 자기만의 활동에 깊이 빠져 있지만 어른은 그 것을 지켜보며 아이들의 심각함에 애정 어린 웃음을 보낼 뿐입니다.

이러한 경험 중 어떤 것이 당신에게 다가와도 좋습니다. 수행을 하면서 경험이 다양해질 것이라는 데는 의심의 여지가 없습니다. 때로 당신은 생각을 아주 면밀히 관찰하고, 생각이 오고 가는 것을 바라보며, 그 사이의 틈을 알아차리게 될 것입니다. 때로는 약간의 거리를 두고 그것들을 단지 관찰하게 될 것입니다. 명상은 대부분의 사람들이 생각하는 것보다 훨씬 쉽습니다. 무슨 일이 일어나고 있는지 자각하고 있는 한 당신이 경험하는 모든 것이 명상입니다!

경험이 명상에서 다른 것으로 바뀌는 유일한 순간은 당신이 경험을 지배하거나 변화시키려고 애쓰는 때입니다. 하지만 경험을 지배하려는 당신의 시도를 자각한다면 그것 또한 명상입니다.

물론 어떤 사람들은 아무런 생각도 보지 못합니다. 그들의 마음은 단지 백지 상태가 됩니다. 그것 또한 좋습니다. 그것은 당신이 다루고 있는 '당신의' 마음이므로 누구도 당신을 판단할 수 없고 누구도 당신의 경험에 대해 당신을 점수 매길 수 없습니다. 명상은 독특한 개인적인 과정이며 어떤 두 사람의 경험도 같을 수 없습니다. 수행을 계속하면서 자신의 경험이 날이면 날마다, 수행 시간이면 수행 시간마다 달라짐을 분명히 발견하게 될 것입니다. 때로는 생각이 매우 선명하고 관찰하기 쉬울 것입니다. 때로는 매우 모호하고 파악하기 힘들어 보일 것입니다. 더러는 수행하려고 앉을 때 마음이 매우 둔감해지고 몽롱해지는 것을 보게 될 것입니다. 그것 또한 좋습니다. 둔감함은 명상하려는 당신의 의도에 반응하여 일련의 뉴런이 서로 수다를 떠는 것에 지나지 않습니다. 그리고 당신은 그 둔감함이나 당신이 느끼는 다른 것을 단지 관찰할 수 있습니다. 관찰이 곧 명상입니다. 특정한 순간에 경험하게 된 모든 것에 순수하게 집중하는 것이 명상입니다. '나는 명상할 줄 몰라.'와 같은 생각으로 표현되는 뉴런들의 수다조차 그것을 관찰하는 한 명상의 방편이 될 수 있습니다.

자각 상태나 깨어 있는 마음을 유지하는 한, 수행할 때 무슨 일이 일어나더라도 수행은 명상입니다. 당신이 자신의 생각을 관찰한다면 그것은 명상입니다. 당신이 자신의 생각을 관찰할 수 없다면 그것 또한 명상입니다. 이러한 경험 모두가 명상의 방편이 될 수 있습니다. 중요한 것은 어떤 생각, 감정, 기분이 생기더라도 깨어 있는 마음을 유지하는 것입니다. 일어나는 모든 일을 자각하는 것이 명상이라는 점을 기억한다면 명상은 당신이 생각하는 것보다 한결 쉬워집니다.

특수한 경우-불쾌한 생각들

> 무슨 생각이 일어나든 그 생각을 멈추려 하지 마라.
> 9대 갈와 카르마파 〈마하무드라-분명한 의미의 대양〉

특히 명상 초보라면 불쾌한 경험과 관련된 생각들-구체적으로는 질투, 분노, 두려움, 시기처럼 강한 감정과 관련된 것들-을 순수하게 주시하며 관찰하기가 매우 어려울 수 있습니다. 이런 불쾌한 생각은 너무도 강력하고 오래 지속될 수 있으므로 마음이 이것들을 뒤쫓아 가는 데 사로잡히기 쉽습니다. 이 문제에 대해 나와 만나 상의한 사람들의 숫자를 다 세려면 내 손가락과 발가락이 모자랄 지경입니다. 그 생각이 집이나 사무실 혹은 잊지 못할 다른 장소에서 누군가와 다투었던 기억에 관한 것이라면 특히 그렇습니다. 날이 갈수록 자신이 말하고 행동했던 것에 덧붙인 생각들로 마음은 계속 되돌아갑니다. 그리고 그 사람이 얼마나 끔찍했었나, 그때 자신이 무슨 말을 할 수 있었나, 무슨 말을 했어야 했나, 앙갚음을 하기 위해 무엇을 하면 될까 생각하는 데 사로잡힌 자신을 발견합니다.

이런 종류의 생각을 다루는 가장 좋은 방법은 한 걸음 뒤로 물러서서 대상 없는 명상 상태에서 1분 동안 마음을 휴식하는 것입니다. 그러고 나서 모든 생각과 그 주위를 맴도는 관념에 주의를 집중하십시오. 형태를 가진 것의 모양이나 색깔을 관찰하던 것처럼 몇 분 동안 생각과 관념을 직접 관찰합니다. 대상 없는 명상 상태에서 마음 휴식하기와 동일한 생각으로 주의 되돌리기를 번갈아 하십시오.

부정적인 생각을 이런 식으로 다루면 두 가지 일이 일어납니다. 걱정하지 마십시오. 어느 것도 뿌리 자라게 하지는 않으니까요! 첫째, 자각 상태에서 휴식할수록 마음이 안정되기 시작합니다. 둘째, 형태나 소리, 그 밖의 감각 방편을 다룰 때 그랬던 것처럼 특정한 생각이나 이야기에 집중했던 주의가 왔다 갔다 하는 것을 발견하게 될 것입니다. 그리고 빨래를 개거나 식료품 가게에서 물건을 사거나 회의를 준비하는 것 같은 다른 일들이 그 생각이나 이야기를 방해하기 시작하면서, 서서히 불쾌한 관념은 마음속에서 지배력을 상실하게 될 것입니다. 그것들이 처음 보았을 때만큼 견고하거나 강력하지는 않다는 사실을 알아차리게 됩니다. 이것은 전화기의 통화 중 신호와 비슷합니다. 성가시기는 하겠지만 다룰 수 없는 것은 아닙니다.

불쾌한 생각을 이런 식으로 다루면 이것들은 골칫거리가 아닌 정신적 안정을 위한 자산이 됩니다. 이것은 체육관에서 운동할 때 들어 올리는 봉에 무게를 더하는 것과 비슷합니다. 당신은 점점 더 높은 스트레스 지수에 대처하는 심리학적 근육을 발달시키고 있습니다.

감정 이용하기

> 자신의 감정에 완전히 휘둘릴 필요는 없다.
> 칼루 린포체 〈부드럽게 속삭이는 가르침〉

감정은 생생하고 오래가기 때문에 명상의 방편으로 삼기에는 생각보다 훨씬 유용할 수 있습니다. 아버지와 여러 스승들은 감정에 세 가지 기본 종류가 있음을 나에게 인식시켜 주었습니다. 긍정적인 감정, 부정적인 감정, 중립적인 감정입니다.

사랑, 자비, 우정, 충실함과 같은 긍정적인 감정은 마음을 강인하게 하고 자신감을 길러 주며 도움이 필요한 사람들을 도울 능력을 키워 줍니다. 불교 경전의 일부 번역서들은 이러한 감정과 여기에 관련된 행동을 '덕이 있다.'라고 말합니다. 서양인 청중 사이에서 내가 관찰한 바에 따르면 적어도 이것은 도덕성과 관련 있는 듯한 번역입니다. 사실 이런 행동과 감정은 도덕이나 윤리와는 관계없습니다. 서양 단어의 의미를 조금 알고 있는 한 제자가 내게 설명해 준 사실에 따르면 '덕행'이라는 단어는 티베트 어로 번역하면 '게와'입니다. 이것은 치유력 측면에서 능력이나 효과가 있다는, '덕행'의 고대 의미와 더욱 밀접하게 관련되어 있습니다.

두려움, 분노, 슬픔, 질투, 비탄, 시기와 같은 부정적인 감정들은 종종 '덕이 없는' 감정으로 번역되는데 티베트 어로는 '미게와'라고 합니다. 이것들은 마음을 약하게 하고 자신감을 약화시키며 두려움을 증가시키는 경향이 있는 감정입니다.

한편 연필, 종이, 스테이플러 철심 제거기에게 우리가 느낄 감정의 종류처럼 다소 중립적인 감정들은 기본적으로 긍정과 부정이 절반씩 섞인 반응으로 이루어집니다. 아무리 노력해도 연필에 대해 긍정적이거나 부정적인 감정을 느끼기는 어렵습니다.

감정을 명상의 방편으로 이용하는 방법은 경험하고 있는 감정의 종류에 따라 달라집니다. 마음을 강인하게 하는 긍정적인 감정을 느끼고 있다면 그 느낌과 느낌의 대상 모두에게 초점을 둘 수 있습니다. 예를 들어 아이에게 사랑을 느낀다면 그 아이와 아이에게 느껴지는 사랑 모두에 주의를 집중할 수 있습니다. 어려움을 겪고 있는 어떤 사람에게 자비를 느낀다면 도움을 필요로 하는 사람과 당신이 느끼는 자비에 집중할 수 있습니다. 이런 식으로 감정의 대상은 감정 자체를 위한 방편이 되는 한편, 감정은 그 감정을 불러일으키는 대상에게 집중하기 위한 방편이 됩니다.

정반대로, 부정적인 감정을 가진 대상에게 주의를 유지하는 것은 그 사람이나 상황이나 사물의 이미지를 '그 자체로 나쁜' 것으로 강화하는 경향이 있습니다. 자비나 자신감이나 다른 어떤 긍정적인 감정을 키우려고 아무리 노력해도 당신의 마음은 거의 자동적으로 그 부정적인 감정을 지닌 대상과 연결될 것입니다.

"와, 저것은 '나빠.' 싸워. 없애 버려. 아니면 도망쳐."

부정적인 감정에 대한 좀 더 건설적인 접근법은 부정적인 생각을 다루는 것과 마찬가지로 감정의 대상보다는 감정 자체에 집중하며 다만 휴식하는 것입니다. 머리로 분석하지 말고 다만 그 감정을 바라보십시오. 그것을 유지하려고도 막으려고도 하지 마십시오. 그냥 관찰하십시오. 이렇게 하면 처음에 그랬던 것만큼 그 감정이 거대해 보이거나 강력해 보이지 않을 것입니다.

이것이 안거 수행 첫해 동안 내가 연습했던 과정과 같은 종류의 명상법입니다. 다른 사람에 대해 느꼈던 두려움과 불안이 나로 하여금 서둘러 방으로 돌아와 홀로 앉아 있게 했던 그때에 연습했던 것입니다. 일단 나의 두려움을 단순히 관찰하기 시작하자 그 두려움은 내가 극복할 수 없는 단단하고 분리되지 않는 괴물이 아니라는 사실을 나는 알아차리기 시작했습니다. 오히려 그것은 조그맣게 흘러가는 일련의 기분과 이미지일 뿐이었습니다. 내 자각의 안팎에서 너무도 재빠르게 튀어나왔기 때문에 단단하고 한 덩어리인 듯한 형상만을 나타낸 것이었습니다. 나중에 알게 되었지만 이것은 아원자 입자들의 빙빙 도는 덩어리가 분리될 수 없는 견고한 형상을 만들어 내는 것과 비슷합니다. 나의 두려움을 이런 식으로 관찰한 뒤 나는 생각하기 시작했습니다.

'음, 이거 흥미롭구나. 이 두려움은 그리 크거나 강력한 게 결코 아니었구나. 사실 이건 별로 해롭지도 않구나. 이건 나타났다가 1, 2초간 서성거리다 그냥 사라지는 일시적인 감각 다발일 뿐이구나.'

물론 이것이 하룻밤 새 일어나지는 않았습니다. 실험에 푹 빠진 어떤 미친 과학자처럼 나는 그 과정에 온통 몰두한 채 몇 주를 보내야 했습니다. 물론 나를 뒷받침했던 몇 년간의 수행의 덕도 보았습니다.

그러나 나는 그 경험에서 빠져나왔습니다. 수십 세기 전 붓다가 제공한 다양한 방법들 모두에 새로운 고마움을 느끼면서. 붓다는 개인적으로 전혀 알지 못하는 사람들이 그런 어려움을 극복하도록 도우려고 다양한 방법을 알려 주었습니다. 나중에 나는 뇌의 구조와 기능에 대해 좀 더 배우게 되었고, 현대 물리학자들이 설명하는 실체의 본성을 통찰하게 되었습니다. 그때는, 붓다가 자기 성찰을 통해 도달했던 기법들과, 그 기법들이 효과가 있는 이유를 객관적인 관찰을 통해 설명하는 방식 사이에 관련성이 많다는 사실에 더 큰 감명을 받았습니다.

그러나 때때로 부정적인 감정과 관련된 대상은 그것이 사람이든 장소든 사건이든 너무나도 분명하고 계속 떠올라서 무시할 수가 없습니다. 만약 그렇다면 절대로 그걸 막으려 하지 마십시오. 그걸 이용하십시오. 앞에서 배웠던 방법을 이용해서 그 대상의 형태, 냄새, 맛, 그 밖의 감각 지각에 주의를 집중하며 휴식하십시오. 이렇게 하면 감정의 대상이 그 자체로 매우 강력한 명상의 방편이 될 수 있습니다.

이 접근법은 앞에서 설명한 기본적인 번뇌를 직접 다루게 될 때 유용합니다. 번뇌, 즉 마음의 괴로움이라는 주제를 접했을 때 나는 이렇게 생각했습니다.

'아, 안 돼. 나는 결점투성이야. 나는 무지한 데다 집착도 많고 혐오감도 많이 느껴. 난 남은 일생을 불행과 함께하게 될 거야.'

그러나 그 후 오래된 속담을 듣게 되었습니다. 그것이 사실을 기반으로 한 것인지는 모르겠지만 다음과 비슷한 말입니다.

'공작새는 독을 먹지만 그 새가 먹은 독은 아름다운 깃털로 변화한다.'

나는 대부분의 어린 시절을 두려움과 불안이라는 작은 공 안에 갇힌 채 보냈기 때문에 마음의 괴로움이 얼마나 강력할 수 있는지 알고 있습니다. 나는 내가 죽을 것이라고 생각하면서 십삼 년을 보냈고, 때로는 내가 느낀 두려움에서 단지 벗어나기 위해 그렇게 되기를 소망하기도 했습니다. 안거 수행에 들어가 이런 괴로움을 정면으로 마주본 뒤에야 무지, 집착, 혐오는 내가 다룰 수 있도록 나에게 주어진 재료라는 사실을 깨닫게 되었습니다. 이것들은 공작새가 먹은 독처럼 커다란 축복의 근원으로 밝혀졌습니다.

사실 모든 마음의 괴로움은 지혜의 토대입니다. 괴로움에 사로잡히거나 그것을 억누르려고 한다면 우리는 자신에게 더 많은 문제를 일으키고 말 뿐입니다. 그 대신 그것을 직접 바라본다면, 우리를 죽일지도 모른다고 두려워하던 것들이 우리가 바라 마지않던 가장 강력한 명상의 방편으로 서서히 변할 것입니다.

마음의 괴로움은 적이 아닙니다. 그것은 친구입니다.

이것은 받아들이기 어려운 진실입니다. 그러나 그것에서 뒷걸음질 칠 때마다 공작새를 생각하십시오. 독은 그다지 맛있지 않습니다. 그러나 당신이 그 독을 삼키면 그것은 아름다움으로 변합니다.

수행에 대한 마지막 수업에서 우리는 가장 무시무시하고 불쾌한 경험을 대할 때 적용할 수 있는 명상법적 해결책을 살펴볼 것입니다. 어떤 경험이 우리를 물러서게 하거나 두렵게 하거나 허약하게 하는 듯한 정도와 우리를 더욱 강인하고 자신 있고 열려 있게 하며 참본성의 무한한 가능성을 더 받아들일 수 있도록 하는 정도가 동일하다는 사실을 우리는 이 수행법들을 점검하면서 깨닫게 될 것입니다.

13
마음 깊은 곳을 열기

단지 관점을 바꿈으로써 자신의 체험을
바꿀 수 있을 뿐 아니라 이 세상 또한
변화시킬 수 있다. 당신이 감정을 느끼고
있는 대상은 고통의 원인이 아니다.
그보다는 당신이 집중하고 있는 사람이나
사물에 대해 당신 자신이 정신적으로
만들어 낸 반응이 고통의 원인이다.

> 보이는 이 모두를 사랑이 담긴 열린 마음으로 지켜보라.
>
> 산티데바 〈입보리행론〉

우리 모두는 하나의 행성에서 인간 사회 속에 살아가고 있기 때문에 더불어 협력하는 법을 배워야 합니다. 자비가 전혀 없는 세상에서 우리가 함께 협력할 수 있는 유일한 길은 경찰과 군대 그리고 이것들을 뒷받침할 법률과 무기 같은, 외부 기관의 강제력을 통해서입니다. 그러나 서로에 대해 자애와 자비를 키우는 법을 배울 수 있다면, 즉 자신을 이롭게 하려는 모든 행동이 다른 사람에게도 이익을 주어야 하고 그 반대도 마찬가지임을 자연스럽게 이해할 수 있다면, 우리에게 법률이나 군대, 경찰, 총, 폭탄은 필요하지 않을 것입니다. 바꿔 말하면 열린 마음을 키우는 것은 자신에게 제공할 수 있는 가장 좋은 형태의 안전입니다.

모두가 친절하고 자비롭다면 이 세상은 지루한 곳이 될 것이고 사람들은 할 일 없이 빈둥거리는 양떼에 지나지 않을 것이라고 누군가 말하는 것을 들은 적이 있습니다. 이 말은 사실과 매우 거리가 멉니다. 자비심은 성실한 마음입니다. 이 세상 문제에는 끝이 없습니다. 매일 수천 명의 아이가 굶어 죽고, 신문에조차 보도되지 않는 전쟁으로 인해 사람들이 살육되고, 유해한 가스가 공기 중에 점점 늘어나 우리의 존재 자체를 위협하고 있습니다. 그러나 고통을 발견하기 위해 그렇게 먼 곳까지 찾아볼 필요도 없습니다. 우리는 온통 주위에서 그것을 볼 수 있습니다. 이혼의 고통을 겪고 있는 직장 동료에게서, 몸과 마음의 병을 이겨 내고 있는 친척에게서, 직장을 잃은 친구에게서 찾을 수 있습니다. 또한 원하지 않는다는 이유로, 잃어버렸다는 이유로, 버려졌다는 이유로 매일 죽음에 내몰리는 수백 마리의 동물에서도 그 고통을 볼 수 있습니다.

자비심이 얼마나 적극적인 것인지 진정으로 보고 싶다면 5분도 채 걸리지 않을 아주 간단한 연습을 알려 드리겠습니다. 펜과 종이를 들고 앉아서, 해결되는 모습을 보고 싶은 문제 열 가지를 나열해 보십시오. 그것이 지구 전체의 문제든 집안의 대소사든 상관없습니다. 해결책을 생각해 낼 필요도 없습니다. 단지 목록만 작성하십시오.

이렇게 목록을 적는 단순한 행위가 당신의 태도를 크게 변화시킬 것입니다. 그것이 당신 자신의 본심 안에 있는 자연스러운 자비를 일깨울 것입니다.

자애와 자비의 의미

> 싫어하는 사람들의 목록을 적어 보려고 한다면
> 스스로 직면하지 못했던 자신의 많은 면모를 발견하게 될 것이다.

페마 최된 〈당신이 있는 곳에서 출발하라〉

내게서 명상을 배우는 한 사람이 얼마 전 이렇게 말했습니다. '자애'와 '자비'가 차가운 단어인 것 같다고. 그것들은 너무 동떨어져 있는 학문적인 단어처럼 들리며, 머리를 써서 다른 사람에게 연민을 느끼려는 연습인 것만 같다고.

그는 물었습니다.

"왜 '사랑'처럼 더 간단하고 직접적인 단어를 쓰면 안 되나요?"

불교도들이 '사랑' 같은 더 단순한 단어 대신 '자애'와 '자비'를 쓰는 데는 몇 가지 그럴 만한 이유가 있습니다. 사랑이라는 단어는 욕망과 관련된 정신적, 감정적, 신체적 반응과 너무도 밀접하게 연관되어 있습니다. 따라서 마음을 연다는 관점을 나와 남이라는 본질적으로 이원론적인 망상을 강화하는 개념과 연결 짓는 것에는 약간의 위험성이 있습니다. "'나는' '너를' 사랑해." 혹은 "'나는' '그것을' 사랑해."처럼 말입니다. 여기에는 사랑하는 대상에 대한 의존감과 더불어 사랑하고 사랑받는 행동의 개인적인 혜택을 강조하는 측면이 있습니다. 물론 부모와 자식의 관계처럼, 개인적인 혜택을 초월해서 다른 사람도 이롭게 하려는 열망을 포함하는 사랑의 예도 있습니다. 대부분의 부모들은 자식에 대해 경험하는 사랑이 개인적인 보답보다는 희생을 더 많이 수반한다는 점에 아마 동의할 것입니다.

그러나 대개 '자애'와 '자비'라는 단어는 언어적인 '멈춤 신호' 역할을 합니다. 이 단어 덕분에 우리는 하던 일을 잠시 멈추고 다른 사람과의 관계를 생각해 보게 됩니다. 불교 관점에서 자애란 자각 능력을 가진 모든 존재가, 심지어는 우리가 싫어하는 대상마저도 우리 자신이 느끼고 싶어 하는 기쁨, 자유와 똑같은 기분을 경험하기를 염원하는 것입니다. 자애는 또한 우리 모두가 같은 종류의 필요와 욕구를 갖고 있음을 인식하는 것이고, 고통이나 피해에 대한 두려움 없이 우리 삶을 평화롭게 이끌어 가기를 열망하는 것입니다. 개미나 바퀴벌레조차 인간과 같은 종류의 욕구와 두려움을 경험합니다. 자각 능력을 가진 존재로서 우리 모두는 똑같습니다. 모두 한 핏줄입니다. 자애는 이러한 다정함이나 공통성에 대한 자각을 머릿속 개념으로 남겨두기보다는 그것을 감정적, 심지어 신체적 차원에서 발달시키려는 일종의 도전입니다.

'자비'는 자각 능력을 가진 다른 존재를 자신과 동일하게 바라보는 이 같은 능력을 한층 확대시킵니다. 자비의 기본 의미는 '함께 느끼다'입니다. 당신이 느끼는 것을 나도 느낀다는 인식입니다. 당신에게 상처를 주는 것은 나에게도 상처를 줍니다. 당신에게 도움이 되는 것은 나에게도 도움이 됩니다. 불교 용어로 자비는 다른 사람과의 완전한 동일시이고 어떤 식으로든 그들을 도우려는 적극적인 준비 상태입니다.

현실적으로 한번 살펴보십시오. 예를 들어 당신이 누군가에게 거짓말을 했다면 실제로 당신은 누구에게 상처 입힌 것입니까? '당신 자신'입니다. 당신은 자신이 한 거짓말을 기억해야 하고, 자신이 한 행동을 감추어야 하며, 원래의 거짓말이 들통 나는 것을 막기 위해 어쩌면 새로운 거짓말로 완벽한 그물을 짜야 한다는 부담을 지게 됩니다. 혹은 사무실이나 그 밖의 다른 장소에서 펜같이 작은 물건을 훔쳤다고 생각해 봅시다. 당신이 한 짓을 숨기기 위해 취해야 할 크고 작은 행동의 숫자를 한번 생각해 보십시오. 그러나 자신이 한 짓을 감추기 위해 쏟아부은 온갖 에너지에도 불구하고 당신은 거의 대부분 덜미를 잡힐 수밖에 없을 것입니다. 모든 세부 사항 하나하나를 숨길 수 있는 재간은 없습니다. 그러므로 결국 당신이 실제로 한 일이라고는 좀 더 건설적인 일을 하는 데 쓸 수 있었던 많은 시간과 노력을 낭비한 것뿐입니다.

본질적으로 자비는 모든 사람과 사물이 다른 모든 사람과 사물의 반영물임을 깨닫는 일입니다. 〈화엄경〉이라는 고대 경전에서는 우주를 힌두교의 신 인드라의 의지에 따라 존재하게 된 무한한 그물로 묘사합니다. 이 무한한 그물 속의 모든 연결점에는 보석이 걸려 있고, 각 보석은 아름답게 빛나는 무한한 면을 가집니다. 보석의 각 면은 그물 속 다른 보석의 면을 모두 반사시킵니다. 그물 자체와 보석들의 숫자 그리고 각 보석의 면들이 무한하기 때문에 반사되는 횟수 또한 무한합니다. 이 무한한 그물 속의 한 보석이 어떤 식으로든 변하면 그물 속의 다른 보석들 역시 모두 변합니다.

인드라의 그물 이야기는 겉보기에 무관한 사건들 사이에서 우리가 때로 목격하게 되는 신비스러운 연결성을 시적으로 설명한 것입니다. 현미경이나 인간의 마음으로는 쉽사리 파악할 수 없는 입자들 사이의 연결 문제에 대해 많은 현대 과학자들이 오랫동안 씨름해 왔다는 사실을 최근 나는 많은 제자로부터 듣게 되었습니다. 이 연결은 물리학자들에게 '얽힘' 현상으로 알려져 있습니다(두 입자가 거리와 무관하게 서로 연결되어 영향을 주고받고 있으므로 하나의 입자에 어떤 일이 일어나면 즉시 다른 입자에 영향을 미치게 된다는 이론). 전해 듣기로 지난 수십 년 동안 아원자 입자를 대상으로 한 실험 결과는 어느 한 시점에 연결된 어떤 것이든 그 연결을 영원히 유지한다는 사실을 암시한다고 합니다. 인드라의 그물에 걸려 있는 보석들처럼, 이 작은 입자 중 하나에 영향을 미치는 것은 모두 다른 입자에게도 자동적으로 영향을 미칩니다. 그 입자들이 시간적 혹은 공간적으로 얼마나 멀리 떨어져 있든 상관없습니다. 그리고 최근의 현대 과학 이론 중 한 가지는 우주가 형성된 빅뱅(우주 대폭발) 초기에는 모든 물질이 하나의 점으로 연결되어 있었기 때문에 우주에서 한 입자에게 영향을 미치는 것은 그것이 무엇이든 다른 것에도 영향을 주는 것이 '이론적으로' 가능하다고 주장합니다. 비록 아직 입증되지는 않았지만 말입니다.

현재로서는 현대 과학 이론과 비슷할 뿐이지만, 인드라의 그물 이야기가 암시하는 심오한 상호 연결성은 어느 날 과학적인 사실로 밝혀질 수 있습니다. 그러면 그 가능성은 결국 자비심을 키운다는 생각 전체를 '훌륭한 발상'에서 '삶을 뒤흔들 정도의 큰일'로 변화시킬 것입니다. 단지 관점을 바꿈으로써 당신은 자신의 체험을 바꿀 수 있을 뿐 아니라 이 세상 또한 변화시킬 수 있습니다.

천천히 진행하기

> 어떤 경험도 붙잡으려고 하지 마라.
> 9대 걀와 카르마파 〈마하무드라-분명한 의미의 대양〉

자애와 자비 수행은 서서히 시작해야 합니다. 그러지 않으면 너무 한꺼번에 너무 빨리 시작하게 되기가 너무도 쉬워집니다. 내가 이 단계의 수행을 시작했을 때 들었던 교훈적인 이야기에서 예로 들고 있는 경향처럼 말입니다. 그 이야기는 밀라레파에 관한 것입니다. 그는 깨달음을 얻은 티베트의 가장 위대한 스승으로 널리 여겨지는 인물이며, 주로 그 자리에서 만든 노래와 시를 통해 사람들을 가르쳤습니다. 밀라레파는 일생 동안 여러 장소를 여행했는데 하루는 어느 마을에 이르러 자리를 잡고 앉아 노래를 불렀습니다. 그 마을에 사는 사람 한 명이 밀라레파의 노래를 듣게 되었습니다. 그 사람은 가능한 한 빠른 시일 내에 깨달음을 얻고 남은 생애 동안 많은 세상 사람을 돕기 위해, 자신이 집착하고 있던 모든 것을 포기하고 은둔자로 살아가겠다는 생각에 완전히 도취되고 말았습니다.

그 남자가 자신의 계획을 밀라레파에게 말하자 밀라레파는 그에게 부드럽게 충고했습니다. 한동안 집에 머물면서 좀 더 점진적인 방식으로 자비를 실천하는 편이 더 나을 것이라고. 그러나 그 남자는 지금 당장 모든 것을 버리고 싶다고 고집 피웠고, 밀라레파의 충고를 무시한 채 서둘러 집으로 돌아가 자신의 집을 포함한 모든 소유물을 사람들에게 열성적으로 나누어 주기 시작했습니다. 몇 가지 생필품을 보자기에 싼 뒤 그는 산으로 떠났고 동굴을 발견하고는 그곳에 앉아 명상을 시작했습니다. 예전에 한 번도 수행을 해 본 적이 없고, 수행법을 배우려고 시간을 들여 본 적도 없으면서 말입니다. 그러나 사흘이 지나자 이 불쌍한 남자는 허기가 졌고 탈진 상태가 되었으며 심한 추위를 느꼈습니다. 닷새가 지나자 굶주림과 불편함 끝에 집으로 가고 싶었지만 그러기에는 너무 부끄러웠습니다.

그 남자는 생각했습니다.

'모든 것을 버리고 명상하러 간다고 온갖 쇼를 다 했는데, 고작 닷새 뒤에 돌아간다면 사람들이 날 어떻게 생각하겠어?'

그러나 이레째 날이 저물 무렵, 추위와 배고픔을 더 이상 참지 못하고 마을로 돌아가게 되었습니다. 그는 쭈뼛거리며 모든 이웃집을 돌면서 자신의 물건을 되돌려줄 수 있는지 물었습니다. 이웃들은 그가 준 물건을 모두 돌려주었습니다. 삶의 터전을 다시 마련한 뒤 그는 밀라레파에게 돌아갔고 완전히 겸손해진 상태로 명상에 필요한 기초적인 가르침을 구했습니다. 그는 밀라레파가 가르친 점진적인 길을 따랐고 마침내는 위대한 지혜와 자비심을 지닌 명상가가 되어 다른 많은 이들을 이롭게 할 수 있었습니다.

물론 이 이야기의 교훈은 즉각적인 결과를 기대하며 수행으로 돌진하려는 유혹을 물리치라는 것입니다. '나'와 '남'이라는 이원론적 지각은 하룻밤 새 발달한 것이 아니므로 우리가 그것을 한번에 모두 극복하게 되리라고 기대할 수는 없습니다. 자비의 길로 돌진한다면, 잘된다 하더라도 자신이 소유한 모든 것을 경솔하게 포기했던 그 마을 사람처럼 되고 말 것입니다. 최악의 경우에는 결국 자선 행위를 후회하고, 극복하는 데 몇 년이 걸릴지도 모르는 정신장애를 스스로 만들게 될 것입니다.

아버지와 그 밖의 여러 스승들은 나에게 이 점을 반복해서 일깨워 주셨습니다. 점진적인 길을 택한다면 내일이나 다음 주가 되어도 혹은 지금부터 한 달이 지나도 당신의 삶이 바뀌지 않을지 모릅니다. 그러나 한 해나 몇 해가 지나 그 과정을 되돌아보면 차이점을 보게 될 것입니다. 사랑스럽고 호의적인 동반자들이 자신을 둘러싸고 있음을 발견하게 될 것입니다. 당신이 다른 사람과 대립하게 될 때 그들의 말과 행동은 예전만큼 위협적으로 보이지 않을 것입니다. 때때로 느낄 통증이나 고통도 훨씬 다루기 쉬운 실제 크기를 띨 것이고, 당신이 아는 타인들이 경험하고 있을 고통에 비해서는 그 중요성이 줄어들기까지 할 것입니다.

다른 사람을 향해 자비심을 키우는 방법에 대해 내가 배운 점진적인 길은 세 가지 '단계'로 이루어져 있습니다. 학생들이 기본적인 산수 능력을 배우는 것처럼, 더 높은 단계로 나아가기 전에 각 단계를 몇 달 동안 연습해야만 합니다. 첫 번째 단계는 당신 자신과 당신에게 가까운 다른 존재들에게 친절하고 자비로운 태도를 기르는 법을 배우는 것입니다. 두 번째 단계는 모든 존재에 대해 셀 수 없는 자애와 자비를 키우는 것에 초점을 맞춥니다. 세 번째 단계는 보리심을 키우는 것입니다.

사실 보리심에는 절대적인 것과 상대적인 것, 두 종류 혹은 두 차원이 있습니다. '절대적인 보리심'은 자각 능력을 가진 모든 존재가 어떻게 행동하거나 어떻게 보이는가에 관계없이 이미 완전히 깨달음을 얻은 상태에 있다는 자연스러운 인식입니다. 이런 수준의 자연스러운 인식을 얻기 위해서는 대개 상당량의 수행이 필요합니다. '상대적인 보리심'은 자각 능력을 가진 모든 존재가 그들의 참본성을 깨달음으로써 고통으로부터 완전히 자유로워지기를 바라는 열망을 키우고, 그 열망을 이루기 위해 행동을 취하는 것을 포함합니다.

첫 번째 단계

> 저주받은 죄수를 생각할 때면
> 그자가 당신이라고 상상하라.

파툴 린포체 〈내 완벽한 스승님의 말씀〉

자애와 자비 명상은 우리가 이미 이야기한 대상 없는 명상 수행과 비슷한 점이 많습니다. 주요 차이점은 주의를 집중할 대상을 선택하는 법과 주의를 집중하기 위해 사용하는 방법입니다. 정식 수행을 받았던 몇 년 동안 내가 배우게 된 가장 중요한 교훈 한 가지는 마음의 자연스러운 성질인 자비를 막으려고 할 때마다 나 자신이 작고 허약하게 느껴지고 두려움에 떨 수밖에 없다는 점이었습니다.

우리는 고통을 겪고 있는 사람은 자신뿐이고 다른 사람은 고통에 어느 정도 면역이 되어 있다고 생각하기가 무척 쉽습니다. 마치 다른 사람들은 행복해지는 방법에 대해 어떤 특별한 종류의 지식을 갖고 태어났지만 우리는 몇 가지 우주적 사고 때문에 그것을 받지 못한 것처럼 말입니다. 그렇게 생각하면서 자신의 문제가 실제보다 더욱 커 보이게 만듭니다.

다른 사람만큼이나 나도 이 믿음에 대해서는 죄책감을 느낍니다. 나는 이원론적 사고방식에 갇혀 자신을 고립시켰고, 나보다 훨씬 힘세고 행복하고 안전하다고 생각되는 세상의 다른 사람들에 비해 허약하고 상처받기 쉽고 두려움 많은 자신을 불쌍히 여겼습니다. 다른 사람들이 나를 지배할 권한을 쥐고 있다고 나 자신을 속여 믿게 만들었고, 이것은 나의 행복에 엄청난 위협이 되었습니다. 어떤 순간이든 내가 얻으려고 한 안전이나 행복을 약화시키는 길을 누군가 찾을 수 있을 것이라고 나는 생각했습니다.

여러 해에 걸쳐 사람들과 함께 작업해 본 뒤, 이런 식으로 느끼는 사람이 나 혼자만이 아니라는 사실을 깨닫게 되었습니다. 우리의 고대 파충류 뇌의 일부는 우리가 친구를 대하고 있는지 적을 대하고 있는지를 즉시 평가합니다. 이 인식은 그 대상이 무생물로까지 서서히 확대되어 마침내는 컴퓨터나 끊어진 퓨즈, 자동 응답기의 깜빡이는 불빛 등 모든 것이 다소 위협적으로 보이게 됩니다.

하지만 자비 명상 수행을 시작했을 때 나의 고립감은 줄어들기 시작했고, 아울러 권한이라는 개인적 감각은 커지기 시작했습니다. 한때 오로지 문제만을 보았던 곳에서 나는 해결책을 보기 시작했습니다. 한때 나 자신의 행복을 다른 사람의 행복보다 중요하게 보았던 곳에서 다른 사람의 행복을 내 마음의 평화를 위한 토대로 보기 시작했습니다.

내가 배운 방식에 따르면 자애와 자비 키우기는 자신에게 고마워하는 법을 배우는 것에서부터 시작합니다. 이것은 따르기 어려운 가르침입니다. 특히 개인적인 장점보다는 약점을 깊이 생각하는 것이 흔한 문화에서 자란 사람에게는 더 그럴 수 있습니다. 이것은 특별히 서양만의 문제가 아닙니다. 나 자신에게 자비로운 태도를 기르는 것은 안거 수행 첫해 동안 문자 그대로 나의 생명을 구했습니다. 언제나 존재한다고 생각한 허약함 대신 나 자신의 마음속을 깊이 바라보고 그곳에 존재하는 진정한 힘을 깨달으면서 참본성을 받아들이는 법을 배우지 않았다면 나는 결코 내 방을 떠나지 못했을 것입니다.

내 방에 혼자 앉아 있을 때 나에게 도움을 준 것 중 하나는 '인간'이라는 단어가 산스크리트 어로 '푸루샤'임을 기억하는 것이었습니다. 기본적으로 이것은 '힘을 소유한 어떤 것'을 의미합니다. 인간이 된다는 것은 힘을 가지는 것입니다. 특히 원하는 모든 것을 이룰 힘을 가지는 것입니다. 그리고 우리가 원하는 것이란 '행복해지고 고통을 피하고 싶어 하는 기본적인 생물학적 욕구'로 되돌아갑니다.

그러므로 자애와 자비 키우기를 시작할 때는 명상 초점의 대상으로 당신 자신을 이용합니다. 가장 쉬운 방법은 앞에서 설명한 '스캔 명상'을 약간 변형하는 것입니다. 정식 수행 중이라면 할 수 있는 데까지 일곱 가지 중심 자세를 취하십시오. 그렇게 할 수 없다면 단지 척추를 곧게 하면서 몸의 나머지 부분의 긴장을 풀고 균형을 유지하며, 순수한 자각 상태에서 마음을 단순히 휴식하십시오.

대상 없는 명상 상태에서 마음을 잠시 쉬게 한 뒤 신체를 서서히 관찰하면서 재빨리 '스캔 수행'을 하십시오. 몸을 스캔하면서, 몸과 더불어 몸을 스캔할 수 있는 마음을 가지고 있다는 것만으로도 얼마나 놀라운 일인지 알아차립니다. 당신이 존재한다는 이런 기본적인 사실이 실제로 얼마나 굉장한 일인지, 몸과 마음이라는 위대한 선물을 가지고 있다는 것만으로도 얼마나 행운인지 깨닫습니다. 그 깨달음의 상태에서 잠시 휴식한 뒤 서서히 이런 생각을 떠올리십시오.

'선량함이라는 이 근본적인 느낌을 내가 언제나 누릴 수 있다면 얼마나 좋을까. 이 건강함의 느낌과 행복과 평화와 선량함을 느끼게 하는 모든 원인을 내가 언제나 즐길 수 있다면 얼마나 멋질까.'

그러고 나서 다만 마음을 열고 편안히 휴식하며 긴장을 푸십시오. 정식 수행 중이라면 이 수행을 3분 넘게 지속하지 말고, 약식 수행 중이라면 몇 초 이상 지속하지 마십시오. 짧은 시간 동안 수행한 뒤 마음을 휴식하는 것이 매우 중요합니다. 짧은 수행 뒤의 휴식 시간은 이 새로운 자각을 안정시킵니다. 혹은 서양의 과학적인 용어로 말하자면 오래된 뉴런들의 수다에 압도되지 않고 새로운 패턴을 형성할 기회를 당신의 뇌에게 줍니다. 매우 간단하게 말하자면, 수행을 내려놓을 때 당신은 긍정적인 느낌이 흘러넘치는 가운데 그 효과들이 그저 당신에게 밀려오게 합니다.

행복을 바라는 자신의 열망에 일단 어느 정도 익숙해지고 나면 그 자각을 사람, 동물, 심지어 곤충 등 주위의 지각 있는 다른 존재들에게로 확대하는 것이 훨씬 쉬워집니다. 다른 존재를 향한 자애와 자비의 실천은 본질적으로 모든 살아 있는 생명체가 완전하고 안전하고 행복하게 느끼기를 바란다는 인식 키우기입니다. 당신은 다른 누군가의 마음속에서 벌어지는 모든 일이 당신 마음속에서 일어나는 일과 동일하다는 사실만 기억하면 됩니다. 이것을 기억한다면 어느 누구도 그 무엇도 무서워할 이유가 없음을 깨닫게 됩니다. 당신이 조금이라도 두려워하고 있다면 그 이유는 단 한 가지입니다. 당신이 직면하고 있는 사람이나 어떤 것이 바로 당신처럼 행복해지고 고통에서 벗어나기만을 바라는 생명체라는 점을 깨닫지 못했기 때문입니다.

불교 경전들은 먼저 우리의 어머니에게 초점을 맞추어야 한다고 가르칩니다. 종종 위대한 자기희생을 통해 우리를 몸에 품고, 세상에 태어나게 하고, 유년기 내내 돌봄으로써 우리에게 끝없는 친절을 보여준 분에게. 서양 문화에서는 많은 사람들이 부모님과 언제나 다정하고 애정 어린 관계를 맺는 것은 아님을 알고 있습니다. 이 경우에는 어머니나 아버지를 명상의 대상으로 이용하는 것이 그다지 현실적이지 않을 것입니다. 그런 경우에는 유난히 친절했던 친척, 선생님, 가까운 친구나 자녀 같은 다른 대상에게 집중해도 전혀 문제없습니다. 어떤 사람들은 애완동물을 초점의 대상으로 선택합니다. 명상의 대상은 실제로 중요하지 않습니다. 중요한 것은 깊은 친절함과 따뜻함이 느껴지는 사람이나 대상에게 가볍게 주의를 집중하는 것입니다.

정식 수행으로 자애와 자비 명상을 시작할 때는 먼저 일곱 가지 중심 자세를 취하십시오. 그럴 수 없다면, 예를 들어 버스나 기차에 앉아 있다면 적어도 척추는 곧게 유지하면서 몸의 나머지 부분을 자연스럽게 이완하십시오. 다른 명상 수행과 마찬가지로 일단 몸 자세를 취하고 나면 다음 단계는 잠시 동안 마음을 다만 자연스럽게 휴식하고 모든 생각을 내려놓는 것입니다. 다만 마음이 커다란 안도의 숨을 쉬게 하십시오.

대상 없는 명상 상태에서 잠시 마음을 쉬게 한 뒤, 친절함, 애정, 관심을 느끼기 가장 쉬운 사람에게 가볍게 집중하십시오. 의도적으로 선택하지 않은 사람이나 사물의 이미지가 작업하기로 결정했던 대상보다 더 강하게 떠오르더라도 놀라지 마십시오. 이것은 종종 아주 자연스럽게 일어나는 일입니다. 내게서 명상을 배운 사람 한 명은 어렸을 때 자신에게 매우 다정했던 할머니에게 집중하려고 마음먹으면서 정식 수행을 시작했습니다. 그러나 그에게 계속 떠오른 이미지는 어린 시절 키운 토끼였습니다. 이것은 저절로 일어나는, 마음의 자연스러운 지혜의 한 예일 뿐입니다. 그는 실제로 그 토끼에 관한 따뜻한 기억을 많이 가지고 있었고, 결국 그것을 받아들였을 때 그의 수행은 한결 쉬워졌습니다.

때로는 명상 대상으로 삼은 그 사람과 관련된 보다 추상적인 이미지 대신 그와 나눈 특히 좋았던 경험의 기억들이 마음속에서 자연스럽게 만들어질 수 있습니다. 이것 또한 좋습니다. 자애와 자비심을 키울 때 중요한 점은 따뜻함, 친절함, 애정의 진실한 느낌을 경험하는 것입니다.

수행을 계속할수록 따뜻함이나 애정의 느낌이 땅속에 심은 씨앗처럼 마음속에 자리 잡게 하십시오. 이 경험과 대상 없는 명상 상태에서 마음을 단순히 휴식하는 것을 몇 분씩 번갈아 하십시오. 이 두 상태를 번갈아 하면서, 당신이 명상 대상에게 느끼는 열린 마음과 따뜻함을 그들도 똑같이 느끼기를 바라십시오.

한동안 이런 식으로 수행하고 나면 이제 조금 더 깊은 단계로 움직일 준비가 됩니다. 앞의 방법과 마찬가지로 알맞은 자세를 취하고 잠시 대상 없는 명상 상태에서 마음을 휴식하는 것으로 시작하십시오. 그리고 나서 자애와 자비의 대상을 머릿속에 떠올리십시오. 명상의 대상을 일단 정하고 나면 이후 나아갈 길에는 몇 가지가 있습니다. 첫째는 당신이 선택한 대상이 아주 슬프거나 고통스러운 상태에 있다고 상상하는 것입니다. 물론 당신이 선택한 대상이 이미 깊은 고통이나 슬픔에 빠져 있다면 단순히 그 사람의 현재 상태를 머릿속에 떠올려도 됩니다. 둘 중 어느 것이든, 마음속에 불러들인 이미지는 자연스럽게 깊은 사랑과 연결감을 느끼게 하고 그들에게 도움을 주고자 하는 강한 열망을 만들어 냅니다. 당신이 소중히 여기는 사람이나 대상이 고통 속에 있다는 생각은 당신의 가슴을 아프게 할 수 있습니다. 그러나 아픈 가슴은 열린 가슴입니다. 모든 가슴 아픔은 사랑과 자비가 당신 안에 흐르게 할 기회입니다.

또 다른 접근법은 당신이 선택한 대상에게 가볍게 주의를 집중하면서 스스로에게 질문하는 것입니다.

'나는 얼마나 행복해지기를 원하는가? 나는 얼마나 아픔이나 고통을 피하고 싶은가?'

가능한 한 구체적으로 그 점을 생각하십시오. 예를 들어 숨 막힐 만큼 더운 곳에 갇혀 있다면 당신은 더 시원하고 열려 있는 장소로 옮겨 가겠습니까? 신체적 고통을 느끼고 있다면 그 고통이 사라졌으면 좋겠습니까? 자신의 대답을 생각하면서 당신이 선택한 대상에게로 서서히 주의를 돌리고, 똑같은 상황에서 그 사람이 어떻게 느낄지 상상하십시오. 이런 식으로 수행하는 것은 당신의 마음을 다른 존재에게 열게 할 뿐 아니라 그 순간 경험하고 있는 고통이나 불편함과 자신을 동일시하는 일도 사라지게 합니다.

이미 알고 있는 사람과 관심을 갖고 있는 사람에게 자애와 자비의 마음을 키우는 것은 그다지 어렵지 않습니다. 왜냐하면 멍청하거나 고집 세다는 이유로 그들을 없애 버리고 싶을 때도 결국 당신은 그들을 여전히 사랑하기 때문입니다. 자신이 알지 못하는 대상에게로 따뜻함과 연결감을 확대하는 것은 약간 더 어렵습니다. 그리고 적극적으로 싫어하는 대상에게까지 그 자각을 확대하는 것은 훨씬 어렵습니다.

약 사오십 년 전에 중국에 살았던 한 남자와 한 여자에 대한 이야기를 얼마 전 들은 적이 있습니다. 그들은 갓 결혼한 사이였는데 신부가 시댁에 들어와 살게 되자 신부와 시어머니는 집안 살림을 어떻게 꾸려가야 할지 등 많은 사소한 일을 두고 곧바로 다투기 시작했습니다. 두 사람의 의견 충돌은 점점 심해져서 마침내 신부와 시어머니는 서로를 쳐다보는 것조차 견딜 수 없게 되었습니다. 신부는 시어머니를 성가신 마귀할멈이라고 생각했고, 시어머니는 어린 며느리를 어른도 공경할 줄 모르는 버릇없는 아이라고 생각했습니다.

그들의 분노가 그렇게까지 커질 이유는 실제로 없었습니다. 하지만 신부는 시어머니에게 화가 치밀어 올라 급기야 시어머니를 제거하기 위해 무언가를 해야겠다고 마음먹게 되었습니다. 그래서 의사를 찾아가 시어머니의 음식에 넣을 수 있는 독약을 달라고 부탁했습니다.

어린 신부의 불평불만을 들고 난 의사는 독약을 주겠다고 동의했습니다. 하지만 이런 경고를 덧붙였습니다.

"그러나 즉각적으로 효과가 나타나는 강한 독약을 주면 모두가 당신을 지목할 것이고 '네가 시어머니를 독살했구나.'라고 말할 겁니다. 그리고 당신이 그 독약을 내게서 가져갔다는 사실도 알아낼 텐데 그건 우리 둘 다에게 좋지 않습니다. 그러니 효과가 아주 서서히 나타나는 약한 독약을 드리겠습니다. 그러면 시어머니가 즉사하지는 않을 것입니다."

또한 의사는 독약을 타는 동안 시어머니를 아주 극진히 모셔야 한다고 신부에게 일렀습니다.

의사는 충고했습니다.

"식사 때마다 미소를 머금고 대접하십시오. 어머니가 음식을 좋아하셨으면 좋겠다고 말씀드리고, 더 필요한 것이 있는지 여쭈십시오. 아주 겸손하고 상냥하게 행동하십시오. 그 누구도 당신을 의심하지 않도록."

신부는 그러겠다고 하고는 독약을 받아 들고 집으로 돌아갔습니다. 바로 그날 저녁부터 그녀는 시어머니의 음식에 독약을 타기 시작했고 아주 공손한 태도로 시어머니에게 식사를 올렸습니다. 그렇게 공경스럽게 며칠간 대접받고 나자 시어머니는 며느리에 대한 자신의 생각을 바꾸기 시작했습니다.

시어머니는 생각했습니다.

'사실 그 아이는 그렇게 버릇없는 게 아닐지도 몰라. 어쩌면 내가 그 아이에 대해 잘못 생각했을지도 몰라.'

조금씩 시어머니는 며느리를 좀 더 상냥하게 대하기 시작했고, 며느리의 음식과 살림 솜씨를 칭찬하며 사소한 수닷거리와 우스갯소리를 함께 나누기까지 했습니다.

시어머니의 태도와 행동이 변하자 며느리도 바뀌었습니다.

며칠 뒤 며느리는 이렇게 생각하기 시작했습니다.

'어쩌면 어머님은 내가 생각했던 것처럼 나쁜 분이 아닐지 몰라. 사실은 꽤 좋은 분인 것 같아.'

몇 달 남짓 이런 상황이 지속되었고 마침내 두 여인은 실제로 아주 좋은 친구가 되었습니다. 그들은 무척 사이좋게 지내기 시작했고, 마침내 어느 시점에 이르자 며느리는 시어머니의 음식에 독약 타는 일을 멈추었습니다. 그러나 걱정이 되기 시작했습니다. 왜냐하면 이미 끼니때마다 너무 많은 독약을 넣었기 때문에 시어머니가 곧 돌아가실 것 같았기 때문입니다.

그래서 의사를 다시 찾아가 말했습니다.

"제가 실수했어요. 시어머니는 사실 정말 좋은 분이에요. 독약을 타지 말았어야 했어요. 제발 절 좀 도와주세요. 어머님께 드린 독약의 해독제를 주세요."

의사는 며느리의 말을 들은 뒤 잠시 동안 아주 조용히 앉아 있었습니다.

의사가 말했습니다.

"정말 미안합니다. 지금은 당신을 도울 수 없습니다. 해독제는 없습니다."

그 말을 듣자 며느리는 걷잡을 수 없이 당황하게 되었고 스스로 목숨을 끊겠다고 맹세하며 울기 시작했습니다.

의사가 물었습니다.

"왜 죽고 싶은가요?"

며느리는 대답했습니다.

"그렇게 좋은 분께 독약을 탔으니 어머님은 이제 돌아가실 거예요. 그러니 스스로 목숨을 끊어서 제가 저지른 끔찍한 짓에 대해 벌을 받으려 해요."

다시금 의사는 잠시 동안 조용히 앉아 있었습니다. 그러고는 빙그레 웃기 시작했습니다.

며느리가 따지듯 물었습니다.

"어떻게 이런 상황에 웃을 수가 있죠?"

그는 대답했습니다.

"사실은 걱정할 필요가 없기 때문이에요. 그 독약에는 해독제가 없습니다. 애초부터 당신에게 아무런 독약도 주지 않았기 때문입니다. 내가 준 것은 전혀 해가 없는 약초일 뿐입니다."

나는 이 이야기를 좋아합니다. 경험의 자연스러운 전환이 얼마나 쉽게 일어날 수 있는가를 보여 주는 아주 간단한 예이기 때문입니다. 처음에 며느리와 시어머니는 서로를 미워했습니다. 상대방이 그저 끔찍할 뿐이라고 생각했습니다. 그러나 서로를 다른 식으로 대하기 시작하자 상대방을 다른 관점에서 보기 시작했습니다. 상대를 기본적으로 좋은 사람으로 보기 시작했고 마침내 두 사람은 가까운 친구가 되었습니다. 사람으로서 그들은 실제로 전혀 변하지 않았습니다. 변한 것은 그들의 지각일 뿐입니다.

이런 이야기의 멋진 점은 다른 사람에 대한 우리의 첫인상이 틀렸거나 오도되었을 수 있음을 깨닫게 한다는 데 있습니다. 이런 실수에 대해 죄책감을 느낄 필요는 없습니다. 이것은 단지 무지의 결과일 뿐입니다. 그리고 다행스럽게도 붓다가 알려 준 명상 수행법들은 이런 실수를 바로잡게 할 뿐 아니라 예방할 수도 있게 합니다. 이 수행법을 영어로는 '자신과 타인의 입장 바꾸기'라고 합니다. 간단히 말하면, 매우 싫어하는 어떤 사람이나 어떤 것의 입장에 당신이 처해 있다고 상상하는 것입니다.

자신과 타인의 입장을 바꾸는 수행은 언제 어디서든 할 수 있지만 정식 수행을 통해 기본을 확실히 다져 놓는 것이 도움이 됩니다. 정식 수행은 휴대전화 배터리를 충전하는 것과 다소 비슷합니다. 일단 배터리가 완전히 충전되면 당신은 휴대전화를 다양한 장소와 다양한 상황에서 오랫동안 사용할 수 있습니다. 그러나 배터리는 마침내 소진될 것이고 당신은 다시 충전해야 합니다. 배터리를 충전하는 것과 자애와 자비의 마음을 키우는 것의 주요한 차이점은 다음과 같습니다. 자비심을 가지고 다른 존재를 대하는 습관을 들이게 되면, 스스로 끊임없이 지속되면서 '충전 상태'를 잃지 않는 일련의 신경 연결망이 정식 수행을 통해 궁극적으로 만들어진다는 점입니다.

이때의 정식 수행에서 첫 번째 단계는 여느 때처럼 바른 자세를 취하고 잠시 마음을 휴식하는 것입니다. 그러고 나서 당신이 '좋아하지 않는' 사람이나 사물을 마음속에 떠올리십시오. 자신이 느끼는 것을 판단하지 마십시오. 그저 완전히 자유롭게 그것을 느끼십시오. 판단과 합리화를 단순히 내려놓으면 마음이 어느 정도 열리고 투명해질 것입니다.

다음 단계는 분노, 억울함, 질투, 욕망 등 당신이 느끼는 것 자체가 당신이 경험하는 고통이나 불편함의 근원임을 스스로 인정하는 것입니다. 당신이 감정을 느끼고 있는 대상은 고통의 원인이 아닙니다. 그보다는 당신이 집중하고 있는 사람이나 사물에 대해 당신 자신이 정신적으로 만들어 낸 반응이 고통의 원인입니다.

예를 들어 잔인한 말, 비판적인 말, 경멸스럽게 들리는 말을 한 사람에게 혹은 뻔한 거짓말을 한 사람에게로 주의를 가져옵니다. 그러고 나서, 일어난 일이라고는 누군가가 소리를 냈고 당신은 그것을 들은 것뿐임을 깨닫습니다. 소리에 고요하게 집중하는 명상 수행에 조금이라도 시간을 투자했다면, '자신과 타인의 입장 바꾸기'라는 이런 관점이 아마도 익숙하게 느껴질 것입니다.

이 시점에서 당신에게는 세 가지 선택권이 있습니다. 첫 번째로 가장 가능성이 높은 선택은 분노, 죄책감, 억울함에 사로잡히게 되는 것입니다.

두 번째는 가능성이 매우 낮은데 '소리 명상에 시간을 좀 더 보냈어야 하는데.' 하고 생각하는 것입니다.

세 번째 선택은 당신에게 고통을 준 말이나 행동을 한 사람이 당신 자신이라고 상상하는 것입니다. 당신을 상처 입히려는 욕망이 그 사람이 한 말이나 행동의 실제 동기였는지, 아니면 그 사람이 자기 자신의 고통이나 두려움을 줄이려고 애쓰고 있었는지 스스로에게 물어보십시오.

많은 경우 당신은 이미 답을 알고 있습니다. 당신은 그 사람의 건강이나 인간관계에 관한 이야기, 직장 내 입지가 위협당하고 있다는 말을 우연히 들은 적이 있을 것입니다. 설령 그 사람의 구체적인 상황과 내용을 모르더라도 자신에 대해 자비심을 키우는 수행과 그것을 다른 사람에게 확대하는 수행으로부터 다음 사실을 알게 될 것입니다. 어떤 사람의 행동 뒤에는 가능성이 있는 동기가 하나밖에 없으며 그것은 안전하게 혹은 행복하게 느끼려는 열망이라는 점입니다. 그리고 만약 사람들이 상처 주는 말이나 행동을 한다면 그것은 그들이 안전하게 혹은 행복하게 느끼지 않기 때문입니다. 바꾸어 말하면 그들은 두려워하고 있습니다.

그리고 두려워한다는 것이 어떤 것인지 당신은 알고 있습니다.

다른 사람에 대해 이것을 깨닫는 것이 자신과 타인의 입장 바꾸기의 본질입니다.

자신과 타인의 입장을 바꾸는 또 다른 방법은 당신이 직접 알지는 못하지만 그 대상이 겪고 있는 고통을 당신이 어느 정도 자각하고 있는 사람이나 동물에 대해 '중립적인' 초점을 선택하는 것입니다. 당신의 초점은 물 부족이나 굶주림으로 죽어 가는 다른 나라의 어린아이일 수도 있고, 자신을 가두고 있는 강철 덫에서 빠져나오기 위해 필사적으로 다리를 물어뜯고 있는 동물일 수도 있습니다. 이런 '중립적인' 존재는 자신이 통제할 수 없고 스스로를 보호할 수도 벗어날 수도 없는 것에 의해 온갖 고통을 경험하고 있습니다. 하지만 당신은 그들이 느끼는 고통과 그것으로부터 벗어나려는 필사적인 열망을 쉽게 이해할 수 있습니다. 왜냐하면 우리들은 똑같은 기본 욕구를 공유하기 때문입니다. 그러므로 비록 그들을 알지 못하더라도 당신은 그들의 마음 상태를 인식하고 그들의 고통과 두려움을 자신의 것인 양 체험할 수 있습니다. 이런 식으로 당신이 좋아하지 않거나 알지 못하는 대상에게로 자비를 확대하는 것은 당신을 재미없고 게으른 늙은 양으로 바꾸어 놓지 않을 것임을 확신합니다.

두 번째 단계

> 모든 존재가 행복과 행복의 원인을 갖게 되기를
> 사무량심

모든 존재를 대상으로 자애와 자비의 마음을 키우는 데 도움이 되는 특별한 명상 수행이 있습니다. 티베트 어로는 '통렌'이라고 부르고 영어로는 '주고받기'로 번역할 수 있습니다.

통렌은 사실 상상과 호흡의 간단한 공동 작업만을 필요로 하는 상당히 쉬운 수행입니다. 첫 단계는 당신이 행복을 얻고 고통을 피하고 싶은 만큼 다른 존재 역시 같은 방식으로 느끼고 있음을 단순히 인식하는 것입니다. 특정한 존재를 시각화할 필요는 없지만 도움이 된다고 생각하면 구체적인 시각화로부터 시작할 수 있습니다. 하지만 결국 주고받기 수행은 당신이 상상할 수 있는 존재 너머로 확장되어 동물, 곤충, 그리고 당신의 능력이나 지식으로 볼 수 없는 차원에 살고 있는 생명체 등 모든 자각 있는 존재를 포함하게 됩니다.

내가 배운 사실에 따르면 가르침의 핵심은 우주가 무한한 수의 존재들로 가득 차 있음을 단지 기억하며 이렇게 생각하는 것입니다.

'내가 행복을 원하듯 모든 존재도 행복을 원한다.

내가 고통을 피하고 싶어 하듯 모든 존재도 고통을 피하고 싶어 한다.

나는 한 사람일 뿐이지만 다른 존재의 수는 무한하다.

이렇게 무한한 수의 행복이 한 사람의 행복보다 더 중요하다.'

이런 생각이 마음속에 흐를 때 당신은 다른 존재가 고통에서 벗어나기를 적극적으로 바라는 자신을 실제로 발견하게 될 것입니다.

올바른 자세를 취하고 다만 마음을 잠시 휴식하는 것으로 시작하십시오. 그리고 호흡을 이용하여 당신의 모든 행복을 자각 있는 모든 존재에게 내보내고 그들의 고통을 흡수하십시오. 숨을 내쉬면서, 당신이 일생 동안 얻은 모든 행복과 혜택이 당신에게서 순수한 빛의 형태로 쏟아져 나와, 모든 존재에게 퍼지고 녹아들어 그들의 열망을 전부 이루게 하고 고통을 없앤다고 상상하십시오. 숨을 내쉬자마자 그 빛은 즉시 모든 존재에게 가 닿고, 숨을 모두 내쉴 무렵이면 그들에게 이미 녹아들었다고 상상하십시오. 숨을 들이쉬면서, 자각 있는 모든 존재의 고통과 아픔이 어둡고 자욱한 빛의 형태로 당신의 콧구멍을 통해 흡수되어 심장 속으로 녹아든다고 상상하십시오.

이 수행을 계속하면서 모든 존재가 고통에서 벗어나고 환희와 행복으로 채워진다고 상상하십시오. 잠시 동안 이런 식으로 수행한 뒤 다만 마음을 쉬게 하십시오. 그러고 나서 통렌 명상과 마음을 휴식하는 명상을 번갈아 하면서 이 수행을 다시 시작하십시오.

시각화에 도움이 된다면 몸을 똑바르게 한 채 앉아서 주먹을 살짝 쥐고 허벅지 위에 올려놓으십시오. 숨을 내쉴 때 그 빛이 모든 존재에게로 퍼져나가는 것을 상상하면서 손가락을 펴고 손을 허벅지로부터 무릎 쪽으로 미십시오. 숨을 들이쉴 때 주먹을 살짝 쥐고 이를 통해 다른 이의 어두운 고통의 빛을 끌어당기고 그것을 당신 속으로 녹이면서 손을 제자리에 놓으십시오.

우주는 정말 많은 종류의 창조물로 가득 차 있습니다. 그 모두를 상상하는 것조차 불가능하고, 각각의 존재에게 직접적이고 즉각적인 도움을 주는 것은 더욱 불가능합니다. 그러나 통렌 수행을 통해 당신은 무한한 창조물에게 마음을 열고 그들의 행복을 기원합니다. 그 결과 마음은 더욱 밝고 고요해지며 집중되고 깨어 있게 됩니다. 그리고 당신은 직접적으로든 간접적으로든 무한한 방법으로 다른 사람을 돕는 능력을 발달시킵니다.

이렇게 모든 것을 에워싸는 자비심을 키울 때의 좋은 점을 옛 티베트의 전설 하나가 알려 줍니다. 산을 걸어 다니며 나날을 보내는 한 유목민이 거친 가시투성이 땅으로 인해 끊임없이 고통받았습니다. 신발이 없었기 때문입니다. 여행하는 동안 그는 죽은 동물의 가죽을 모아 산길을 따라 그것을 뿌리며 돌과 가시를 덮기 시작했습니다. 그런데 문제는 엄청난 노력에도 불구하고 겨우 수백 제곱미터의 면적밖에 덮을 수 없다는 것이었습니다. 마침내 그에게 한 가지 생각이 떠올랐습니다. 작은 가죽 몇 개만을 이용해서 자신을 위해 신발을 만들면 아무 고통 없이 수천 킬로미터를 걸을 수 있을 것이라고. 단순히 자신의 발을 가죽으로 덮음으로써 그는 온 지구를 가죽으로 덮었습니다.

마찬가지로, 일어나는 모든 갈등과 모든 감정과 모든 부정적인 생각을 해결하려고 하면 당신은 온 세상을 가죽으로 덮으려고 애쓰는 그 유목민과도 같습니다. 그 대신 사랑으로 가득한 평화로운 마음을 키우려고 노력한다면 삶의 모든 문제에 대해 똑같은 해결책을 적용할 수 있습니다.

세 번째 단계

진정한 자비의 힘이 깨어난 사람은

> 몸과 마음과 말로써
> 다른 사람의 행복을 위해 일할 수 있게 된다.
> 잠곤 콩툴 〈확신의 횃불〉

다른 사람들이 이미 완전한 깨달음을 얻은 것처럼 그들을 대하기로 결정하면, 그러지 않을 때보다 그들이 더욱 긍정적으로 자신감 있게 평화로운 태도로 반응하게 된다는 점에서 보리심의 실천, 즉 깨어난 마음의 실천은 거의 마법처럼 보일 수 있습니다. 그러나 이 과정에 실제로 마법 같은 것은 없습니다. 당신은 다만 사람들을 완전한 가능성의 차원에서 바라보고 대하고 있으며, 그들은 할 수 있는 한 최선을 다해 같은 방식으로 반응합니다.

앞에서 말했듯이 보리심에는 절대적인 것과 상대적인 것 두 가지 측면이 있습니다. 절대적인 보리심은 마음의 본성을 직접적으로 통찰하는 것입니다. 절대적인 보리심, 즉 절대적으로 깨어 있는 마음 안에서는 주체와 객체, 나와 타인의 구분이 없습니다. 그리고 모든 자각 있는 존재를 참본성이 완벽하게 나타난 존재로 자발적으로 인식하게 됩니다. 하지만 극소수의 사람들만 절대적인 보리심을 즉시 경험할 수 있습니다. 그런데 분명 나는 그렇지 못했습니다. 대부분의 사람들처럼 나도 상대적인 보리심이라는 좀 더 점진적인 길을 따라 수행할 필요가 있었습니다.

이 길을 '상대적'이라고 부르는 데는 몇 가지 이유가 있습니다. 첫째 참본성, 즉 깨어 있는 마음을 직접적으로 경험한다는 똑같은 목표를 공유하는 점에서 그것은 절대적인 보리심과 관련되어 있습니다. 비유하자면 절대적인 보리심은 건물의 꼭대기 층과 같고, 상대적인 보리심은 그 건물의 아래층들과 같습니다. 모든 층은 같은 건물의 일부이지만 아래층 각각은 꼭대기 층에 대해 상대적인 관계에 있습니다. 우리는 꼭대기 층에 도달하기 위해 아래층을 모두 통과해야 합니다. 둘째, 절대적인 보리심의 상태에 이르면 자각 능력을 지닌 존재 사이에 구분이 없어지고, 모든 살아 있는 생명체를 참본성이 완벽히 나타난 존재로 이해하게 됩니다. 그러나 상대적인 보리심을 실천하는 동안에는 여전히 주체와 객체 혹은 나와 타인이라는 관계의 틀 안에서 일이 일어납니다. 마지막으로 〈확신의 횃불〉을 쓴 잠곤 콩툴 같은 위대한 많은 스승들에 따르면 절대적인 보리심은 상대적인 보리심 키우기에 달려 있습니다.

상대적인 보리심 키우기는 언제나 두 가지 측면을 포함합니다. 발보리심과 행보리심입니다. '발보리심'은 모든 자각 있는 존재가 스스로 참본성을 깨닫는 차원에 오르기를 진심으로 바라는 마음가짐을 키우는 것입니다. 우리는 이렇게 생각하면서 시작합니다.

'모든 자각 있는 존재가 똑같은 상태에 이르도록 돕기 위해 나는 완전한 깨달음을 얻고 싶다.'

발보리심은 수행의 결실 혹은 결과에 초점을 맞춥니다. 이런 의미에서 발보리심은 모든 사람을 어떠한 목적지로 인도하려는, 예를 들면 런던이나 파리, 워싱턴 DC로 인도하려는 목표에 초점을 맞추는 것과 같습니다. 물론 발보리심의 경우 그 '목적지'는 마음의 완전한 깨어남, 즉 절대적인 보리심입니다. 고전 문헌에서 '행보리심'은 원하는 목적지에 도달하기 위해 실제 발걸음을 떼는 것에 종종 비유됩니다. 이것은 발보리심의 목표에 도달하는 길에 초점을 맞춥니다. 즉 모든 자각 있는 존재가 그들의 참본성을 인식함으로써 고통의 모든 형태와 원인에서 자유로워지는 것에 중점을 둡니다.

앞에서 말했듯이 상대적인 보리심을 실천하는 동안 우리는 여전히 자각 능력을 가진 다른 존재를 약간 이원론적 관점에서 상대적인 것인 양 여기고 있습니다. 그러나 우리 자신뿐 아니라 자각 능력을 가진 모든 존재를 참본성을 완전히 깨닫는 차원으로 끌어올리려는 동기를 만들어 낼 때는 이상한 일이 벌어집니다. '나'와 '남'이라는 이원론적 관점이 서서히 사라지고, 자신뿐 아니라 다른 사람을 돕기 위한 지혜와 힘이 커져 갑니다.

삶에 접근하는 방법으로 상대적인 보리심을 키우는 것은 비록 일정량의 수고를 필요로 하지만 우리가 일상적으로 다른 사람을 대하는 방식에 확실한 진전을 가져옵니다. 자신의 관점에 동의하지 않는 다른 사람을 비난하기는 무척 쉽습니다. 그렇지 않은가요? 우리 대부분은 모기나 바퀴벌레, 파리를 때려잡듯이 생각 없이 쉽게 그렇게 합니다. 상대적인 보리심을 키우는 것의 핵심은 벌레를 눌러 죽이려는 욕망과 우리에게 동의하지 않는 사람을 비난하려는 충동이 근본적으로 같다는 사실을 인식하는 것입니다. 그것은 우리 뇌의 파충류 층에 깊이 각인된 투쟁 도주 반응입니다. 혹은 보다 직설적으로 표현하면 우리의 악어 본성입니다.

그러므로 상대적인 보리심을 키우는 첫 번째 단계는 '악어가 될 것인가 인간이 될 것인가?'를 결정하는 것입니다.

악어가 되는 것에는 확실히 장점이 있습니다. 악어들은 적보다 한 수 앞서고 단순한 생존에 매우 능합니다. 그러나 그것들은 사랑하거나 사랑받는 경험을 할 수 없습니다. 악어에게는 친구가 없습니다. 자녀를 키우는 기쁨도 경험하지 못합니다. 예술이나 음악도 감상할 줄 모릅니다. 웃을 줄도 모릅니다. 그리고 그들의 상당수는 구두가 되어 생을 마치고 맙니다.

이 책을 이 부분까지 읽었다면 당신은 악어가 아닐 확률이 높습니다. 그러나 악어처럼 행동하는 사람을 만난 적은 있을 것입니다. 상대적인 보리심을 기르는 첫 번째 단계는 '악어 같은' 사람들을 싫어하는 마음을 내려놓고 그들을 향해 자비심을 조금 키우는 것입니다. 그들은 얼마나 많은 삶의 풍요로움과 아름다움을 놓치고 있는가를 깨닫지 못하고 있기 때문입니다. 일단 그렇게 할 수 있다면, 상대적인 보리심을 확대하는 것이 한결 쉬워집니다. 그리하여 그 보리심이 실제 악어뿐 아니라 당신을 성가시게 하고 놀라게 하고 역겹게 하는 다른 생명체를 포함해서 자각 능력을 가진 모든 존재를 향하게 합니다. 이 생명체들이 얼마나 많은 것을 놓치고 있는지 잠시만 시간을 내어 생각한다면 당신의 마음은 그들을 향해 거의 자동적으로 열리게 될 것입니다.

사실 발보리심과 행보리심은 동전의 양면과도 같습니다. 한쪽이 없는 다른 쪽은 존재할 수 없습니다. 발보리심은 모든 살아 있는 존재가 완전한 행복 상태에 이르고 아픔과 고통에서 벗어나도록 돕기 위해 무한한 준비 상태를 갖추는 것입니다. 당신이 실제로 그들을 자유롭게 하는가는 중요하지 않습니다. 중요한 것은 당신의 의도입니다. 행보리심에는 당신의 의도를 실천하는 데 필요한 행위가 포함됩니다. 한 면을 실천하는 것은 다른 면을 기를 수 있는 능력을 강화합니다.

행보리심을 실천하는 방법은 많습니다. 예를 들면 도둑질이나 거짓말, 험담, 일부러 고통을 일으키는 방식으로 말하거나 행동하는 것을 자제하려고 최선을 다하는 것입니다. 또한 다른 사람에게 너그럽게 행동하기, 싸움을 말리기, 버럭 화를 내기보다는 부드럽고 차분하게 말하기, 다른 사람에게 생긴 좋은 일에 질투나 시기로 압도되기보다는 크게 기뻐해 주기 등입니다. 이런 종류의 행동은 명상의 경험을 일상생활의 모든 측면으로 확대하는 수단입니다.

모든 존재를 참본성의 깨달음이라는 완벽한 자유와 완전한 행복으로 이끌려는 의도보다 더 위대한 열망, 더 큰 용기는 없습니다. 당신이 그 의도를 달성했는지 여부는 중요하지 않습니다. 의도 자체에 힘이 있어서 그것을 가지고 작업해 나갈수록 당신의 마음은 더욱 강해질 것입니다. 또한 번뇌가 사라지고 다른 존재를 돕는 데 더욱 능숙해질 것입니다. 그리고 그렇게 하면서 당신 자신의 행복을 위한 원인과 조건을 만들게 될 것입니다.

14
삶 속에서 깨어 있기

언제, 어디서든 수행이 가능하다. 명상을 일상생활로 가져오는 것이 불교 수행의 주요 목적 중 하나이다. 처음에는 지나치게 무리하지 않으면서 자신의 가능한 시간들을 온전히 수행하는 데 쏟는 것이 절대적으로 필요하다. 어떤 사람들이 체육관에 운동하러 가듯이 명상 수행에 접근하라.

> 순수하고 강한 자신감은
> 서서히 길러지는 것이다.
> 12대 타이 시투 린포체 〈틸로파―그의 삶을 잠시 들여다보다〉

종종 받는 질문 중 하나는 "세상에는 왜 그렇게 많은 명상법이 있는 건가요? 그중에서 나에게 가장 잘 맞는 것은 무엇인가요?"입니다.

주위를 둘러보면 어떤 두 사람도 기질과 능력이 완전히 똑같지는 않다는 사실을 발견하지 않을 수 없습니다. 어떤 사람들은 말주변이 아주 좋습니다. 그들은 말로 전달하는 지시 사항을 쉽게 이해하고 다른 사람에게 말로 설명하는 것을 편하게 생각합니다. 어떤 사람들은 좀 더 '시각적'입니다. 그들은 도표와 그림으로 설명 들을 때 가장 잘 이해합니다. 어떤 사람들은 타인보다 청각이 더 예민한 반면 어떤 사람들은 후각 능력이 뛰어납니다. 또 다른 사람들은 분석적이며, 복잡한 수학 공식을 다루는 것이 아주 쉽다고 생각합니다. 어떤 사람들은 마음 깊은 곳에서부터 시인이라서 자신과 타인에게 은유와 비유를 통해 이 세상을 설명하는 데 더없이 뛰어난 능력을 발휘합니다.

자신에게 맞는 것을 고르라

> 깨어 있는 마음을 바라보는 자를 세워 놓고, 그리고 휴식하라.
> 걀와 양 괸파

상황이 달라지면 다른 방안이 필요하게 되므로, 자신이 마음대로 이용할 수 있는 선택 사항을 많이 갖고 있는 것은 항상 도움이 됩니다. 사실 이 원리는 삶의 모든 측면에 적용됩니다. 예를 들어 업무적인 관계나 개인적인 관계에서 때로는 자신의 생각을 이메일로 작성하고 고치고 소통하는 일에 시간을 들이는 편이 더 낫습니다. 반면 어떤 때는 전화나 얼굴을 맞댄 회의가 더욱 효과적일 수 있습니다.

마찬가지로 명상에서도 가장 적합한 기법은 개인적인 기질과 능력만큼이나 특정한 상황에 따라 달라집니다. 예를 들어 슬픔, 분노, 두려움 같은 감정을 다룰 때 더러는 통렌 수행이 가장 좋은 접근법일 수 있습니다. 때로는 그 감정 자체를 대상 없는 기본 명상 수행의 초점으로 삼는 것이 더 효과적일 수 있습니다. 보통의 경우 가장 잘 맞는 기법을 찾아내는 단 한 가지 방법은 시행착오를 통해서입니다.

핵심은 가장 끌리는 것을 선택해서 한동안 그것을 하는 것입니다. 당신이 '시각적'인 사람에 가깝다면 마음을 고요하게 하는 수행을 시작하면서 형태 명상을 해 보십시오. 신체 감각에 좀 더 기민한 유형이라면 몸을 스캔하거나 호흡에 집중하는 방법을 써 보십시오. '언어적'인 유형이라면 만트라 명상을 시도해 보십시오. 기법 자체는 중요하지 않습니다. 중요한 것은 마음을 휴식하는 법을 배우는 것입니다. 마음에게 조종당하지 않고 마음을 다루는 법을 배우는 것입니다.

그러나 마음은 너무도 활동적이기 때문에 한 가지 방법만으로는 지루해지기 쉽습니다. 특정한 수행을 며칠이나 몇 주, 몇 달 동안 해 본 뒤에는 이렇게 생각하고 있는 자신을 쉽게 발견하게 됩니다.

'아 싫다. 또 명상해야 하잖아.'

예를 들어 형태 명상을 시작했다고 가정해 봅시다. 처음에는 그것이 아주 좋아 보이고 마음이 무척 진정되는 것 같습니다. 그러다가 어느 날 아무 이유도 없이 그냥 지겨워집니다. 당신은 형태 명상이라는 개념 전체를 혐오하게 됩니다. 괜찮습니다. 더 이상 형태 명상은 하지 않아도 됩니다. 소리 명상 같은 다른 것을 하면 됩니다.

한동안은 이 새로운 접근법도 매우 신선하고 정말 흥미로워 보입니다. 당신은 이렇게 생각할 것입니다.

'와, 전에는 이런 선명함을 느껴 본 적이 없어!'

그리고 얼마 후 당신은 스스로 채택한 새로운 기법이 점점 지겨워질 것입니다. 이것 또한 괜찮습니다. 소리 명상이 지겨워지면 냄새 명상이나 생각을 관찰하는 명상이나 호흡에 집중하는 명상처럼 새로운 것을 시도해도 됩니다.

명상에 접근하는 방법을 붓다가 그토록 많이 다양하게 가르친 이유가 이제 분명히 이해됩니까? 텔레비전과 인터넷, 라디오, 엠피스리 플레이어, 전화기가 발명되기 전이었음에도 붓다는 인간의 마음이 얼마나 안절부절못하는지 그리고 얼마나 필사적으로 산만해지려고 하는지를 알았습니다. 그래서 편히 휴식하지 못하는 마음의 본성을 다루기 위한 많은 방법을 우리에게 일러 준 것입니다.

어떤 방법을 택하든 명상 시간마다 대상에 집중하는 수행과 대상 없는 명상 상태에서 마음을 다만 휴식하는 수행을 번갈아 하는 것이 매우 중요합니다. 명상을 하기 위한 방편을 다룰 때의 핵심 사항은 '마음이 사물을 지각하는 동안 그 마음을 알아차릴 수 있게' 하는 정신적 안정감을 어느 정도 발달시키는 것입니다. 대상 없는 명상과 대상을 기초로 한 명상을 하며 마음을 휴식하다 보면 자신이 경험한 모든 것을 이해할 기회가 생깁니다. 이 두 상태를 번갈아 함으로써, 자신이 어떤 상황에 처하게 되더라도-자신의 생각과 감정을 다루고 있든 '바깥세상'에 존재하는 듯한 사람이나 상황을 다루고 있든-지금 일어나고 있는 모든 일과 자신의 자각이 밀접하게 연결되어 있음을 깨닫는 법을 서서히 배우게 될 것입니다.

짧게 여러 번

> 모든 분투에서 자유로워지라.
> 틸로파 〈갠지스 강의 마하무드라〉

정식 수행 습관을 확실하게 들이는 것은 오랜 기간 형성된 뉴런들의 수다를 끊어 버리는 가장 효과적인 방법입니다. 이 뉴런들의 수다는 독립적으로 혹은 본래부터 존재하는 '나'와 독립적으로 혹은 본래부터 존재하는 '남'이라는 지각을 만들어 왔습니다. 정식 수행을 하기 위해 시간을 내면 건설적인 습관이 길러지고, 이 습관은 오래된 뉴런 패턴을 약화시킵니다. 그뿐만 아니라 새로운 뉴런 패턴도 효과적으로 성공리에 만들어 낼 수 있습니다. 이 새로운 패턴은 당신이 지각하는 방식에 마음이 관여한다는 사실을 깨닫게 해 줍니다.

정식 수행은 하루 중 아무 때나 해도 되지만 수행을 시작하기에 가장 좋은 시기는 잘 자고 일어난 아침, 눈 뜨자마자라고 배웠습니다. 이때는 갖가지 일상에 신경을 쓰기 전이라서 마음이 가장 상쾌하고 편안한 상태입니다. 출근하러 나서거나 반드시 해야 할 심부름을 하기 전에 수행 시간을 마련하면 하루 전체의 분위기가 조성됩니다. 또한 하루 종일 수행에 헌신하려는 의지도 강화됩니다.

그러나 어떤 사람들은 하루를 시작할 때 정식 명상을 하는 것이 불가능합니다. 그리고 이른 아침의 명상을 일정표에 강제로 넣으려 한다면 명상이 하기 싫은 일처럼 생각되기 쉽습니다. 이 경우에 해당한다면 좀 더 편리한 시간을 택하십시오. 어쩌면 점심시간이나 저녁 식사 후 혹은 잠자리에 들기 직전이 될 수도 있습니다.

정식 수행을 지배하는 '규칙'은 없습니다. 그러나 한 가지 매우 실용적인 지침은 있는데 그것은 아버지가 모든 제자들에게 기억하기 쉽도록 거듭 강조한 것이었습니다.

'짧게 여러 번'입니다.

명상 지도를 시작했을 때 명상을 막 시작한 많은 제자들이 스스로에게 비현실적인 목표를 세우는 경향이 있음을 알게 되었습니다. 그들은 명상을 하기 위해서는 인간으로서 할 수 있는 가장 오랜 시간 동안 완벽한 명상 자세로 앉아 있어야 한다고 생각했습니다. 그래서 스스로를 명상 속에 '가두고' 자신의 의지로 평온한 상태에 도달하려고 애쓰면서 그곳에 앉아 있었습니다. 몇 초 동안은 이 접근법이 효과가 있는 것처럼 보입니다. 그들은 실제로 어떤 고요함을 느꼈습니다. 그러나 마음은 언제나 움직이고 있고 늘 새로운 생각과 지각과 기분을 처리합니다. 그것이 마음이 하는 일입니다. 명상은 그 마음을

'있는 그대로' 다루는 법을 배우는 것입니다. 명상은 마음을 일종의 불교식 구속복(정신 이상자나 폭력적인 사람의 행동을 제압하기 위해 입히는 것) 속으로 억지로 집어넣으려고 애쓰는 것이 아닙니다.

우리는 몇 시간씩 내리 명상하기 위해 앉아 있는 것이 부지런한 행동이라고 생각합니다. 그러나 진정한 근면함은 자신을 자연스러운 한계 너머로 강요하는 것을 의미하지 않습니다. 그것은 성취하려는 것의 결과에 집중하지 않으면서 단순히 최선을 다함을 의미합니다. 너무 긴장을 푸는 것과 너무 긴장하는 것 사이에서 편안한 중간 지대를 찾는 것을 의미합니다.

불경에는 기량이 뛰어난 어느 시타르 연주가에 대한 또 다른 이야기가 기록되어 있습니다. 그는 붓다에게 직접 가르침을 받은 제자였습니다. 붓다는 이 특별한 남자를 가르치기가 특히나 어렵다는 사실을 알게 되었습니다. 그 남자의 마음이 너무 긴장되어 있거나 그렇지 않으면 너무 풀어져 있었기 때문입니다. 너무 긴장하고 있을 때 그 남자는 명상할 수 없었을 뿐 아니라 붓다가 가르친 간단한 기도문을 암송하는 법조차 기억할 수 없었습니다. 마음이 너무 풀어졌을 때는 그저 모든 수행을 멈추고 잠들었습니다.

마침내 붓다가 그에게 질문을 던졌습니다.

"그대는 집으로 돌아가면 무엇을 하는가? 악기를 연주하는가?"

"예. 악기를 연주합니다."

"그대는 연주를 잘하는가?"

"예. 사실 저는 이 나라에서 최고입니다."

"그러면 그대는 어떻게 연주하는가? 어떤 음악을 연주할 때 그대는 악기를 어떻게 조율하는가? 현을 아주 팽팽하게 하는가, 아니면 아주 느슨하게 하는가?"

"둘 다 아닙니다. 현을 너무 팽팽하게 조이면 팅팅팅 하는 소리가 납니다. 현을 충분히 팽팽하게 조이지 않으면 둥둥둥 하는 소리가 납니다. 너무 팽팽하지도 너무 느슨하지도 않은 균형 지점에 도달할 때 현이 제대로 조율됩니다."

붓다는 미소 지으며 시타르 연주가와 한참 동안 시선을 나누었습니다. 그리고 마침내 붓다가 말했습니다.

"그것이 바로 그대가 명상할 때 해야 할 일이네."

이 이야기는 처음 명상 수행을 시작할 때 지나친 긴장을 피하는 것이 중요함을 말해 줍니다. 요즘 대부분 사람들의 바쁜 일정을 고려할 때, 처음에는 하루에 15분이라도 정식 수행을 위해 시간을 내는 것은 상당한 헌신입니다. 그것을 5분씩 세 번으로 나누거나 3분씩 다섯 번으로 나누거나는 중요하지 않습니다.

특히 처음에는 지나치게 무리하지 않으면서 가능한 시간들을 온전히 수행에 쏟는 것이 절대적으로 필요합니다. 내가 할 수 있는 최상의 조언은 어떤 사람들이 체육관에 운동하러 가듯이 당신도 명상 수행에 접근하라는 것입니다. 전혀 운동을 하지 않는 것보다는 15분이라도 체육관에서 운동하며 시간을 보내는 편이 훨씬 낫습니다. 수행에 단 15분만 바칠 수 있어도 시간을 전혀 내지 않는 것보다 낫습니다. 어떤 사람들은 기껏 5킬로그램만 들어 올릴 수 있는 반면 다른 사람들은 25킬로그램도 쉽게 들어 올릴 수 있습니다. 당신이 5킬로그램밖에 들어 올릴 수 없다면 25킬로그램을 들려고 하지 마십시오. 무리하면 긴장하게 될 것이고 아마 운동을 그만두게 될 것입니다. 마찬가지로 명상을 할 때는 할 수 있는 만큼만 최선을 다하십시오. 자신의 개인적인 한계를 넘지 마십시오. 명상은 경쟁이 아닙니다. 당신이 명상 수행을 하며 가볍게 보낸 15분이 더 긴 시간 수행하느라 용쓴 사람들이 보낸 몇 시간보다 훨씬 이롭다는 사실이 결국 밝혀질 것입니다. 사실 제일 좋은 규칙은 자신이 할 수 있다고 생각하는 것보다 더 '짧게' 명상 시간을 보내는 것입니다. 4분 동안 명상할 수 있다고 생각하면 3분에서 그만두십시오. 5분 동안 명상할 수 있다고 생각하면 4분에서 그만두십시오. 이런 식으로 수행한다면 또다시 무척이나 명상을 시작하고 싶어 하는 자신을 발견하게 될 것입니다. 목표를 달성했다고 생각하기보다는 자신이 좀 더 원하도록 만드십시오.

짧은 시간의 정식 수행을 좀 더 진척시키는 다른 방법은 잠시 시간을 내어 보리심을 키우는 것입니다. 다른 이들을 이롭게 하기 위해 일정 수준의 깨달음을 얻으려는 갈망을 키우는 것입니다. 그 갈망이 특별히 강력한지 여부는 걱정하지 마십시오. 동기 자체로 충분합니다. 당신은 한동안 이런 노력을 기울인 후 그 갈망이 진정한 중요성과 깊은 개인적 의미를 지님을 깨닫게 될 것입니다.

이렇게 열려 있는 태도를 만드는 데 잠시 시간을 보낸 뒤, 대상 없는 명상 상태에서 짧은 시간 마음을 휴식하십시오. 특정 명상 시간 동안 어떤 방법을 이용하기로 결정하든 관계없이 이것은 중요합니다.

마음을 쉬게 하고 보리심을 기르는 동안 적어도 1분이 이미 흘렀습니다. 이제 당신은 1분 30초 동안 자신이 선택한 무슨 수행이든 할 수 있습니다. 그것이 시각적인 대상이나 냄새, 소리에 초점을 맞추는 것이든, 생각이나 느낌을 바라보는 것이든, 자비 명상의 특정 형태를 수행하는 것이든 상관없습니다. 그리고 나서 30초 남짓 대상 없는 명상 수행 상태에서 다만 마음을 휴식하십시오.

그리고 수행의 마지막에는 많은 서양 언어에서 '공덕 바치기'로 번역하여 부르는 것을 약 30초 동안 합니다. 대중 강연 중에 또는 내게서 개인적으로 명상을 배우는 이들과의 상담 시간에 많이 듣게 되는 질문 중 하나는 '왜 공덕 바치기라는 마지막 단계를 굳이 취해야 하는가?'입니다. 모든 수행의 마지막에 공덕을 바치는 것은 수행을 통해 얻은 모든 심리학적 감정적 힘이 다른 이들에게 전달되기를 염원하는 일입니다. 이것은 짧고도 놀라운 자비 수행일 뿐 아니라 '나'와 '남'의 구분을 없애 주는 더없이 미묘한 방법입니다. 티베트 어로 암송하든 영어로 암송하든 공덕 바치기에는 30초 정도 걸립니다. 대략 번역하면 다음과 같습니다.

이 힘에 의해
강인함과 지혜를 모은 모든 존재가
강인함과 지혜로부터 생겨나는
두 개의 투명한 상태를 달성하기를

어떤 학파에서는-고백하건대 여기에 과학적인 증거는 없습니다- 티베트 어로 낭송된 기도의 실제 음파가 수 세기에 걸쳐 울려 퍼져 왔기 때문에 기도문을 원어로 말하는 것이 그 낭송을 고대의 울림과 연결시킴으로써 힘을 증대시킬 것이라고 주장합니다. 이것을 염두에 두고 대략적인 음역을 알려 드리겠습니다.

게와 디 이 케 워 쿤
소남 이 세 촉 속 네

소남 이 세 레 정 웨
탐파 쿠 니 톱 파르 속

공식적인 티베트 어를 이용해서 수행을 끝맺기로 선택하든 덜 공식적인 다른 언어를 이용하든 '소남'을 헌정함으로써 수행을 완성하는 데는 매우 현실적인 이유가 있습니다. '소남'은 티베트 어로 '정신력' 혹은 '정신력을 발달시키는 능력'을 의미합니다. 우리가 좋은 일을 했을 때 우리의 자연스러운 성향은 이렇게 생각하는 것입니다.

'난 정말 좋은 사람이야! 난 방금 명상을 했어. 모든 곳에 있는 모든 존재가 진정한 행복을 경험하고 고통에서 벗어나기를 염원했어. 내가 여기에서 무엇을 얻을 수 있을까? 내 삶이 어떻게 더 좋아질까? 이것이 나에게 무엇을 해 줄까?'

이것이 당신의 마음을 통과해 가는 정확한 말은 아니겠지만 비슷하기는 할 것입니다. 그리고 실제로 당신은 좋은 일을 했습니다.

단 한 가지 문제점은 이런 식으로 자신을 축하하는 것이 자신과 타인 사이의 차별감을 강조하기 쉽다는 것입니다. "'나는' 좋은 일을 했어. '나는' 얼마나 좋은 사람인지. '내' 삶이 바뀔 거야."와 같은 생각들은 자신이 다른 존재와 분리되어 있다는 관념을 미묘하게 강화시킵니다. 이어서 이것은 당신의 수행이 만들어 냈을지도 모르는 자비심과 자신감, 안전함의 감각을 모두 감소시킵니다.

수행의 공덕을 바침으로써, 다시 말해 의식적으로든 무의식적으로든 자각 능력을 가진 모든 존재들 사이에서 '모두'가 평화와 만족감을 향한 갈망을 공유한다는 생각을 일부러 만들어 냄으로써, 당신은 자신과 타인 사이에 존재하는 어떤 종류의 차이점이든 지각하려 하는 뉴런들의 습관을 아주 미묘하게 없앱니다.

약식 수행

> 일하는 도중에
> 잊지 말고 마음의 본질을 인식하라.
> 툴쿠 우르겐 린포체 〈있는 그대로 1권〉

더러는 매일매일 정식 수행할 시간을 내기가 그저 불가능합니다. 중대한 업무 회의를 준비하는 데 몇 시간을 보내야 할지 모르고, 어쩌면 결혼식이나 생일 파티처럼 중요한 행사에 참석해야 할지도 모릅니다. 때로는 아이들이나 연인, 배우자와 뭔가 특별한 일을 하기로 약속했을 겁니다. 어떤 때는 주중에 해야 했던 온갖 일들로 너무 지쳐서 텔레비전을 보거나 침대에 누워 그냥 하루를 보내고 싶을 겁니다.

하루 이틀 정도 정식 수행을 빼먹으면 당신이 나쁜 사람이 될까요? 그렇지 않습니다. 정식 수행에 헌신할 시간을 내지 못하면 이미 만들어 냈던 변화들이 되돌아갈까요? 그렇지 않습니다. 하루, 이틀 혹은 삼일 간 정식 수행을 빼먹는 것은 길들여지지 않은 마음을 처음부터 전부 다시 다루기 시작해야 함을 의미할까요? 그렇지 않습니다.

정식 수행은 훌륭합니다. 왜냐하면 하루에 5분, 10분, 15분 동안 앉아 있는다면 당신의 관점을 탈바꿈시키기 시작할 기회가 만들어지기 때문입니다. 그러나 붓다의 초기 제자들은 대부분 농부나 목동, 유목민이었습니다. 가축이나 작물을 돌보고 가족을 보살피는 와중에 가부좌를 틀고 팔을 곧게 펴고 눈을 올바르게 초점 맞춘 채 제대로 앉아 있을 시간이 그들에게는 그리 많지 않았습니다. 단 5분조차 정식 수행을 위해 앉아 있을 수 없었습니다. 어디선가 울어대는 양과 칭얼거리는 아기, 천막이나 우리 안으로 뛰어들어 와 갑작스러운 비가 농작물을 망치려 한다고 말하는 사람이 늘 존재했습니다.

붓다는 이런 문제를 이해했습니다. 탄생과 성장 과정에 대한 상상 속 이야기들은 붓다를 멋진 호화 궁전에서 자란, 부유한 아버지를 둔 왕자로 묘사하지만 실제로 그의 출신은 훨씬 변변치 못했습니다. 아버지는 강력한 인도 군주국에게 삼켜지지 않으려고 싸우는 16개 연합국의 몇몇 우두머리 중 한 명일 뿐이었습니다. 어머니는 그를 낳다 세상을 떠났습니다. 아버지는 그가 고작 십 대였을 때 결혼해서 후계자를 낳을 것을 강요했습니다. 정치적 군사적 책략보다 더 의미 깊은 삶을 추구하고자 집을 떠났을 때 그는 상속권을 박탈당했습니다.

그러므로 붓다에 대해 이야기할 때 우리는 삶이라는 것이 언제나 형식을 갖춰 수행할 기회나 시간을 마련해 주지는 않는다는 사실을 이해한 한 남자에 대해 이야기하는 것입니다. 그가 인류에게 준 위대한 선물 한 가지는 언제, 어디서든 수행이 가능하다는 가르침이었습니다. 사실 명상을 일상생활로 가져오는 것이 불교 수행의 주요 목적 중 하나입니다. 어떠한 나날의 활동도 명상의 기회로 이용할 수 있습니다. 하루를 보내는 동안 생각을 관찰할 수도 있고, 맛, 냄새, 형태, 소리 같은 경험에 잠시 주의를 집중할 수도 있고, 마음속에서 일어나는 것을 단순히 자각하는 놀라운 체험을 하며 몇 초 동안 그냥 휴식할 수도 있습니다.

그러나 약식으로 수행할 때는 스스로 일종의 목표를 세우는 게 중요합니다. 예를 들어 '하루 동안 1, 2분이 넘지 않는 약식 수행 스물다섯 번'처럼 말입니다. 자신의 수행 시간을 기록하는 것도 도움이 됩니다. 제3세계 승려와 유목민은 종종 염주를 이용해 횟수를 셉니다. 그러나 서양 사람들에게는 휴대용 계산기와 피디에이(들고 다닐 수 있는 작은 단말기. 컴퓨터와 휴대전화의 기능을 합쳐 놓은 것)를 포함해 심지어 식료품 가게에서 사용하는 작은 계산 기계에 이르기까지 선택의 범위가 훨씬 넓습니다. 명상 횟수를 단순히 수첩에 적어 놓음으로써 그 수를 파악할 수도 있습니다. 중요한 것은 목표와 비교한 달성량을 파악할 수 있도록 약식 수행 횟수를 모두 세는 것입니다. 예를 들어 대상 없는 명상법을 하고 있다면 그것을 한 번으로 세십시오. 그리고 그 명상을 놓치게 되면 다시 시작하고 그것을 두 번으로 세십시오.

이런 식으로 명상 수행을 조직화하는 것의 큰 장점 중 한 가지는 어디서든 할 수 있고 편리하다는 점입니다. 명상하려는 의도가 명상임을 기억하는 한, 해변, 극장, 일터, 식당, 버스나 지하철, 학교 등 어느 곳에서든 수행할 수 있습니다. 명상을 얼마나 잘했는가에 대한 당신의 의견이 어떠하든, 핵심은 명상하려는 의도를 파악하는 것입니다. 저항하고픈 마음이 들면 늙은 소가 하루 종일 걸어 다니면서 오줌을 누는 이야기를 다만 기억하십시오. 당신의 얼굴에 웃음을 가져오고 수행은 소변보는 것만큼이나 쉽고 필수적인 것임을 상기하려면 그것으로 충분할 것입니다.

하루 스물다섯 번의 짧은 수행 시간이 편하게 느껴지면 목표를 약식 수행 50번으로 늘리고, 그러고 나서 서서히 100번으로 늘릴 수 있습니다. 중요한 건 계획을 세우는 것입니다. 그러지 않으면 수행에 대해 완전히 잊어버리고 말 것입니다. 하루 중 휴식이나 정신 집중에

쓰는 그러한 몇 초 혹은 몇 분은 마음의 안정에 도움이 됩니다. 그러므로 정식으로 수행할 기회를 마침내 갖게 되면 그것이 낯선 사람과 저녁을 먹으려고 앉아 있는 것처럼 어색하게 느껴지지는 않을 것입니다. 함께 앉아 솔직한 이야기를 나눌 수 있는 오랜 친구처럼 당신의 생각, 느낌, 지각이 훨씬 친숙하다는 사실을 발견하게 될 것입니다.

약식 수행에는 몇 가지 다른 혜택도 있습니다. 첫째, 수행을 일상생활과 하나로 합치면 정식 수행 중에는 고요해지고 평화로워진 뒤 돌아서서 사무실에서는 긴장하고 화내게 되는 덫을 피하게 됩니다. 둘째, 아마도 더욱 중요한 점일 텐데, 일상생활 속에서 약식으로 수행하는 것은 명상을 하기 위해서는 절대적으로 고요한 어떤 장소에 가 있어야 한다는 너무도 흔한 오해를 서서히 뿌리 뽑습니다.

역사상 어느 누구도 그런 장소는 찾지 못했습니다. 정신을 산만하게 하는 것은 도처에 있습니다. 산꼭대기에 오르더라도 처음에는 도시나 사무실 소리에 비해 상대적으로 고요한 상태에서 약간의 위안을 느낄 것입니다. 그러나 마음이 안정되면 의심할 여지 없이 귀뚜라미 우는 소리, 바람이 나뭇잎을 스치고 가는 소리, 새나 작은 동물이 땅을 헤집는 소리, 물방울이 바위에 떨어지는 소리처럼 작은 소리가 들리기 시작할 것입니다. 그리고 돌연 당신이 추구하던 위대한 침묵은 깨어집니다. 창문과 방문을 모두 닫고 실내에서 명상하려고 해도 가려움이나 요통, 침을 삼키려는 욕구, 수도꼭지에서 물 떨어지는 소리, 시계의 째깍거림, 위층에서 걸어 다니는 사람의 소음 같은 것 때문에 산만해질 수밖에 없습니다. 어디에 가든 정신을 산만하게 하는 원인을 늘 발견하게 될 것입니다. 약식 수행의 가장 큰 장점은 정신을 산만하게 하는 이런 것들이 어떤 형태를 취하고 있고 얼마나 성가시든 이것들을 다루는 법을 배운다는 점입니다.

언제 어디서든

> 만나는 모든 것을 명상에 참여시키라.
> 잠곤 콩툴 〈깨달음으로 가는 위대한 길〉

이것을 염두에 두고, 일상생활에서 실천할 수 있는 몇 가지 방법을 살펴봅시다. 또한 보통 때는 산만함의 원인처럼 보이던 것을 마음을 휴식하는 방편으로까지 이용하는 방법도 살펴봅시다. 오래된 경전들은 이것을 '삶을 진리 발견의 길로 삼기'라고 부릅니다.

  단순히 거리를 걷는 것도 깨어 있는 마음을 발달시킬 훌륭한 기회가 될 수 있습니다. 식료품 가게로 향하거나 점심 먹으러 식당에 걸어가는 것 같은 특정한 일을 시작한 뒤 그곳에 어떻게 갔는지도 깨닫지 못한 채 목적지에 가 있는 자신을 얼마나 자주 발견하게 됩니까? 이것은 정신 나간 원숭이가 소요를 일으키도록 허락하는 고전적인 예입니다. 정신 나간 원숭이가 온갖 종류의 산만함의 요소를 뽑아내도록 허락하는 것입니다. 이 산만함은 현재 순간의 충만함을 경험하지 못하게 할 뿐 아니라 자신의 자각에 집중하고 그 자각을 훈련시킬 가능성까지 빼앗습니다. 이때 기회로 삼을 수 있는 것은 자신의 주의를 주변 환경으로 가져오겠다고 의식적으로 마음먹는 일입니다. 스치고 지나가는 건물, 보도 위의 다른 사람들, 거리의 차량들, 길 따라 심어진 나무들을 바라보십시오. 눈에 보이는 것들에 주의를 집중하면 정신 나간 원숭이가 잠잠해질 것입니다. 마음은 덜 동요되고, 당신은 고요함의 감각을 발달시키기 시작합니다.

걸을 때의 몸의 감각, 두 다리가 움직이는 느낌, 두 발이 땅에 닿는 기분, 호흡이나 심장박동 리듬에 주의를 집중할 수도 있습니다. 이것은 당신이 서두르고 있더라도 효과가 있습니다. 그리고 사실 이것은 어떤 곳에 서둘러 도달하려고 할 때 일반적으로 따라오는 불안감을 다스리기에 좋은 방법입니다. 당신은 몸의 감각이나 길을 따라 스쳐 지나가는 사람과 장소, 사물에 집중하면서 여전히 빠르게 걸을 수 있습니다. 다만 이렇게 생각하십시오.

'나는 지금 길을 걸어가고 있다. 나는 지금 어느 건물을 보고 있다. 나는 지금 티셔츠와 청바지를 입은 한 사람을 보고 있다. 지금 내 왼발이 땅에 닿고 있다. 지금 내 오른발이 땅에 닿고 있다.'

의식적인 자각을 자신의 행위로 가져올 때 산만함과 불안감은 서서히 사라지고 마음은 더욱 평화로워지고 편안해질 것입니다. 그리고 목적지에 도달했을 때 당신은 여정의 다음 단계에 대처할 수 있는 더욱 편안하고 열린 위치에 있게 될 것입니다.

단순히 시야에 있는 다양한 대상에 주의를 집중하거나 소리를 방편으로 이용함으로써 같은 종류의 주의를 운전으로 혹은 집이나 일터에서의 나날의 경험으로 가져올 수도 있습니다. 요리나 식사처럼 간단한 일도 수행의 기회가 됩니다. 채소를 써는 동안에는 모든 채소 조각의 형태나 색깔에 주의를 기울여도 됩니다. 국이나 양념이 보글거리는 소리에 집중해도 됩니다. 음식을 먹는 동안에는 체험하는 냄새와 맛에 주의를 집중하십시오. 다른 대안으로 이 모든 상황에서 대상 없는 명상 수행을 할 수도 있습니다. 어떤 활동을 하는 동안 집착이나 혐오 없이 단순히 열린 상태로 마음을 휴식하십시오.

 잠을 자거나 꿈을 꾸는 동안에도 명상을 할 수 있습니다. 잠에 빠져 드는 동안 대상 없는 명상 상태에서 마음을 쉬게 하거나, 졸리는 느낌에 부드럽게 집중할 수 있습니다. 다른 방법으로는 잠드는 동안 '나는 내 꿈을 인식할 것이다. 나는 내 꿈을 인식할 것이다. 나는 내 꿈을 인식할 것이다.'라고 자신에게 여러 번 조용히 되뇜으로써 꿈을 명상 체험으로 바꿀 기회를 만들 수도 있습니다.

마무리하며

> 완전히 홀로임을 느끼기 시작할 때
> 자유롭게 행동하게 되고 편안해진다.
> 초감 트룽파 〈환상의 경기〉

 명상은 획일적 수행이 아닙니다. 모든 개인은 기질과 배경, 능력이 독특하게 조합되어 표현됩니다. 이것을 깨달은 붓다는 다양한 수행법을 가르쳤습니다. 처한 상황이 어떠하고 신분이 무엇이든 모두가 마음의 본성을 깨닫고 무지와 집착과 혐오라는 정신의 독으로부터 진정 자유로워지도록 돕기 위해서였습니다. 그 방법 중 일부는 매우 일상적이고 재미없어 보일 수 있지만 사실 그것들은 불교 수행의 핵심을 나타냅니다.

 붓다의 가르침의 본질은 이것이었습니다. 공과 지혜와 자비를 직접 체험할 수 있도록 발전해 가는 데 정식 수행이 도움을 줄 수는 있지만, 이 체험을 일상생활 모든 측면에 연결시킬 수 없다면 의미 없다는 것입니다. 고요함과 통찰력과 자비심의 발달 정도는 일상에서 도전 상황에 직면할 때가 되어서야 실제로 측정할 수 있기 때문입니다.

비록 그렇다 해도 붓다는 우리 스스로가 수행에 힘쓸 것을 요구했습니다. 한 경전에서 그는 제자들에게 자신의 가르침을 액면 그대로 단순히 받아들이기보다 수행을 통해 시험하라고 충고했습니다.

> 금덩어리를 불태우고 깎아 내고 문지르듯이
> 지혜로운 수도자가 내 가르침을 점검하듯이
> 나의 가르침을 잘 점검하라.
> 그러나 그것을 그대로 받아들이지는 마라.

붓다와 똑같은 마음으로, 여러분에게 요청합니다, 이 가르침들이 당신에게 맞는지 알아보기 위해 그 가르침들을 직접 시도해 보십시오. 어떤 수행은 도움이 될 것이고 어떤 수행은 그렇지 않을 것입니다. 몇몇 사람은 한 가지 이상의 기법에 즉각적으로 어떤 친밀감을 느낄 것이고, 다른 방법은 좀 더 많은 연습이 필요하다고 생각할 것입니다. 심지어 어떤 사람은 명상 수행이 자신에게 전혀 이롭지 않음을 발견하게 될 수도 있습니다. 그것 역시 좋은 일입니다. 가장 중요한 것은 고요함과 투명함, 자신감, 평화의 감각을 만들어 내는 수행을 찾고 그것을 하는 것입니다. 그렇게 할 수 있다면 자신뿐 아니라 주위 모든 사람을 이롭게 할 것입니다. 이것이 모든 과학적 혹은 영적 수행의 목적입니다. 그렇지 않은가요? 우리 자신뿐 아니라 다가올 세대를 위해 더 안전하고 조화롭고 부드러운 세상을 만드는 것 말입니다.

15
끊임없는 변화와 진정한 평화

조건은 늘 변화하기 마련이고 진정한 평화는 그 변화에 적응할 수 있는 능력에 달려 있다. 예를 들어 고요한 상태에서 호흡에 집중하며 앉아 있다고 가정해 보자. 그런데 윗집 사람이 갑자기 진공청소기를 돌리기 시작하거나 근처 어딘가에서 개 한 마리가 짖기 시작한다. 어쩌면 허리나 다리가 아파 오거나 며칠 전에 다툰 기억이 아무런 뚜렷한 이유도 없이 머릿속에 떠오른다. 이런 일들은 언제나 일어난다. 붓다가 그렇게 많은 명상법을 가르친 또 다른 이유가 이것이다.

> 처음에는 마음이 오랫동안 안정적으로 유지되지 못하고 휴식할 수
> 도 없다.
> 그러나 인내심을 가지고 일관되게 수행하면 마음이 점점 고요해지
> 고 안정된다.
>
> 보카 린포체 〈명상-초심자에게 하는 충고〉

명상하며 마음을 쉬게 할 때 놀라운 체험이 일어날 수 있습니다. 때로는 이런 체험이 일어나기까지 시간이 조금 걸리기도 하고, 때로는 수행을 하려고 앉은 첫 시간에 일어나기도 합니다. 이러한 체험 중 가장 흔한 것은 환희, 투명함, 무념입니다.

내가 설명 듣기로 환희는 마음과 몸 모두에서 느껴지는 물들지 않은 행복감, 편안함, 가벼움입니다. 이 체험이 강해질수록 눈에 보이는 모든 것이 사랑으로 이루어진 것처럼 보입니다. 육체적인 고통의 경험조차 매우 가벼워지고 좀처럼 알아차리기 어려워집니다.

투명함은 마치 모든 실체가 구름 없이 찬란하게 맑게 갠 날의 환한 풍경인 듯 사물의 본성을 들여다볼 수 있게 되는 감각입니다. 모든

것이 뚜렷하게 보이고 모든 일이 이치에 맞게 느껴집니다. 성가신 생각과 감정조차 이 찬란한 풍경 속에 자리하고 있습니다.

무념은 마음이 완전히 열리는 체험입니다. 자각은 생생해지고 '나'와 '남', 주체와 객체, 그 밖의 한계 같은 관념적인 구분에 의해 흐려지지 않습니다. 그것은 시작도 중간도 끝도 없는, 우주처럼 무한한 순수 의식의 체험입니다. 마치 꿈꾸는 동안 꿈 안에서 깨어나는 것과 같고, 꿈에서 경험한 모든 것이 꿈꾸는 자의 마음과 별개가 아님을 깨닫는 것과 같습니다.

그러나 명상을 막 시작한 사람들에게서 내가 매우 자주 듣게 되는 말은 자신들이 앉아 있을 때는 아무 일도 일어나지 않는다는 것입니다. 이따금씩 그들은 일순간 아주 작은 평온함을 느낍니다. 그러나 대부분의 경우에는 명상을 하려고 앉기 전이나 일어선 후와 아무런 차이도 느끼지 못합니다. 이것은 정말로 실망스러울 수 있습니다.

어떤 사람들은 자신에게 익숙했던 생각과 감정과 기분의 세계가 약간 뒤틀린 듯 방향을 상실한 기분을 느끼기도 합니다. 이것은 유쾌할 수도 불쾌할 수도 있습니다.

앞에서 설명했듯이 환희나 투명함이나 방향 상실감을 경험하든 혹은 아무것도 경험하지 않든 명상할 때 일어나는 일보다는 명상을 하려는 의도가 더 중요합니다. 깨어 있는 마음은 이미 존재하기 때문에 그것과 연결되려는 노력을 하는 것만으로도 그것을 자각할 수 있는 능력이 발달됩니다. 수행을 계속할수록 서서히 당신은 약간의 어떤 것을, 평상시 마음 상태와는 조금 다른 마음의 평화나 평온함을 느끼게 될 것입니다. 그것을 경험하기 시작할 때면 산만해진 마음과 명상 상태에서 느끼는 산만해지지 않은 마음의 차이를 직관적으로 이해하게 될 것입니다.

처음에는 우리들 대부분이 순수한 자각 상태에서 오랫동안 마음을 쉬게 하는 일을 전혀 할 수 없습니다. 아주 짧은 순간만 마음을 휴식할 수 있더라도 좋습니다. 어떤 시간이 주어지든 그 짧은 순간의 휴식을 여러 번 반복하기 위해 앞에서 설명한 지시를 다만 따르십시오. 숨을 들이쉬고 내쉬는 동안 마음을 휴식하는 것조차 매우 유용합니다. 다만 그것을 반복하고, 반복하고, 또 반복하십시오.

조건은 늘 변화하기 마련이고 진정한 평화는 그 변화에 적응할 수 있는 능력에 달려 있습니다. 예를 들어 고요한 상태에서 호흡에 집중하며 앉아 있다고 가정해 봅시다. 그런데 윗집 사람이 갑자기 진공청소기를 돌리거나 근처 어딘가에서 개 한 마리가 짖기 시작합니다. 어쩌면 허리나 다리가 아파 오거나 어딘가 가려울 수도 있습니다. 또는 며칠 전에 다툰 기억이 아무런 뚜렷한 이유도 없이 머릿속에 떠오릅니다. 이런 일들은 언제나 일어납니다. 붓다가 그렇게 많은 명상법을 가르친 또 다른 이유가 바로 이 때문입니다.

마음을 산만하게 하는 이런 종류의 일들이 생기면 다만 그것을 수행의 일부로 만드십시오. 마음을 산만하게 만드는 것을 자각하십시오. 개 짖는 소리나 진공청소기 소음이 호흡 명상을 방해하면 그 소음에 주의를 집중하면서 소리 명상으로 전환하십시오. 허리나 다리에 통증이 느껴지면 그 통증을 느끼고 있는 마음에 집중하십시오. 가려움이 느껴지면 어서 그곳을 긁으십시오. 법문 중이거나 염불 수행 중인 법당에 앉을 기회가 있다면 승려들이 쉴 새 없이 몸을 긁적이거나 방석 위에서 자세를 바꾸거나 기침하고 있는 모습을 틀림없이 보게 될 것입니다. 그러나 그 승려들이 충분히 진지하게 수행을 해 왔다면 그들은 가려움의 감각, 그것을 긁는 감각, 다 긁었을 때의 시원한 느낌에 집중하면서 깨어 있는 마음으로 이리저리 자세를 바꾸고 몸을 긁는 행위 등을 하고 있습니다.

만약 강한 감정이 주의를 산만하게 한다면 앞에서 배운 것처럼 그 감정을 경험하는 마음에 집중하는 방법을 시도해 볼 수 있습니다. 또는 분노나 슬픔, 질투, 욕망 등 당신이 느끼고 있는 것 모두를 수행의 토대로 삼아 통렌 수행으로 전환해 볼 수도 있습니다.

한편 내가 아는 많은 사람들은 수행할 때 마음이 흐려지거나 졸리게 된다고 말합니다. 그냥 눈을 뜬 채 자신이 하고 있는 일에 계속 주의를 집중하는 것도 고역이 됩니다. 그날 하루는 포기해 버리고 침대에 털썩 주저앉고픈 생각이 커다란 유혹으로 느껴집니다.

이런 상황을 다루기 위한 몇 가지 방법이 있습니다. 그 하나는 신체 감각에 집중하는 명상의 단순한 변형으로, 무더짐이나 졸림의 감각에 주의를 집중하는 것입니다. 다시 말해 무더짐에게 이용당하지 않고 그것을 이용하는 것입니다. 앉아 있는 것이 불가능하다면 척추를 가능한 한 곧게 유지하면서 그냥 누우십시오.

다른 방법은 단순히 눈을 위로 올려서 위쪽을 응시하는 것입니다. 고개나 턱을 들어 올릴 필요는 없고 시선만 위로 올리면 됩니다. 이것은 종종 마음을 일깨우는 효과가 있습니다. 한편 시선을 낮추는 것은 마음이 동요되었을 때 진정시켜 주는 효과가 있습니다.

무더짐이나 산만해짐에 대한 어떠한 처방도 듣지 않으면 나는 보통 제자들에게 다만 잠시 멈추고 휴식을 취하라고 권합니다. 산책을 나가거나 집 주변을 손보거나 운동을 하거나 책을 읽거나 화단에서 일을 하십시오. 마음과 몸이 협력하려 하지 않는다면 억지로 명상하게 만들려는 시도는 의미가 없습니다. 만약 계속 저항하려 한다면 급기야 당신은 명상이라는 개념 전체를 싫어하게 될 것이고, 어떤 일시적인 유혹을 통해 행복을 이룰 목적으로 명상을 그만두기로 결정할 것입니다. 이런 때에는 위성방송 수신 안테나나 유선방송 수신기를 통해 볼 수 있는 모든 채널이 매우 그럴 듯해 보입니다.

명상 수행의 발전 단계

> 생각에 의해 흐려진 마음의 물을 맑게 하라.
> 틸로파 〈갠지스 강의 마하무드라〉

처음 명상을 시작했을 때 나는 겁에 질렸습니다. 수행을 시작하기 전보다 더 많은 생각과 느낌과 기분을 경험하고 있는 자신을 발견했기 때문입니다. 마음은 평화로워지기보다는 더욱 동요되고 있는 것 같았습니다. 스승들은 내게 말씀하셨습니다.

"걱정 말게. 그대의 마음은 나빠지고 있는 게 아니라네. 사실 지금 일어나고 있는 일은 지금까지 그대가 알아차리지 못한 상태에서 늘 계속되어 온 활동을 단지 그대가 좀 더 자각하게 된 것일 뿐이네."

폭포수 경험

스승들께서는 이 경험을 포근해진 봄 날씨에 갑작스럽게 불어난 폭포수에 비유해 설명하셨습니다. 산에서 녹은 눈이 아래로 넘칠 듯이 흘러가면서 온갖 종류의 것들이 섞이게 된다고 말씀하셨습니다. 수백 개의 자갈과 돌멩이, 그 밖의 성분들이 물을 따라 흐르고 있지만 그것들을 모두 보기란 불가능합니다. 물이 너무 빠르게 돌진하느라 각종 찌꺼기를 뒤흔들며 물을 흐리기 때문입니다. 마찬가지로 우리 마음도 온갖 정신적 감정적 찌꺼기에 의해 매우 쉽게 산만해집니다.

스승들은 '도르제 창 퉁마'라고 알려진 짧은 기도문을 내게 가르쳐 주셨습니다. 마음이 생각과 감정, 기분에 압도된 듯할 때 이 기도가 매우 유용하다는 사실을 나는 알게 되었습니다. 그 일부를 대략 번역하면 다음과 같습니다.

> 가르침에 이르기를
> 산만해지지 않는 것이 수행의 몸이라 하네.
> 마음이 무슨 생각을 지각하든 그 자체는 아무것도 아닌 것.
> 일어나는 생각의 본질 속에 자연스럽게 휴식하는 이 수행자가
> 자연스러운 마음 상태 그대로 쉬게 하기를.

세계 전역에서 명상을 배우는 많은 사람들과 함께 작업하면서, 그들이 명상을 시작할 때 처음 마주하게 되는 것이 '폭포수' 경험임을 알게 되었습니다. 사실 이 경험을 할 때는 몇 가지 공통된 반응이 있고 나는 그것들을 모두 경험했습니다. 그 덕분에 제자들과 더 잘 공감할 수 있었기 때문에 나는 운이 좋았다고 생각합니다. 그러나 당시에는 그 폭포수가 끔찍한 시련처럼 보였습니다.

첫 번째 반응은 마음이 고요해지고 열리고 평화로워지는 기분을 느끼기 위해 생각과 느낌, 감각을 막으려고 의도적으로 노력하면서 폭포수를 멈추려고 하는 것입니다. 경험을 막으려는 이와 같은 시도

는 역효과를 나타내는데, 정신적 혹은 감정적 긴장감이 생겨서 궁극적으로는 몸의 긴장으로, 특히 상체의 긴장으로 나타나기 때문입니다. 눈은 위로 치켜뜨게 되고 귀에는 힘이 들어가고 목과 어깨는 비정상적으로 굳습니다. 나는 이 단계의 수행을 '무지개 같은 명상'이라고 생각하곤 했습니다. 왜냐하면 폭포수의 흐름을 차단한 후의 고요함이 무지개만큼이나 환영 같고 덧없기 때문입니다.

인위적으로 고요한 기분을 만들려는 노력을 일단 내려놓으면 '원초적인' 폭포수 경험에 직면하게 될 것입니다. 이때 당신의 마음은 예전에 막으려고 애썼던 다양한 생각과 느낌, 기분에 휩쓸리게 됩니다. 일반적으로 이것이 앞에서 설명한 '어이쿠'와 같은 종류의 경험입니다. 이때 당신은 생각과 느낌과 기분을 관찰하려고 하고, 그러고 나서 그것들에 마음을 빼앗깁니다. 마음을 빼앗겼다는 사실을 깨닫고서 마음속에서 일어나고 있는 일을 단순히 관찰하기 위해 자신을 억지로 되돌리려 합니다. 나는 이것을 '갈고리 모양 명상'이라고 부릅니다. 이때 당신은 자신의 경험을 갈고리에 걸려고 하며, 그러다가 만약 그 경험에게 마음을 빼앗기고 나면 다소 후회하게 됩니다.

'갈고리' 상황을 다루는 데는 두 가지 방법이 있습니다. 정신을 산만하게 하는 것들에게 마음을 빼앗기게 된 것을 실제로 크게 후회한다면 그 후회의 경험 속에서 다만 부드럽게 마음을 휴식하십시오. 다른 대안으로는, 마음을 산만하게 만드는 것을 내려놓고 현재 경험하는 것을 자각하며 휴식하십시오. 예를 들어 신체 감각에 집중할 수 있습니다. 아마도 머리가 약간 뜨겁거나 심장이 조금 빨리 뛰거나 목이나 어깨가 다소 긴장된 상태일 것입니다. 지금 이 순간 일어나고 있는 이러저러한 경험들을 편안하게 자각합니다. 앞에서 설명한 것처럼 폭포수 자체의 세찬 움직임 속에서 가만히 주시하며 단순히 휴식하려 할 수도 있습니다.

폭포수 경험을 어떻게 다루든 그 경험은 명상에 대해 기존에 가지고 있던 관념을 내려놓을 때 중요한 가르침을 줄 수 있습니다. 명상 수행에 거는 기대는 종종 당신이 맞닥뜨리게 될 가장 큰 장애물입니다. 중요한 점은 마음속에서 일어나고 있는 것을 있는 그대로 그냥 자각하게 두는 것입니다.

여기서 생길 수 있는 또 다른 일은 경험들이 너무 빠른 속도로 오고 가서 그것을 인식할 수 없게 되는 것입니다. 각각의 생각과 느낌과 기분은 커다란 수영장 속으로 떨어지자마자 즉시 흡수되어 버리는 물방울과도 같습니다. 사실 이것은 아주 좋은 경험입니다. 이것은 일종의 대상 없는 명상이며 고요함 속에 머무는 수행의 가장 좋은 형태입니다. 그러므로 모든 '물방울'을 붙잡을 수 없더라도 자신을 비난하지 마십시오. 자기 자신을 축하하십시오. 왜냐하면 당신은 대부분의 사람들이 이르기 어렵다고 생각하는 명상 상태에 저절로 들어갔기 때문입니다.

수행을 조금 더 한 뒤에는, 돌진하던 생각과 감정 등이 느려지기 시작하고 경험을 좀 더 분명하게 구분할 수 있다는 사실을 알게 될 것입니다. 그것들은 언제나 그곳에 있었지만 돌진하는 물살이 수많은 먼지와 침전물을 흔들어 놓는 실제 폭포수의 경우에서처럼 당신이 볼 수 없었던 것뿐입니다. 마찬가지로, 일반적으로 마음을 흐리게 하는 습관적인 경향과 정신을 산만하게 하는 원인들이 명상을 통해 잠잠해지기 시작하면서, 당신은 언제나 지속되어 온 그 활동을 일상적인 자각 차원 바로 밑에서 보게 될 것입니다.

각각의 생각과 감정과 지각이 지나갈 때 여전히 당신은 그것들을 관찰하지 못하고 잠시 동안 어렴풋이 볼 수만 있을지도 모릅니다. 앞에서 설명했듯이 방금 전에 버스를 놓친 경험과 매우 비슷합니다. 이것 역시 좋은 일입니다. 생각이나 느낌 관찰을 방금 놓쳤다는 감각은 발전의 표시입니다. 이것은 형사가 단서를 알아차리기 시작하는 것처럼 당신의 마음이 움직임의 흔적을 잡기 위해 스스로 예민해지고 있다는 표시입니다.

수행을 계속할수록 경험이 일어날 때 자신이 각각의 경험을 더욱 분명하게 자각할 수 있음을 깨닫게 될 것입니다. 이 현상을 설명하기 위해 스승들이 일러 준 비유는 강한 바람에 흔들리고 있는 깃발이었습니다. 깃발은 바람의 방향에 따라 끊임없이 흔들리고 움직입니다. 깃발의 움직임은 당신 마음속에 휘몰아치는 사건들과도 같고, 깃대는 자연스러운 자각과도 같습니다. 꼿꼿하고 한결같으며 땅속에 뿌리박은 채 절대 흔들리지 않습니다. 이리저리 깃발을 휘몰아치는 바람이 아무리 강하더라도 깃대는 결코 움직이지 않습니다.

강 경험

차츰 수행을 계속할수록 생각과 감정과 기분이 마음을 통과하며 움직여 가는 것을 틀림없이 선명하게 구분할 수 있을 것입니다. 이 지점에서 당신은 '폭포수' 경험으로부터 이동하기 시작해 나의 스승들이 '강' 경험이라고 부른 것에 이르게 됩니다. 이때에도 생각과 감정과 기분은 여전히 움직이고 있지만 좀 더 천천히 부드럽게 이동합니다. 몇 가지 명상 경험 중 강 단계에 진입했다는 첫 번째 신호는 많은 노력 없이도 명상 시의 자각 상태로 이따금씩 들어가게 되는 것입니다.

또한 마음속이나 주변에서 일어나는 모든 일과 자신의 자각을 자연스럽게 접목시키게 됩니다. 그리고 정식 수행을 하며 앉아 있을 때는 환희와 투명함, 무념을 더욱 분명히 체험하게 됩니다.

때로는 이 세 가지 체험이 동시에 일어나기도 하고 때로는 한 가지 체험이 다른 두 가지보다 강하게 느껴지기도 합니다. 몸이 더 가벼워지고 덜 긴장하게 됨을 느낄 수 있을 것입니다. 지각은 더욱 선명해집니다. 그리고 어떤 면으로는 지각이 더욱 '투명'해집니다. 과거에 느껴졌던 것만큼 그렇게 무거워 보이지도 강압적으로 보이지도 않는다는 점에서 그렇습니다. 생각과 느낌은 더 이상 그렇게 강해 보이지 않습니다. 그것들은 명상 상태에서 경험하는 자각의 '본질'에 스며들게 되며, 절대적인 사실이라기보다는 잠시 지나가는 인상처럼 보이게 됩니다. '강에 진입'하게 되면 마음이 더욱 고요해짐을 발견하게 될 것입니다. 자신이 마음의 움직임을 그렇게 심각하게 여기지 않는다는 사실을 깨닫게 될 것입니다. 그 결과 더 큰 자신감과 마음이 열리는 느낌을 저절로 경험하게 될 것이고, 이 상태는 당신이 만나는 사람, 당신이 경험하는 일, 당신이 가는 장소에 의해 흔들리지 않을 것입니다. 설령 그런 경험들이 유지되지 않고 왔다 갔다 할지라도 당신은 주변 세상의 아름다움을 감지하기 시작할 것입니다.

일단 그 시작이 일어나게 되면 당신은 경험들 사이에서 작은 틈도 구분하게 될 것입니다. 처음에는 그 틈이 아주 짧을 것입니다. 그것은 무념이나 무경험을 아주 잠깐 동안 어렴풋이 들여다본 것에 불과합니다. 그러나 시간이 지남에 따라 마음이 더욱 고요해질수록 그 틈은 점점 길어질 것입니다. 이것이 대상 없는 명상 수행의 진정한 핵심입니다. 생각, 감정, 그 밖의 정신적 사건들 사이에서 틈을 알아차리고 그 상태에서 휴식하는 능력을 키우는 것입니다.

호수 경험

'강' 경험을 하는 동안에도 당신의 마음에는 여전히 기복이 있을 것입니다. 그러나 나의 스승들이 '호수' 경험이라고 부른 단계에 이르면 물결이 일지 않는 호수처럼 마음이 아주 잔잔해지고 넓어지며 열리게 됨을 느끼기 시작합니다. 아무 기복 없이 진정으로 행복해하는 자신을 발견하게 됩니다. 자신감으로 가득하고 동요되지 않으며, 심지어 자고 있는 동안에도 명상 상태의 자각이 다소 이어지고 있음을 경험합니다. 여전히 삶 속에서 부정적인 생각과 강렬한 감정 등 문제를 경험하겠지만 이것은 장애가 되기보다는 명상 상태의 자각을 더욱 깊게 할 또 다른 기회가 됩니다. 달리기 선수가 1킬로미터를 더 가야 하는 도전을 이용해서 저항의 벽을 돌파하고 훨씬 큰 힘과 능력을 얻게 되는 것과 비슷합니다.

동시에 몸은 환희 속의 가벼움을 느끼기 시작하고, 마음은 더욱 투명해져서 모든 지각이 좀 더 예리한 성질을 띠기 시작하고 거울의 반사면처럼 거의 투명해집니다. 강 단계를 경험하는 동안에도 마음속 정신 나간 원숭이는 여전히 몇 가지 문제를 일으켰겠지만, 호수 단계에 이르면 그 정신 나간 원숭이는 이제 물러난 상태입니다.

전통 불교에서는 이렇게 세 단계를 통해 나아가는 과정을 진흙 속에서 연꽃이 피어오르는 것에 비유합니다. 연꽃은 호수나 연못 바닥에서 진흙과 침전물로부터 자라기 시작합니다. 그러나 수면에서 꽃이 피어나기 시작할 무렵에는 연꽃에 진흙의 흔적이 보이지 않습니다. 사실 연꽃잎은 오물을 밀어내는 것처럼 보입니다. 마찬가지로 마음이 호수 경험으로 꽃피어날 때 당신에게는 매달림이나 붙잡음의 흔적이 보이지 않고 삼사라와 관련된 문제도 전혀 존재하지 않습니다. 옛날 위대한 스승들이 그러했듯이 당신도 천리안이나 텔레파시 같은 높은 지각 능력까지 발달시킬 것입니다. 그러나 이런 경험을 하게 되면 스승이나 스승의 아주 가까운 제자들을 제외한 다른 사람에게는 이것을 자랑하지도 이야기하지도 않는 것이 좋습니다.

불교 전통에서는 자신의 경험과 깨달음에 대해 말을 아끼는 편입니다. 주된 이유는 자랑이 자만심을 키우는 경향이 있고, 그 경험을 악용해서 세속적인 힘을 얻거나 다른 사람에게 영향을 미치게 할 수 있기 때문입니다. 이것은 다른 사람뿐 아니라 자신에게도 해롭습니다. 이런 이유로, 명상 수련에는 명상 수행을 통해 얻은 능력을 악용하지 않겠다는 맹세나 약속이 포함됩니다. 산스크리트 어로 '사마야'라고 하는데, 핵무기를 악용하지 않겠다는 협정과 비슷한 맹세입니다. 이 서약을 깬다면 그 결과는 수행을 통해 얻은 깨달음과 능력을 모두 잃게 되는 것입니다.

깨달음으로 가는 시행착오

> 집착하고 있던 모든 것을 버리라.
> 9대 걀와 카르마파 〈마하무드라-분명한 의미의 대양〉

호수 경험을 대상 없는 시네 수행의 꽃으로 여길 수는 있지만 그것 자체가 깨달음이나 완전한 깨어남은 아닙니다. 그것은 그 길로 가는 도중의 중요한 단계이지만 최종 단계는 아닙니다. 깨달음은 삼사라와 니르바나의 토대, 참본성을 완전히 자각하는 것입니다. 그것은 생각과 감정으로부터 자유로워지는 것이고, 감각 의식과 정신 의식이 현상을 통해 경험하는 내용으로부터 자유로워지는 것입니다. 나와 남, 주체와 객체라는 이원론적 경험으로부터 자유로워지는 것입니다. 또한 시야와 지혜, 자비와 능력이 무한해지는 것입니다.

아버지께서는 티베트에 살던 당시의 이야기를 들려주신 적이 있습니다. 아버지의 제자인 어느 수행승이 명상을 하러 산속 동굴로 올라갔습니다. 어느 날 수행승은 아버지에게 긴급히 전갈을 보내 자신을 보러 와 달라고 부탁했습니다. 아버지가 그곳에 당도하자 수행승은 들뜬 채 말했습니다.

"저는 이제 완전한 깨달음을 얻었어요. 저는 날 수 있어요. 제가 그걸 알아요. 하지만 당신께서는 저의 스승님이시니 스승님의 허락이 필요해요."

아버지는 수행승이 자신의 참본성을 어렴풋이 들여다본 것뿐임을, 하나의 체험을 한 것뿐임을 알아차렸습니다. 그래서 꽤나 무뚝뚝한 어조로 말했습니다.

"그런 것은 잊어버리게. 그대는 날 수 없네."

그러나 수행승은 흥분한 채 대답했습니다.

"아니에요. 아니에요. 제가 만약 이 동굴 꼭대기에서 뛰어내린다면……."

아버지는 그의 말을 가로막았습니다.

"안 되네."

두 사람은 한동안 이런 식으로 승강이를 벌였고, 결국은 수행승이 물러서며 말했습니다.

"스승님께서 그리 말씀하신다면 시도하지 않을게요."

정오가 가까워지고 있었으므로 수행승은 아버지께 점심 식사를 공양했습니다. 수행승은 아버지를 대접한 뒤 동굴 밖으로 나갔는데, 곧이어 아버지는 '쿵' 하는 이상한 소리를 듣게 되었습니다. 이윽고 저 멀리 동굴 아래서 울부짖는 소리가 들려왔습니다.

"살려주세요! 다리가 부러졌어요!"

아버지는 수행승이 쓰러져 누워 있는 곳까지 산을 타고 내려간 뒤 그에게 말했습니다.

"그대는 깨달음을 얻었다고 했네. 그대의 체험은 지금 어디에 있는가?"

수행승은 울부짖었습니다.

"제 체험 따위는 잊어버리세요! 전 아프다고요!"

언제나 그렇듯이 자비심이 인 아버지는 수행승을 원래의 동굴로 데려가서 다리에 부목을 받쳐 주었고 상처 치유에 도움이 되는 티베트 약 몇 가지를 주었습니다. 이것은 그 수행승에게 결코 잊지 못할 교훈이었습니다.

아버지처럼 다른 스승들도 일시적인 경험과 진정한 깨달음을 구분할 것을 늘 조심스럽게 지적했습니다. 하늘을 배경으로 한 구름의 움직임처럼 경험은 언제나 변화하고 있습니다. 마음의 참본성을 안정적으로 자각하는 깨달음은 하늘 자체와도 같습니다. 변화하는 경험들이 일어나고 있는, 변하지 않는 배경입니다.

깨달음을 얻기 위해 가장 중요한 것은 하루에 여러 번, 아주 짧은 시간부터 시작해서 서서히 수행 시간을 진전시키는 것입니다. 이렇게 짧은 시간 동안 당신이 체험하는 고요함, 평온함, 투명함이 늘어가는 경험을 하면 아주 자연스럽게 수행이 더 늘어날 것입니다. 너무 피곤하거나 산만해졌을 때는 억지로 명상하려고 애쓰지 마십시오. 그러나 마음속에서 들려오는 작고 고요한 목소리가 지금은 집중할 때라고 말할 때는 수행을 피하지 마십시오.

당신이 경험하게 될 환희와 투명함, 무념의 감각을 모두 내려놓는 것 또한 중요합니다. 환희와 투명함, 무념은 모두 매우 훌륭한 체험들이고, 마음의 참본성과 깊이 연결되었다는 분명한 신호입니다. 그러나 그런 체험이 생기면 그것에 단단히 매달리고 그것을 지속하고픈 유혹이 생깁니다. 그 체험을 기억하고 즐기는 것은 괜찮지만 그것에 매달리거나 그것을 반복하려고 애쓴다면 결국 실망하고 좌절하게 될 것입니다. 나 자신이 똑같은 유혹을 느꼈었고 그 유혹에 넘어갔을 때 좌절했기 때문에 잘 알고 있습니다. 환희와 투명함, 무념을 번쩍이는 빛처럼 잠시 느끼는 것은 그 특정한 순간에 마음이 '있는 그대로' 자발적으로 경험한 것입니다.

환희나 투명함 같은 체험에 매달리려고 할 때 그 체험은 살아 있는 자발성을 상실합니다. 그것은 죽은 체험인 관념이 됩니다. 그것을 지속시키려고 아무리 노력하더라도 차츰 사라집니다. 나중에 그것을 다시 만들어 내려고 하면 당신이 과거에 느꼈던 것을 맛볼 수는 있겠지만 그것은 기억일 뿐 직접적인 체험 자체가 아닐 것입니다.

내가 배운 가장 중요한 교훈은 긍정적인 체험이 평화로웠다면 그것에 집착하지 말라는 것이었습니다. 모든 정신적 경험과 마찬가지로 환희, 투명함, 무념은 저절로 왔다가 갑니다. 당신은 그것들을 만들어 내지 않았고 일으키지 않았으며 통제할 수도 없습니다. 그것들은 마음의 자연스러운 성질일 뿐입니다. 그토록 매우 긍정적인 체험이 일어나면 그 기분이 흩어지기 전에 바로 그곳에서 멈추라고 배웠습니다. 나의 예상과 달리, 환희나 투명함 혹은 그 밖의 다른 멋진 체험이 일어나자마자 수행을 멈추자 그것에 매달리려고 애쓰던 때보다 실제로 훨씬 오래 그 효과가 지속되었습니다. 또한 수행하기로 되어 있던 다음 시간에 더욱 더 수행하고 싶어 하는 나를 발견하게 되었습니다.

내가 발견한 더욱 중요한 점은 이것입니다. 환희, 투명함, 무념 같은 것을 체험한 그 지점에서 명상 수행을 끝내는 것이 진짜, 즉 붙잡으려는 습관을 내려놓는 법을 배울 수 있는 좋은 연습이라는 것입니다. 훌륭한 체험을 붙잡으려 하거나 그것에 심하게 집착하는 것은 명상의 실제적인 위험 중 하나입니다. 그 멋진 체험이 깨달음의 신호라고 생각하기가 너무도 쉽기 때문입니다. 그러나 대부분의 경우 그것은 그냥 지나가는 단계이며, 구름이 태양을 흐리게 하는 것만큼 쉽게 흐려지는 마음의 참본성을 어렴풋이 들여다본 것뿐입니다. 그 짧았던 순수한 자각의 순간이 일단 지나가고 나면 마음이 직면하고 있는 무더짐, 산만함, 동요라는 일상적인 상태를 다루어야 합니다. 그리고 당신은 환희, 투명함, 무념의 체험에 매달리려고 애쓰기보다는 이런 일상적인 상태들을 다룸으로써 더 큰 힘을 얻고 앞으로 나아갑니다.

당신 자신의 체험이 길잡이와 영감이 되도록 하십시오. 그 길을 따라 여행하면서 경치를 감상하십시오. 그 경치는 당신 자신의 마음입니다. 그리고 당신의 마음은 이미 깨달았기 때문에 여행 도중 잠시 휴식할 기회를 붙잡게 된다면 도달하고자 했던 곳이 이미 당신이 있는 그곳임을 마침내 깨닫게 될 것입니다.

16
고통의 감옥으로부터 탈출하기

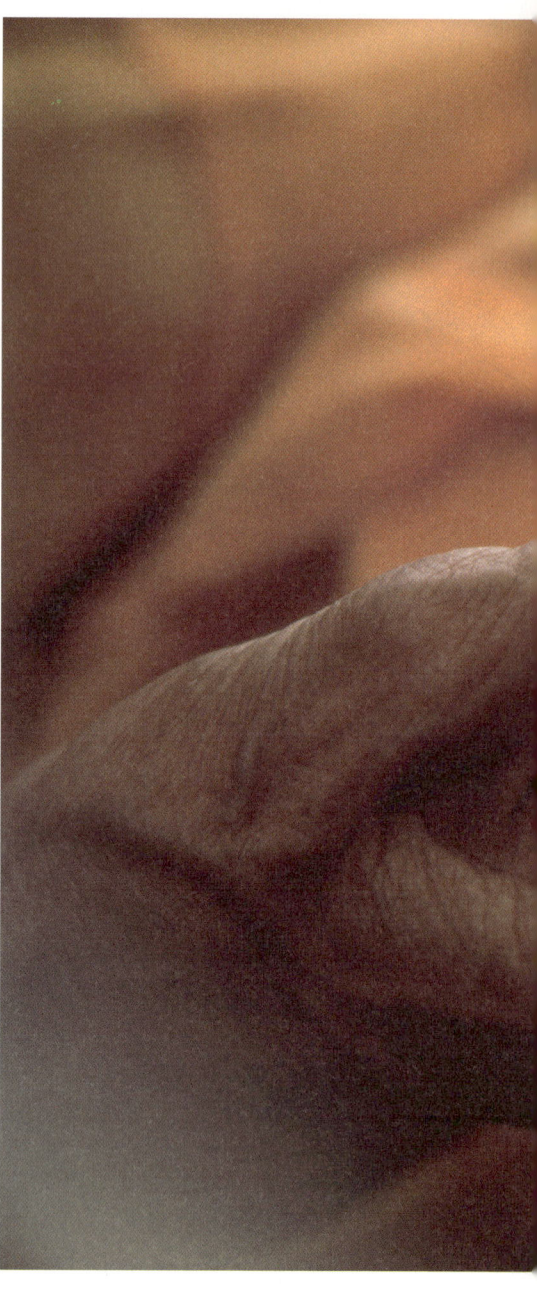

자비심을 키우는 수행의 또 다른 큰
혜택은 다른 사람의 욕구와 두려움,
욕망을 이해함으로써 당신 스스로를
더 잘 이해할 수 있게 된다는 점이다.
당신은 자신이 바라는 것과 피하고 싶은 것,
자신의 본성에 관한 진실을 이해하게 된다.
이어서 이것은 당신이 느끼고 있는
외로움이나 낮은 자존감도 모두 없애
주는 역할을 한다. 모든 사람이 행복을
추구하고 불행을 두려워한다는 사실을
인식하기 시작하면서 두려움과 욕구,
욕망을 느끼는 사람이 당신만이 아님을
깨닫게 된다. 그리고 이것을 깨닫게
되면서 다른 사람에 대한 두려움이
없어진다.

깨달음은 한 방향으로만 가능하다.
마음속으로부터.

12대 타이 시투 린포체 〈쉔펜 외셀 2권 1호〉 중
'마하무드라의 염원 기도, 그 분명한 의미에 대한 주석'

세계 전역에서 순회강연을 할 때의 좋은 점 하나는 다양한 언어의 이런저런 표현을 듣게 될 기회가 있다는 사실입니다. 아주 좋아하는 특별한 미국식 표현이 하나 있는데 회사 내부 사람이 저지르는 범죄 유형을 일컫는 말입니다. 바로 '내부 범죄'입니다. 이런 종류의 범죄에 얽혀 든 개인들은 대개 자신이 안전하다고 생각합니다. 자기가 일하는 회사에서 만들어 놓은 범죄 예방 조치를 전부 알고 있다고 생각하기 때문입니다. 그러나 그들이 모든 것을 알고 있던 건 아니었음이 종종 밝혀지면서 그들은 스스로의 행동으로 인해 발각되고 맙니다.

마음의 괴로움이 자신을 조종하도록 놓아두는 것은 어떤 면에서 '내부 범죄'입니다. 집착하고 있던 것을 잃었을 때 혹은 피하고 싶던 것에 직면했을 때 우리가 느끼는 고통은 우리 자신의 마음에 대해 알았어야 하는 모든 것을 알지 못했기 때문에 그로 인해 직접적으로 생겨난 결과입니다. 우리는 자기 자신의 무지에게 붙잡혀 있는 상태입니다. 일종의 외부 수단을 통해 자신을 자유롭게 하려고 시도하는 일은 우리를 가두고 있는 감옥이 우리 주위를 더욱 단단하고 확고하게 에워싸게 할 뿐입니다. 그 외부 수단은 처음에 우리를 문제에 빠뜨리게 한 이원론적 무지를 단순히 반영하고 있을 뿐입니다.

생각과 지각 작용이 일어나는 생물학적 과정에 대해 내가 배운 내용은 전부 다음의 사실을 알려 줍니다. 고통의 감옥으로부터 탈출하는 유일한 길은 맨 처음 우리를 감옥에 갇히게 한 행동(생각으로 괴로움을 일으킴)과 같은 류의 행동을 하는 것(마음속 생각을 변화시킴)이라는 점입니다. 자신의 마음속에 자연스럽게 존재하는 평화를 인식하지 못하는 한 외부적인 대상이나 행위를 통해서는 지속적인 만족을 찾을 수 없습니다.

바꿔 말하면 행복과 불행은 '내부 범죄'입니다.

생존이냐 번성이냐 그것이 문제로다

> 덕으로부터 모든 행복 상태가 일어난다.
> 감포파 〈감포파의 가르침〉

어렸을 때 나는 행복에는 일시적인 것과 영원한 것, 두 가지가 있다고 배웠습니다. 일시적인 행복은 마음에 쓰는 진통제와도 같아서 감정적인 고통을 몇 시간 동안 없애 줍니다. 영원한 행복은 고통의 근본 원인을 치료할 때 나옵니다. 일시적인 행복과 영원한 행복의 차이점은 앞에서 설명한 감정적 상태와 감정적 특성의 차이와 여러 면에서 비슷합니다. 유전적으로 인간은 지속적인 특성보다는 일시적인 행복 상태를 추구하도록 프로그래밍된 것 같습니다. 먹기, 마시기, 사랑 나누기, 그리고 다른 몇 가지 행위들은 몸과 마음을 행복하게 하는 호르몬을 만듭니다. 이 호르몬들을 분비함으로써, 생존을 기반으로 한 행동들은 우리가 한 개체로서 확실히 살아남는 데 중요한 역할을 합니다. 또한 유전자를 미래 세대에게 물려주게도 합니다.

그러나 내가 설명 듣기로 그러한 행동을 통해 우리가 느끼는 기쁨은 유전적 구조상 일시적일 뿐입니다. 만약 먹기, 마시기, 사랑 나누기, 그리고 다른 몇 가지 행위들이 영원한 행복감을 만들어 낼 수 있다면 우리는 이 행위들을 한 번만 해도 될 것이고, 다른 사람들이 우리 종의 영속과 관련된 일을 이어 받아서 하고 있는 동안 편안히 앉아 즐거운 시간을 보낼 수 있을 것입니다. 엄격한 생물학적 용어로 말해 생존 본능은 우리를 행복보다는 불행 쪽으로 더욱 강하게 몰고 갑니다.

이것은 좋지 않은 소식입니다.

좋은 소식은 우리 뇌 구조 속의 생물학적 특이점이 우리로 하여금 유전적 요인의 많은 부분을 무시할 수 있게 한다는 점입니다. 일시적인 행복 상태를 다시 경험하기 위해 동일한 행동을 강박적으로 반복하는 대신, 사실 우리는 우리 자신을 훈련시킬 수 있습니다. 그리고 이 훈련을 통해서 더 오래 지속되는 평화와 만족의 경험을 깨닫고 그것을 받아들이고 그 상태에서 휴식할 수 있습니다. 이 '특이점'이란 사실은 고도로 발달된 신피질을 말합니다. 이곳은 뇌에서 추론과 논리, 개념화를 관장하는 영역입니다.

물론 크고 복잡한 신피질을 가지는 것에는 단점도 있습니다. 많은 사람들이 관계를 끝내는 것에서부터 식료품 가게에 갈 적당한 시간을 고르는 것까지 모든 행동의 장점과 단점을 재고 또 재는 데 너무도 몰두하게 되어 어떤 결정도 내리지 못하게 될 수 있습니다. 그러나 여러 가지 선택 사항 중에서 하나를 고를 수 있는 능력은 대단한 장점이며 어떤 단점도 덮을 만한 것입니다.

뇌를 지도하라

> 장작 자체는 불이 아니다.
> 나가르주나 〈근본중송〉

뇌가 왼쪽과 오른쪽, 두 개의 반쪽으로 나뉘어 있다는 사실은 오늘날 널리 알려진 상식입니다. 각 반쪽은 다른 쪽의 거울상과도 같고, 각각 편도체와 해마 그리고 커다란 전두엽을 갖추고 있습니다. 전두엽은 신피질에서 일어나는 많은 이성 작용을 처리합니다. 왼쪽 뇌가 더 활성화된 사람은 좀 더 분석적이거나 지적인 경향이 있고, 오른쪽 뇌가 더 활성화된 사람은 좀 더 창의적이거나 예술적인 경향이 있다는 일반적인 개념을 언급하면서 사람들이 '좌뇌형' 혹은 '우뇌형'에 대해 가볍게 말하는 것을 들은 적이 있습니다. 이것이 사실인지 아닌지는 모릅니다. 하지만 내가 배운 것은 과거 여러 해 동안의 연구를 통해 다음과 같은 사실이 알려졌다는 점입니다. 인류와 그 밖의 고도로 진화한 종 – 우리의 친구인 정신 나간 원숭이처럼 – 의 경우 감정을 형성하고 경험할 때 두 개의 전두엽이 각자 다른 역할을 한다는 점입니다.

2001년 다람살라에서 열린 마음생명협회 회의에서 리처드 데이비드슨 교수는 자신의 연구 결과를 발표했습니다. 그 연구는 매디슨에 위치한 위스콘신 대학 와이즈먼 뇌 시각화 및 행동 연구소에서 사람들을 실험한 것입니다. 실험 대상자들에게는 다양한 종류의 감정을 불러일으키도록 계획된 사진을 보여 주었습니다. 이 사진은 아기를 부드럽게 안고 있는 어머니의 영상부터 사고와 화재 희생자들의 영상까지 다양했습니다. 실험 대상자들은 두 달에 걸쳐 몇 주 간격으로 여러 차례 실험에 참가했습니다. 기쁨, 친절, 자비와 같은 긍정적인 감정과 관련된 사진을 보여 주었을 때는 실험 대상자의 왼쪽 전두엽 활동이 증가한다는 사실이 실험 결과를 통해 확실히 드러났습니다. 반면 두려움, 분노, 역겨움과 같은 부정적인 감정을 불러일으키는 사진을 보여 주었을 때는 오른쪽 전두엽 활동이 증가했습니다.

다시 말해 이것은 행복, 자비, 호기심, 기쁨처럼 긍정적인 감정은 좌뇌의 전두엽 활동과 관련 있고, 분노, 두려움, 질투, 혐오처럼 부정적인 감정은 우뇌의 전두엽에서 형성됨을 강하게 암시하는 것입니다. 이 관련성을 파악한 것은 행복과 불행의 생물학적 토대를 이해하는 데 있어 한 단계 큰 발전을 이루었음을 의미합니다. 그리고 장기적으로는 이것이 행복이라는 실용 학문을 발전시키는 밑바탕이 될 것입니다. 좀 더 즉각적인 효과로는 데이비드슨 교수와 앙투안 루츠 교수가 그 후에 수행하게 된 연구 결과를 이해하는 데 있어 중요한 실마리를 제공합니다. 그 연구에는 저마다 다른 수준의 명상 수련을 경험한 사람들과 명상을 전혀 경험하지 못한 실험 대상자들이 포함되었습니다.

이 연구는 2001년에 처음 시작되었습니다. 나에게 설명하기로는 '예비 연구'라고 했는데, 말하자면 일종의 시험 프로젝트로서 나중에 과학자들이 임상 연구 프로젝트를 개발하는 데 도움을 주려고 계획된 것입니다. 예비 연구는 과학자들이 훨씬 더 많은 구체적인 기준과 대조군을 가지고 임상 연구 프로젝트를 수행할 수 있게 해 줍니다. 예비 연구의 실험 대상자는 티베트 불교의 몇몇 위대한 스승들 문하에서 30년 이상 수련한 어느 승려였습니다. 이 예비 연구의 결과를 결정적인 것으로 여길 수 없다는 점에 주목할 필요가 있습니다. 다른 무엇보다도 첫째, 예견하지 못했던 기술적인 사항들을 가려내기 위해서 이 연구 결과를 검토하는 데는 당연히 일정한 시간이 걸립니다. 둘째, 예비 연구의 결과를 검토하는 목적은 과학자들이 그 연구와 관련 있는 정보와 그렇지 않은 정보를 구분하도록 돕기 위함입니다. 셋째, 티베트 승려와 작업하는 경우에는 실험 대상자와 연구진 사이의 명확한 의사소통을 종종 방해하는 어떤 언어적인 어려움이 있습니다. 마지막으로, 앞에서 설명한 것처럼 티베트 수행자 쪽에게는 자신이 경험한 것의 정확한 본성을, 자질을 갖춘 스승이 아닌 다른 어떤 사람에게 설명하는 것에 대해 삼사라를 바탕으로 한 자연스러운 과묵함이 있습니다.

매디슨 예비 연구의 목표는, 실험 대상자가 30여 년에 걸친 수행을 통해 배운 정신 수련 기법들이 뇌의 다양한 영역에서 객관적으로 주목할 만한 변화를 만들 수 있는가를 알아내는 것이었습니다. 실험을 하기 위한 목적으로 그 승려에게 몇 가지 다른 종류의 명상 수행에 집중할 것을 요청했습니다. 그 수행에는 특정한 대상에 마음을 쉬게 하는 것, 자비심을 만들어 내는 것, 그리고 대상 없는 명상 수행이 포함되었습니다. 예비 연구에 참여한 그 승려는 대상 없는 명상 수행을 '열린 현존'으로 묘사했는데, 이것은 특정한 대상에 초점을 맞추지 않고 마음이 열려 있는 현존 상태에서 단순히 휴식하는 것을 의미합니다. 그는 60초 동안의 중립적인 상태와 60초 동안의 구체적인 명상 수행을 번갈아 했습니다.

예비 연구를 실시하는 동안 승려의 뇌를 fMRI 스캐너를 이용해서 관찰한 뒤 뇌파검사 EEG를 두 번 시행했습니다. 첫 번째 EEG는 128개의 전자를 이용했고 두 번째는 더 많은 수인 256개의 전자를 이용했습니다. 이것은 병원에서 사용하는 통상적인 센서의 숫자보다 훨씬 더 많은 것으로, 통상의 센서는 두피 바로 아래의 전기적 활동인 뇌파 활동만을 측정합니다. EEG 실험에서 내가 본 광경은 사실 매우 우스꽝스러웠습니다. 그것은 마치 뱀 수백 마리가 그 승려의 머리에 달라붙어 있는 것처럼 보였습니다. 그러나 이 뱀들이 수집한 온갖 정보를 그 실험용으로 개발된 고급 컴퓨터 프로그램이 분석했을 때는 그 승려 뇌 속 아주 깊은 영역의 활동 지도가 만들어졌습니다.

다른 뇌 스캔에서 만들어진 모든 복잡한 데이터까지 컴퓨터가 자세히 살펴보는 데는 비록 몇 달이 걸리지만, 예비 연구의 기초 실험에서는 승려의 뇌 속 많은 무리의 뉴런 회로 사이에 변화가 있었음이 확인되었습니다. 이것은 그에게 수행하도록 요청한 명상 기법과 뇌 활동 변화 사이에 적어도 상관관계가 있음을 암시합니다. 반면 명상 수련을 전혀 해 본 적이 없는 실험 대상자에게 시행한 비슷한 뇌 스캔에서는 특정한 정신 작업을 수행하는 동안 그들이 자신의 뇌 활동을 자발적으로 지도하는 능력이 조금 더 제한된다는 사실이 드러났습니다.

최근 영국에서 강연을 하는 동안 내가 이 실험에 대해 이야기하자 몇몇 사람들이 나에게 다른 실험 내용을 말해 주었습니다. 유니버시티칼리지런던(런던에 처음 설립된 대학. 킹스칼리지런던, 런던정치경제대학 등과 함께 런던대학교를 이룬다)에서 과학자들이 MRI 기술을 이용해서 실험한 내용입니다. 이 실험은 런던의 택시 운전사들을 대상으로 했는데, 이 운전사들은 2년 내지 4년 동안 런던의 복잡한 도로망을 누비고 다니는 '지식 습득' 훈련을 거친 사람들이었습니다. 이 실험에서 확인된 것은 공간 기억과 관련된 가장 대표적인 영역인 해마 부분이 이들의 뇌에서 상당히 커져 있다는 사실이었습니다. 아주 쉬운 말로 하면, 반복된 경험이 뇌의 구조와 기능을 실제로 바꿀 수 있다는 사실이 이 연구를 통해 확인되기 시작한 것입니다.

다른 사람의 느낌과 기분을 인식하는 능력은 포유류에게만 있는 특징이고 이것은 대뇌변연계에 부여된 능력입니다. 때때로 이 능력이 그 가치보다 문제점이 더 많아 보일 수도 있다는 점에 의심의 여지가 없습니다. 복잡한 고려 없이, 죽이기 아니면 죽임을 당하기, 잡아먹기 아니면 잡아먹히기라는 단순한 흑백 논리에 따라 모든 상황에 그냥 반응한다면 멋지지 않겠습니까? 그러나 생존을 위해 이렇게 간단한 접근법을 택한다면 그것이 얼마나 믿기 어려울 정도로 큰 손실일까요? 대뇌변연계는 우리로 하여금 사랑을 느낄 수 있게 하고 사랑받는다는 자각을 하게 해 줍니다. 대뇌변연계는 우리로 하여금 우정을 체험하게 하고, 더 안전한 상태에서 생존할 수 있는 기본적인 사회 구조를 형성하게 합니다. 이것은 우리의 후손들이 대대손손 보다 확실하게 번성하고 성장하게 하는 데 도움을 줍니다. 또한 대뇌변연계는 예술과 시, 음악이 불러일으키는 미묘한 감정을 창조해 내고 이것들을 감상할 수 있는 능력도 줍니다. 확실히 이런 능력은 복잡하고 다루기 어렵습니다. 그러나 바닥을 기고 있는 개미나 바퀴벌레를 다음에 보게 된다면 스스로에게 물어보십시오. 두려움 아니면 도주라는 단순한 차원에서 살아가고 싶은지, 사랑과 우정과 열망과 아름다움을 향유하는 좀 더 복잡하고 미묘한 감정을 지니고 살아가고 싶은지 말입니다.

대뇌변연계는 개별적이면서도 서로 연관된 두 가지 기능을 나타내는데 이것은 자애와 자비심 키우기와 관계있습니다. 첫 번째 기능은 뇌신경 과학자들이 '변연계 공명'이라고 부르는 것입니다. 이것은 일종의 뇌 대 뇌의 능력으로서, 얼굴 표정이나 페로몬, 신체 자세나 근육의 위치를 통해 다른 사람의 감정 상태를 파악하는 것입니다. 대뇌변연계 영역이 이런 미묘한 신호를 재빠르게 처리하는 능력은 놀라울 따름입니다. 이로써 우리는 다른 사람의 감정 상태를 파악할 수 있을 뿐 아니라 그에 맞추어 우리 자신의 신체 반응을 조절합니다. 마음을 관찰하면서 마음의 움직임과 변화에 순수하게 집중하도록 자신을 훈련한 경우가 아니라면, 대부분의 경우 변연계 공명 과정은 무의식적으로 일어납니다. 이 즉각적인 조절 능력은 뇌가 얼마나 경이로울 정도로 민첩한가를 보여 줍니다.

두 번째 기능은 '변연계 교정'이라고 부릅니다. 간단히 말하면 변연계 영역의 신경 회로를 변화시키거나 교정하는 능력을 의미합니다. 이것은 라마승이나 치료사 같은 사람과 더불어 직접적인 체험을 함으로써 일어날 수도 있고, 이를테면 자동차 수리나 그네 세트 조립과 관련된 일련의 설명서를 보면서 직접적인 상호작용을 통해 일어날 수도 있습니다. 변연계 교정 뒤편에 놓인 기본적인 원리는 뇌의 이 영역에 있는 신경 회로들이 변화를 견뎌낼 수 있을 만큼 충분히 유연하다는 점입니다. 아주 간단한 예로 당신이 이성적인 끌림을 느끼고 있는 어떤 사람에 대해 친구에게 이야기하고 있다고 가정해 봅시다. 그 사람에 대한 이야기를 나누던 중 친구가 다음과 같은 말을 합니다.

"세상에, 안 돼! 그 사람은 전에 네가 사랑에 빠졌던 사람과 완전히 같은 유형이잖아. 지난번의 관계가 너한테 얼마나 많은 고통을 가져다주었는가를 보라고."

이 새로운 관계를 진전시킬지 여부를 다시금 고려하도록 만든 것은 친구가 한 말이 아닐 것입니다. 그보다는 친구의 어조와 얼굴 표정일 것입니다. 그런데 이 자각이 반드시 의식적인 차원에서 나타날 필요는 없습니다.

명상, 특히 자비 명상은 뇌의 다른 영역들 사이의 소통을 증가시키는 새로운 뉴런 경로를 형성하고, 이것은 몇몇 과학자가 '전체적인 두뇌 작용'이라고 부르는 것으로 이어지는 듯합니다. 과학자들이 이 용어를 쓰는 것을 들은 적이 있습니다.

그러나 불교 관점에서는, 자비 명상을 하게 되면 경험의 본성을 바라볼 때 통찰력이 커진다고 말할 수 있습니다. 이 통찰력은 나와 남, 주체와 객체를 구분하려는, 마음이 가진 습관적인 성향을 바꿈으로써 생겨납니다. 이것은 의식의 분석적인 측면과 직관적인 측면이 통합되어 발생하며 이루 말할 수 없이 즐거우면서도 대단히 자유롭습니다.

다른 사람을 향해 자애 명상과 자비 명상을 함으로써, 변연계 영역에서 일어나는 과정을 좀 더 의식적인 자각과 통합시킬 수 있습니다. 앙투안 루츠 교수와 리처드 데이비드슨 교수가 뇌 스캔을 이용하여 초기 연구를 할 때는 나도 참가했는데 이 연구에서 발견한 것 중 한 가지는 이것입니다. 대상 없는 자비 명상, 즉 공과 자비를 결합한 명상 수행이 흔히 '감마파'라고 부르는 것을 엄청나게 증가시킨다는 사실입니다. 감마파는 뇌의 전기 활동을 나타내는 파동으로서 EEG 스캔으로 측정합니다. 감마파가 증가했다는 사실은 넓고 다양한 뇌 영역에 정보가 축적되었음을 의미합니다. 감마파는 주파수가 매우 높은 뇌파이며 종종 주의 집중과 지각 작용, 의식 작용, 앞에서 설명한 뉴런 공시성 종류와 관계있습니다. 많은 신경 과학자들은 다양한 뉴런들이 뇌의 광범위한 영역에 걸쳐 공시성을 띠며 자발적으로 소통할 때 생기는 활동이 감마파로 나타난다고 생각합니다.

기초 연구를 통해 알려진 사실은 장기간 명상 수행을 한 사람들의 경우 높은 수준의 감마파 활동을 저절로 나타낸다는 점입니다. 이것은 명상하는 동안 뇌가 더욱 안정적이면서 통합된 상태를 이룸을 암시합니다. 그러나 신경 과학이라는 학문과 여기에 활용할 수 있는 기술은 여전히 상대적으로 새로운 분야이기 때문에 명상 수행이 뇌의 넓은 영역에 걸쳐 소통을 증가시킨다고 단정적으로 말할 수는 없습니다. 그럼에도 불구하고 앞에서 설명한 런던의 택시 운전사들에 대한 연구는 반복된 경험이 뇌의 구조를 실제로 변화시킨다는 사실을 암시하는 듯합니다. 이것은 생각과 감정, 감각적 경험의 투명성에 초점을 맞추면 뇌의 관련 영역이 매우 잘 변화됨을 의미합니다.

자비의 열매

> 작은 덕행조차도 커다란 행복을 가져온다.
> 〈의미 있는 표현 모음집〉

앞에서 말했듯이 고요함에 머무는 명상 수행은 정신적 감정적 배터리를 충전하는 것과 같습니다. 자비는 충전된 배터리를 '적절한 방식'으로 이용하는 정신적 감정적 '기술'입니다. 여기서 '적절한 방식'이란 표현을 쓴 이유는 다음과 같습니다. 자신만의 정신적 감정적 안정성을 높일 목적으로 대상 없는 명상을 통해 발달시킨 능력을 다른 사람에 대해 지배력을 얻거나 심지어는 다른 사람을 해칠 목적으로 남용할 가능성이 언제나 존재하기 때문입니다. 그러나 일반적으로 명상 경험을 어느 정도 쌓은 뒤에는 자비 명상과 대상 없는 명상을 함께 수행하게 됩니다. 자비 명상을 대상 없는 명상 수행과 결합시킬 때 당신은 자신뿐 아니라 다른 사람도 이롭게 합니다. 그 길에서 진정으로 발전을 이루었다는 표시 중 하나는 자신과 타인을 동시에 이롭게 하려는 자각입니다.

자비는 상호적입니다. 당신이 자신의 정신적 감정적 안정감을 발달시키고, 다른 사람을 자비로운 마음으로 이해하며 친절하고 공감하는 태도로 대함으로써 그 안정감을 확대해 갈수록 당신 자신의 의도나 염원이 좀 더 빠르고 쉽게 이루어질 것입니다. 왜인가요? 다른 사람도 바로 당신처럼 행복해지려는 열망과 불행을 피하려는 열망을 가진다는 점을 이해하고 당신이 그들을 자비롭게 대하기 시작하면 주위 사람들이 당신에게 끌리기 때문입니다. 당신이 그들을 돕는 만큼 그들도 당신을 돕고 싶어 할 것입니다. 그들은 당신의 말에 더욱 귀 기울이게 되고 당신을 더욱 신뢰하고 존경하게 됩니다. 한때 적이었던 사람들이 당신을 더욱 존중하고 배려하는 태도를 보이기 시작하고, 어려운 작업을 끝마칠 때 일이 수월하게 진행되게 합니다. 갈등은 한결 쉽게 저절로 해결되고, 당신은 자신의 경력이 더욱 빠르게 발전해 가는 모습을 보게 될 것입니다. 나아가 여느 때와 같은 고통 없이 새로운 관계를 시작하고, 심지어 새로운 가족을 만들기도 하고, 예전 가족과의 관계가 더욱 쉽게 개선될 것입니다. 이 모든 것은 당신이 대상 없는 명상을 통해 자신의 배터리를 충전했기 때문이며, 다른 사람과 더 다정한 관계, 더 이해하는 관계, 더 공감하는 관계를 맺음으로써 그 충전을 확대했기 때문입니다. 이런 점에서 자비 수행은 행동의 상호의존성이라는 진실을 보여 줍니다. 당신이 다른 사람을 향해 마음을 열수록 그들도 당신을 향해 마음을 열게 됩니다.

자신의 마음에서 자비가 깨어나기 시작할 때 당신은 스스로에게 더욱 솔직해질 수 있습니다. 만약 실수를 하게 되면 그것을 알아차리고 고치려는 절차를 밟습니다. 동시에 다른 사람에게서 결점을 찾으려는 시도를 덜 하게 됩니다. 만약 사람들이 공격적으로 행동하거나 당신에게 소리를 지르고 당신을 학대하기 시작하면, 자신이 예전과 똑같은 방식으로 반응하지는 않는다는 사실을 아마도 약간의 놀라움과 함께 알아차리게 될 것입니다.

몇 해 전 유럽에서 강연을 할 때 만난 여성이 있습니다. 그 여성은 내게 다가와 이웃과의 문제점에 대해 설명했습니다. 그녀와 이웃집 시골 오두막은 아주 가까웠고 각자의 좁다란 정원만큼만 떨어져 있었습니다. 그 이웃은 그녀의 뜰 안으로 물건을 던지거나 그녀가 키우는 나무에 피해를 주는 등 자질구레한 방법으로 그녀를 괴롭히기 위해 언제나 애쓰는 사람 같았습니다. 왜 그런 일들을 하는지 그녀가 묻자 이웃이 대답했습니다.

"난 사람들을 괴롭히는 것이 좋아요."

이런 작은 공격이 계속되면서 물론 그 여성은 매우 화가 났고 자신도 똑같이 자질구레한 방법으로 앙갚음할 수밖에 없었습니다. 서서히 '정원 전쟁'은 더욱 치열해졌고 두 이웃 간의 반목은 커져만 갔습니다.

무척이나 기분이 상한 그 여성은 자신의 삶을 평화롭게 영위하기 위해 이 문제를 해결하려면 무엇을 해야 하는지 내게 물었습니다. 나는 그 이웃에 대해 자비 명상을 하라고 조언했습니다.

그녀가 대답했습니다.

"벌써 해 봤어요. 하지만 효과가 없었어요."

나는 그녀의 수행 방법에 대해 잠시 이야기를 나눈 뒤, 자비 명상은 우리를 성가시게 하거나 좌절시키는 사람에 대해 따뜻함이나 친절함의 느낌을 불러일으키려고 노력하는 것 이상이라고 설명했습니다. 사실 자비 명상을 하려면 다른 사람의 동기가 무엇인지 분석하여 조사하는 과정이 약간 필요하고, 다른 사람의 느낌을 이해할 수 있는 감각을 조금 발달시키려는 노력도 필요합니다. 즉 우리와 마찬가지로 모든 사람은 행복을 얻고 불행을 피하고자 하는 똑같은 기본적인 열망을 공유한다는 사실을 이해해야만 합니다.

이듬해에 유럽을 다시 방문했을 때 그녀는 이번에는 아주 행복한 미소를 지으며 나에게 다가왔습니다. 모든 것이 바뀌었다고 했습니다. 무슨 일이 일어난 것이냐고 묻자 그녀가 설명했습니다.

"일 년 전 우리가 이야기 나눈 방법대로 수행했어요. 이웃 사람이 무엇을 느끼고 있을지 그의 동기가 무엇일지 생각하면서요. 그 사람도 나처럼 얼마나 행복을 원하고 불행을 피하고 싶어 할지를 생각했어요. 그리고 얼마 후 내가 더 이상 그를 두려워하지 않는다는 사실을 갑자기 깨닫게 되었어요. 그 사람이 한 어떤 행동도 나에게 상처 줄 수 없다는 사실도 깨닫게 되었어요. 물론 그 사람은 그 시도를 계속하고 있었지만 그가 한 행동은 실제로는 나를 더 이상 괴롭히지 않았어요. 마치 그에 대해 자비 명상을 함으로써 내 안에 자신감을 키우게 된 것 같았어요. 나는 더 이상 그에게 보복할 필요도 화낼 필요도 없어졌어요. 왜냐하면 그가 무슨 행동을 하고 있든 별로 해로워 보이지 않고 사소해 보였기 때문이에요."

그녀는 말을 이었습니다.

"얼마 후 그는 당황하기 시작했어요. 자신이 무슨 행동을 해도 내가 반응하지 않는다는 사실을 깨닫게 되자 나를 괴롭히려 하지 않았을 뿐 아니라 사실은 나를 볼 때마다 매우 수줍어하게 되었어요. 그리고 마침내는 아주 공손해졌어요. 어느 날은 내게로 오더니 그동안 괴롭힌 일들에 대해 모두 사과했어요. 어떤 면에서는 그에 대해 자비 명상을 함으로써 나 스스로 자신감을 가지게 되자 그 역시 자신에 대해 서서히 자신감을 키우게 된 것 같았어요. 그는 자신이 얼마나 힘 있는 사람이고 해를 끼칠 수 있는 사람인지 증명하기 위해 어떤 일을 할 필요가 없어졌어요."

우리 대부분은 고립된 채 살고 있지 않습니다. 우리는 상호의존적인 세상에서 살고 있습니다. 자신의 삶의 조건을 개선하고 싶다면 그 과정에서 당신을 도와줄 다른 사람에게 의존할 필요가 있습니다. 이런 종류의 상호의존 관계가 없다면 당신은 음식도, 거처할 집도, 직장도 가지지 못할 것입니다. 커피 전문점에서 커피도 살 수 없을 것입니다! 그러므로 당신이 다른 사람을 자비로운 마음과 공감하는 태도로 대하면 당신 자신의 삶의 조건이 나아질 수밖에 없습니다.

당신과 세상의 관계, 그리고 당신과 당신 삶의 관계를 이런 식으로 바라볼 때 당신은 자애와 자비가 대단히 강력한 도구가 될 수 있음을 깨닫게 됩니다.

자비심을 키우는 수행의 또 다른 큰 혜택은 다른 사람의 욕구와 두려움, 욕망을 이해함으로써 당신 스스로를 더 잘 이해할 수 있게 된다는 점입니다. 당신은 자신이 바라는 것과 피하고 싶은 것, 자신의 본성에 관한 진실을 이해하게 됩니다. 이어서 이것은 당신이 느끼고 있는 외로움이나 낮은 자존감도 모두 없애 주는 역할을 합니다. 모든 사람이 행복을 추구하고 불행을 두려워한다는 사실을 인식하기 시작하면서 두려움과 욕구, 욕망을 느끼는 사람이 당신만이 아님을 깨닫게 됩니다. 그리고 이것을 깨닫게 되면서 다른 사람에 대한 두려움이 없어집니다. 모든 사람이 친구가 될 수 있고 형제자매가 될 수 있습니다. 왜냐하면 당신들은 같은 두려움, 같은 열망, 같은 목표를 공유하기 때문입니다. 그리고 이것을 이해하게 되면 마음과 마음의 차원에서 타인과 진정으로 소통하기가 한결 쉬워집니다.

마음을 열고 소통하는 이런 종류의 방법 중 가장 좋은 예 하나가 있습니다. 뉴욕 시에서 택시 운전사로 일하고 있는 나의 티베트 인 친구 덕분에 알게 된 이야기입니다. 어느 날 그 친구는 잘못된 방향으로 차를 돌리게 되었습니다. 밀려 있는 차량들 가운데 있다가 잘못된 길에 접어들어 일방통행 도로를 반대 방향으로 달린 것입니다. 경찰관이 그를 발견하고는 차를 세우게 한 뒤 위반 딱지와 법정 출석 소환장을 발부했습니다(미국에서는 교통 신호를 위반하더라도 변호사와 함께 법정에 출석해야 하는 경우가 있다. 이때 위반 딱지를 발부한 경찰관도 함께 출석해서 판사 앞에서 시비를 가린다). 친구가 법정에 도착했을 때 앞줄에서 있던 사람 한 명이 크게 화를 내며 판사를 비롯해 딱지를 발부한 경찰관 그리고 자기 주변의 변호사들에게 소리 질렀습니다. 그 사람의 유별난 행동은 법원으로부터 많은 동정심을 얻어내지는 못했습니다. 결국 그 사람은 사건에서 패했고 큰 벌금을 물어야 했습니다.

판사 앞에서 자신의 차례가 돌아오자 친구는 우선 긴장을 풀고 미소를 지었고 딱지를 발부한 경찰관에게 친절히 인사를 건네며 그날 하루가 어떠한지 공손하게 물었습니다. 처음에는 그 경찰관이 약간 놀라는 기색이었습니다. 그러나 이내 경찰관은 대답했습니다.

"안녕하세요. 저는 좋습니다. 당신은 어떤가요?"

내 친구는 판사에게도 똑같이 공손한 태도로 인사를 건넸습니다. 소송 절차가 시작되자 판사가 친구에게 물었습니다.

"왜 잘못된 방향으로 차를 돌렸습니까?"

내 친구는 이번에도 매우 예의 바르게 설명했습니다. 그날 교통 상황이 너무도 좋지 않았고 자신에게는 다른 선택권이 없었다고. 판사는 경찰관에게 몸을 돌려 그 설명이 사실인지 물었습니다. 경찰관은 그날 교통 상황이 매우 나빴고 친구가 저지른 실수는 그 상황을 고려하면 이해할 수 있는 일이라고 시인했습니다. 판사는 소송을 기각했고 친구를 보내 주었습니다. 나중에 로비에서 그 경찰관이 친구에게 다가와 말했습니다.

"당신 정말 잘하더군요."

내 친구에게 그리고 나에게도 그 법정에서의 경험은 간단한 친절과 자비를 실천할 때 어떤 혜택이 있는지 그리고 사람들을 적으로 대하지 않고 자신이 대우받고 싶은 방식으로 대할 때 어떤 혜택을 얻을 수 있는지를 보여 주는 좋은 예였습니다. 살아가면서 당신의 지위가 어떠하든, 당신이 택시 운전사든 권력 있는 정치인이든 직책이 높은 회사 중역이든, 대하는 모든 사람을 친구로 대하고 당신과 마찬가지로 희망과 두려움을 가진 사람으로 대할 때 당신이 행복해질 가능성은 매우 높아집니다. 이 접근법의 효과는 가히 기하급수적입니다. 만일 당신이 단 한 사람의 태도나 세계관에 영향을 미칠 수 있다면 그 사람은 그 변화의 효과를 다른 한 사람에게 전달할 수 있을 것입니다. 만일 당신이 세 사람의 태도를 바꿀 수 있다면 그 사람들 각각이 세 사람의 태도를 변화시킬 수 있고, 당신은 열두 명의 인생을 탈바꿈시킨 것입니다. 그리고 그 연쇄 반응은 점점 커져만 갑니다.

17
행복의 생물학

대부분의 사람들은 꿈속에서 경험하는
한계나 함정과 똑같은 망상에 사로잡힌
채 깨어 있는 삶을 살아간다. 그러나
매일 몇 분만이라도 자신의 생각과
지각을 점검하는 데 시간을 투자한다면
차츰 자신감을 얻게 될 것이다. 또한
나날의 경험이 예전에 생각했던 것만큼
견고하지 않고 바꿀 수 없는 것이
아니라는 깨달음을 자각하게 될 것이다.

> 마음 깊은 곳에서 자신감을 불러일으키라.
> 연기의 원리에 따라서.
> 파툴 린포체 〈내 완벽한 스승님의 말씀〉

진정으로 훌륭한 과학 실험은 많은 해답을 줄 수 있고, 그만큼 많은 질문도 만들어 냅니다. 숙련된 명상 수행자들에 대한 연구에서 제기된 가장 큰 질문은 이것이었습니다. 그들이 자기 마음을 지휘할 수 있는 능력은 유전적 구조의 유사성과 공통의 문화 환경적 배경, 그리고 비슷한 수련 방식 같은 요소에 의한 것인가. 다시 말해 어린 시절부터 티베트 불교 사원이라는 특수한 환경에서 수련하지 않은 평범한 사람도 불교 수행 기법 중 무엇이든 수행함으로써 도움을 받을 수 있을 것인가.

불교 명상 숙련자를 대상으로 하는 임상 연구는 아직까지 걸음마 단계이기 때문에 우리는 오랜 시간이 흐른 뒤에야 진정한 확신을 갖고 그런 질문에 대답할 수 있을 것입니다. 하지만 붓다는 농부, 목동, 왕, 상인, 군인, 거지, 심지어 상습범에 이르기까지 수백 혹은 수천의 평범한 사람들에게 마음을 지도하는 법을 가르쳤다고 합니다. 그 방법은 사람들의 몸에 미묘한 생리적 변화를 가져와서, 그들이 생물학적 환경적 조건을 무시하고 지속적인 행복 상태에 이르도록 했을 것입니다. 붓다가 가르친 내용이 효과가 없었다면 어느 누구도 붓다의 이름을 알지 못할 것이고 불교라고 알려진 전통도 없을 것이며 당신이 이 책을 손에 들고 있지도 않을 것입니다.

자신의 가능성을 받아들이라

> 구속하는 원인이 무엇이든 그 원인은 자유에 이르게 하는 길이다.
> 9대 갈와 카르마파 〈마하무드라-분명한 의미의 대양〉

행복해지려는 내면 작업을 시작할 능력을 갖추기 위해 당신이 특별히 훌륭한 사람이 될 필요는 없습니다. 지금껏 가장 위대했던 티베트 불교 스승 중 한 명은 살인자였습니다. 현재 그는 성인으로 여겨지며, 그에 대한 그림은 언제나 손으로 귀를 감싼 채 평범한 사람들의 기도에 귀를 기울이는 모습을 보여 줍니다.

그의 이름은 밀라레파입니다. 어느 부유한 부부의 외아들이었던 밀라레파는 10세기경 태어났습니다. 그런데 밀라레파의 아버지가 예기치 않게 세상을 떠나자 그의 큰아버지가 가족의 재산을 차지했고, 밀라레파와 그의 어머니로 하여금 궁핍한 생활을 하게 만들었습니다. 이것은 두 사람 모두 그다지 달갑게 받아들일 수 없었던 환경의 변화였습니다. 다른 친척 어느 누구도 그들을 위해 목소리를 내지 않았습니다. 집안의 남성들이 결정한 사항을 그대로 받아들이는 것만이 남편을 잃은 여성과 그의 아이들이 당시에 따라야 할 운명이었습니다.

소문에 의하면 밀라레파가 성인이 되자 그의 어머니는 그를 주술사에게 보내 공부시켰고, 친척들에게 복수하기 위해 흑주술(선한 목적이 아닌 악의적인 용도에 사용되는 주술)을 배우게 하였습니다. 자신의 분노와 더불어 어머니를 기쁘게 해 드리려는 욕망에 힘입어 밀라레파는 흑주술에 통달했고, 사촌이 결혼하던 날 큰아버지 집이 무너지도록 주문을 걸어 집안 식구 서른다섯 명을 한꺼번에 죽음으로 몰아넣었습니다.

자신의 집안 식구를 죽이기 위해 밀라레파가 실제로 주술을 사용했는지 아니면 다른 수단을 썼는지에 대해서는 논란의 여지가 있습니다. 하지만 그가 친척들을 죽였고 그 후 끔찍한 죄책감과 회한에 휩싸였다는 것만은 변함없는 사실로 남아 있습니다. 만약 당신이 한 사람에게 단 한 가지 거짓말을 한 것만으로도 그날 밤 잠을 잘 이루지 못하는 사람이라면 자신의 집안 식구 서른다섯 명을 죽이는 것이 어떤 느낌이 들게 할지 상상할 수 있을 것입니다.

자신이 저지른 잘못을 속죄하기 위해 밀라레파는 집을 떠났고, 다른 사람의 행복을 위해 일생을 바쳤습니다. 그는 티베트 남부로 가서 마르파라는 사람 밑에서 수행했습니다. 마르파는 붓다의 핵심 가르침을 티베트로 가져오기 위해 세 번이나 인도로 가 그 가르침을 수집한 사람이었습니다. 여러 면에서 마르파는 평범한 사람이었습니다. 다시 말해 불교 용어로 '속인'이었습니다. 이것은 그가 부인과 자식을 두고, 농지를 소유하며, 장사를 하거나 가족을 돌보는 등 일상의 일에 얽매여 있었다는 뜻입니다. 그러나 그는 불교 진리에도 헌신했고 그 헌신은 그에게 커다란 용기를 주었습니다. 티베트에서 인도까지 히말라야를 가로질러 걸어가기란 쉬운 일이 아니며 이런 시도를 해 보려는 대부분의 사람들은 그 과정에서 죽음을 맞이하게 됩니다. 그런데 마르파가 인도를 방문한 시점은 특별한 의미가 있었습니다. 마지막 여행에서 돌아오고 얼마 지나지 않아 침략자들이 인도를 점령했고 불교 장서와 사원을 모두 파괴했기 때문입니다. 붓다의 수행법을 영원히 지속시키려던 수도자와 스승 대부분이 그동안 죽임을 당했습니다.

마르파는 인도에서 가져온 모든 지식을 자신의 큰아들인 다르마 도드에게 전수했습니다. 그러나 다르마 도드는 그만 말에서 떨어지는 사고로 목숨을 잃고 말았습니다. 아들을 잃은 슬픔에서 벗어나고 있는 동안에도 마르파는 인도에서 받은 가르침을 전수할 계승자를 찾고 있었습니다. 마르파는 밀라레파를 한번 살펴보고는 깨달았습니다. 밀라레파의 내면에는 그 가르침의 세부 사항에 통달할 수 있을 뿐 아니라 가르침의 진정한 핵심을 파악하여 그것을 다음 세대에게 물려줄 자질을 갖춘 사람이 존재하고 있음을. 왜인가요? 밀라레파의 가슴은 자신이 저지른 짓들로 인해 완전히 무너져 내렸고, 회한이 너무도 깊어서 그는 무슨 수를 써서라도 그것을 보상하려고 했기 때문입니다.

경험만으로도 밀라레파는 붓다의 가르침 중 가장 기초적인 것을 깨닫게 되었습니다. 당신이 하는 모든 생각, 당신이 하는 모든 말, 당신이 하는 모든 행동이 다시 당신 자신의 경험이 되어 당신에게 되돌아온다는 사실이 그것입니다. 당신이 어떤 사람으로 하여금 고통을 느끼게 한다면 당신은 그보다 열 배나 심한 고통을 경험하게 됩니다. 당신이 다른 사람의 행복과 안녕을 위해 노력한다면 당신은 똑같은 행복을 열 배 이상으로 경험하게 됩니다. 당신 자신의 마음이 고요해지면 당신 주변 사람들도 비슷한 정도로 고요함을 경험하게 될 것입니다.

우리 주위에는 이런 개념이 오랫동안 존재했었고 다양한 문화권에서 다른 방식들로 표현되어 왔습니다. 그 유명한 하이젠베르크의 불확정성원리도 내부적인 경험과 물리적 표현 사이에 밀접한 관련성이 있음을 인정합니다. 과학자들은 이러한 작용 원리를 현대의 기술력에 힘입어 입증할 수 있게 되었으며, 이것은 우리 시대의 흥미진진한 발전이 아닐 수 없습니다. 오늘날의 과학자들은 이 사실을 보여 주는 객관적인 증거를 제공하고 있습니다. 마음을 고요하게 하는 법을 배우고 좀 더 자비로운 태도를 가지게 되면 개인적으로 느끼는 즐거움의 수준이 더욱 높아진다는 사실을. 또한 시간이 지나도 행복감을 일정하게 유지할 수 있도록 뇌의 구조와 기능을 실제로 변화시킬 수 있다는 증거도 제공하고 있습니다.

불교 명상 수행이 평범한 개인에게 미치는 효과를 실험하기 위해 리처드 데이비드슨과 그의 동료들은 미국 중서부의 어느 회사 직원들을 대상으로 연구 과제를 계획했습니다. 직장에서 받는 스트레스가 몸과 마음에 미치는 영향을 줄이는 데 명상 기법이 도움을 줄 수 있는가를 밝혀내는 것이 그 실험의 목표였습니다. 데이비드슨은 그 회사 직원들을 초청해서 명상 과정에 등록하게 했고, 몇 가지 초기 혈액검사와 뇌파검사를 한 뒤 참가자를 임의의 두 집단으로 나누었습니다. 한 집단은 곧바로 명상 수련을 받기로 했고, 대조군인 다른 집단은 첫 번째 집단의 효과를 철저히 연구한 뒤에 명상 수련을 받기로 했습니다. 매사추세츠 대학의 의학교수이자 매사추세츠 대학 기념의학센터 스트레스완화클리닉의 설립자인 존 카바트 진 박사가 10주에 걸쳐 명상 수련을 지도했습니다.

데이비드슨 팀은 명상 수련이 끝난 뒤에도 몇 달 동안 연구 실험 대상자를 계속 평가했고, 뇌파검사 시험을 통해 다음의 사실을 보여 주었습니다. 수련이 끝나고 서너 달 내에, 긍정적인 감정과 관련된 뇌의 부분인 왼쪽 전두엽 부근에서 전기 활동이 점진적으로 매우 증가했다는 것을. 그 서너 달 동안 연구 실험 대상자들 스스로도 스트레스가 줄고 마음이 더욱 고요해졌으며 일반적인 행복감을 더 많이 느끼게 되었다고 보고하기 시작했습니다.

그러나 그보다 훨씬 더 흥미로운 결과가 이제 막 발견되려는 참이었습니다.

행복한 마음과 건강한 신체

> 인간의 보기 드문 몸과 마음과 언어 능력으로 인해
> 건설적인 행동을 추구할 수 있는 독특한 능력이 생긴다.
> 잠곤 콩툴 〈확신의 횃불〉

사람의 마음 상태가 몸에 일정한 영향을 미친다는 사실에 대해서는 불교도와 현대 과학자 사이에 의견 차이가 거의 없었습니다. 일상적인 예를 들어서, 낮에 누군가와 싸움을 했거나 요금을 미납했으니 전기 공급이 끊어질 것이라는 우편 통지서를 받았다면 잠자리에 들어서도 잠을 잘 이루지 못할 가능성이 높습니다. 혹은 업무 발표를 하려 하거나 자신의 문제를 상사에게 이야기하려 한다면 근육이 긴장되고 위장에 통증이 느껴지거나 갑자기 머리가 깨질 듯이 아플 것입니다.

사람의 마음 상태와 신체적 경험 사이에 연관성이 있음을 뒷받침할 만한 과학적 증거는 최근까지도 많지 않았습니다. 리처드 데이비드슨이 회사 직원들을 대상으로 수행한 연구에서는, 첫 번째 집단의 명상 수련 완료 시점이 그 회사에서 매년 실시하는 독감 예방 주사 접종 시기와 정확히 일치하도록 면밀하게 계획되었습니다. 데이비드슨은 이 연구에 참여한 실험 대상자의 혈액을 다시 채취했고, 그 결과 명상 수련을 받은 사람이 그렇지 않은 사람보다 독감 항체 수준이 훨씬 높다는 사실을 발견했습니다. 다시 말해 왼쪽 전두엽 활성 실험에서 눈에 띄는 변화를 나타낸 사람들의 경우 면역 체계도 강화된 것입니다.

이런 종류의 결과는 현대 과학에 있어 커다란 진전입니다. 나와 대화를 나눈 많은 과학자들은 몸과 마음이 서로 연결되어 있음을 오랫동안 짐작해 왔습니다. 그러나 이 연구 이전에는 그 연결의 증거가 그렇게 명확하게 제시되지 못했었습니다.

오래고도 주목할 만한 과학의 역사 속에서, 과학자들은 몸과 마음에서 무엇이 '괜찮은가'보다는 무엇이 '잘못되었는가'를 지켜보는 데 거의 전적으로 집중해 왔습니다. 그러나 최근 그 바람에 약간의 변화가 있었고, 이제 현대 과학 집단 내의 많은 사람들에게는 행복하고 건강한 인간을 해부하고 그 생리를 좀 더 자세히 연구하고 살필 기회가 생기는 것 같습니다.

다양한 신체 질환의 위험성이나 강도를 줄이는 것과 긍정적인 마음 상태가 매우 강한 관련성이 있음이 여러 해 동안 많은 프로젝트에서 입증되었습니다. 예컨대 하버드 대학교 보건대학원 사회와인간발달및보건학과 부교수 로라 D. 쿠브잔스키 박사는 십 년에 걸쳐 남성 1,300여 명의 의료 기록을 추적하는 연구를 시작했습니다. 이 연구의 실험 대상자는 주로 전쟁에 참전한 적이 있는 군인이었는데, 이들은 많은 사람이 누리지 못하는 수준 높은 의료 혜택을 접한 사람들이었습니다. 그러므로 이들의 의료 기록은 상당히 완전했으며 그토록 긴 시간 동안 그 기록을 쉽게 추적할 수 있었습니다.

'행복'과 '불행'은 다소 광범위한 단어이므로 연구를 위해 쿠브잔스키 박사는 이런 감정의 구체적인 표현인 낙관주의와 비관주의에 초점을 맞추었습니다. 이러한 특징은 표준화된 성격 테스트로 규정했습니다. 이 테스트에서는 중요한 사건의 결과에 대해 일정한 통제권을 행사할 수 있기 때문에 미래가 만족스러우리라는 믿음을 낙관주의와 동일시했고, 자신의 운명을 전혀 통제할 수 없기 때문에 현재 경험하고 있는 어떤 문제도 피해 나갈 수 없다는 믿음을 비관주의와 동일시했습니다.

그 연구의 마지막 단계에서 쿠브잔스키 박사는 나이, 성별, 사회경제적 지위, 운동량, 알코올 섭취량, 흡연량을 포함하는 인자를 통계학적으로 조정했습니다. 그 후, 낙관주의자인 실험대상자 사이에서 몇 가지 형태의 심장 질환이 발생할 확률이 비관주의자인 실험대상자의 경우보다 50퍼센트 가량 낮다는 사실을 발견했습니다. 최근의 한 인터뷰에서 쿠브잔스키 박사는 이렇게 말했습니다.

"나 자신도 낙관주의자이지만, 이런 결과는 예상하지 못했던 것입니다."

듀크 대학 심리학과 조교수인 로라 스마트 리치먼 박사가 이끈 연구에서는 행복과 관련된 또 다른 긍정적인 두 감정, 즉 희망과 호기심이 신체에 미치는 효과를 살펴보았습니다. 약 1,050명의 다중치료 클리닉 환자들이 이 연구에 참여하는 데 동의했고, 자신들의 감정 상태와 육체적 행동 그리고 수입이나 교육 수준 같은 그 밖의 정보를 묻는 설문지에 응답했습니다.

리치먼 박사팀은 이 환자들의 의료 기록을 2년에 걸쳐 추적했습니다. 이번에도 앞에서 언급한 기여 인자를 통계적으로 조정한 뒤, 리치먼 박사는 다음과 같은 사실을 발견했습니다. 희망과 호기심의 수준이 높을수록 당뇨, 고혈압, 기도 감염의 발생 가능성과 진전 가능성이 낮아진다는 사실을. 논란을 불러일으키는 주장을 삼가려는 특유의 조심스러운 과학적 언어로 리치먼 박사는 자신의 연구 결과가 다음의 내용을 암시한다고 결론지었습니다.

'긍정적인 감정은 질병의 진전을 예방하는 역할을 할 수도 있다.'

환희의 생물학

> 방편으로 삼을 수 있는 가장 귀중한 것은 인간의 몸이다.
> 감포파 〈자유의 보석 장식〉

마음에 대한 재미있는 사실은 우리가 질문을 던진 뒤 조용히 귀를 기울이면 대개 그 대답이 나타난다는 점입니다. 그러므로 마음이 몸에 미치는 영향을 점검할 수 있는 기술이 개발되고 있다는 사실과 현대 과학자들이 점점 더 많은 관심을 갖고 몸과 마음의 관계를 연구하고 있는 것 사이에는 어떤 연관성이 있음을 나는 믿어 의심치 않습니다. 지금까지 과학자들이 제기한 질문은 아주 합리적일 정도로 조심스러웠고, 그들이 얻은 해답은 논란을 불러일으키긴 했지만 압도적일 만큼 결정적이지는 않았습니다. 행복과 행복의 특성에 대한 과학적인 연구는 여전히 상대적으로 초기 단계이기 때문에 우리는 약간의 불확실성을 허용해야 합니다. 그 연구가 성장하며 아픔을 경험할 시간을 주어야만 합니다.

한편 과학자들은 불교 수련의 효과를 객관적으로 설명하는 데 도움이 될 만한 연결 고리를 만들기 시작했습니다. 예를 들어 리처드 데이비드슨이 자신의 연구 실험 대상자로부터 얻은 혈액 샘플을 통해서는, 긍정적인 감정과 관련된 전두엽이 활성화된 사람들의 경우 코르티솔 수준 또한 낮다는 사실이 입증되었습니다. 코르티솔은 스트레스에 반응하여 부신(신장에 위치한 한 쌍의 내분비 기관)에서 자연적으로 생성되는 호르몬이며, 면역 체계 기능을 억제하는 경향이 있습니다. 따라서 스스로 어느 정도 자신감과 행복감을 갖고 자신의 삶에 일정한 통제권을 행사할 수 있다고 느끼는 것과 더 강하고 건강한 면역 체계 사이에는 어떠한 연결성이 만들어질 수 있습니다. 그에 반해 일반적인 불행감과 통제 불가능의 느낌, 외부 상황에 의존하려는 성질은 코르티솔을 더 많이 생성하는 경향이 있습니다. 이어서 이것은 면역 체계를 약화시키고, 우리를 온갖 종류의 신체 질병에 더욱 취약하게 만들 수 있습니다.

공을 깨달을 때의 좋은 점

> 당신 자신이 살아 있는 가르침이 된다.
> 당신 자신이 살아 있는 진리가 된다.
> 초감 트룽파 〈환상의 경기〉

앞에서 설명한 어떤 명상 수행이든 이 '통제 불가능'의 느낌을 완화하는 데 도움을 줄 수 있습니다. 어떠한 순간이 주어지든 우리가 경험하는 생각과 감정과 기분을 인내심 있게 관찰함으로써 이것이 가능해집니다. 이를 통해 우리는 그것들이 본래 실재하지 않는다는 사실을 서서히 깨닫게 됩니다. 당신이 경험한 모든 생각이나 느낌이 본래 실재하는 것이라면 아마도 당신의 뇌는 그동안 쌓인 것들의 순수한 무게만으로도 으스러졌을 것입니다!

나에게 명상을 배우고 있는 사람이 한번은 이런 말을 한 적이 있습니다.

"수행을 통해서 느낌들이 '사실'이 아님을 알게 되었어요. 느낌들은 나 자신의 안절부절못하는 상태나 고요한 상태에 따라 언제든지 왔다가 가지요. 그 느낌들이 '사실'이라면 그것들은 나 자신의 상황에 관계없이 변하지 않았을 거예요."

생각과 지각과 신체 감각에 대해서도 같은 말을 할 수 있습니다. 불교 가르침에 따르면 이것들은 모두 공의 무한한 가능성의 찰나적 표현입니다. 이것들은 다른 도시로 향하는 길에 어느 공항을 통과해서 이동하고 있는 사람들과도 같습니다. 그들에게 목적이 무엇이냐고 묻는다면 "그냥 통과해서 지나가는 것"이라고 대답할 것입니다.

그렇다면 공을 깨닫는 것이 어찌하여 신체 질병의 원인인 스트레스 수준을 낮출 수 있을까요? 앞에서 우리는 자동차라는 구체적인 예를 이용해서 공을 꿈속 경험에 비유할 수 있음을 살펴보았습니다. 꿈속에서 우리가 경험하는 자동차는, 공장에서 조립되고 다양한 재질의 부품으로 만들어진다는 통상의 의미에서 볼 때 '실제' 자동차가 아닙니다. 그럼에도 불구하고 꿈이 계속되는 동안은 자동차를 몰고 다니는 꿈속 경험이 상당히 '실제'처럼 보입니다. 우리는 그 자동차를 운전하거나 친구와 이웃에게 자랑하면서 '실제'로 기쁨을 누리고, 사고를 겪게 되면 '실제'로 불행을 경험합니다. 그러나 꿈속 자동차는 실제로는 존재하지 않습니다. 그렇지 않은가요? 이것은 다만 우리가 깊은 무지에 사로잡혀 있기 때문입니다. 그 자동차를 운전하는 동안 경험하는 모든 것이 실제라고 꿈꾸는 무지에.

그러나 꿈속일지라도 어떤 관습은 우리로 하여금 꿈속 경험을 한층 더 현실적인 것으로 받아들이게 합니다. 예를 들어 폭포수에 대한 꿈을 꿀 때는 일반적으로 물이 아래로 떨어집니다. 불에 대한 꿈을 꿀 때는 불길이 위로 치솟습니다. 그리고 우리의 꿈이 악몽으로 변할 때, 예컨대 교통사고에 연루되거나 높은 건물에서 뛰어내려 땅바닥으로 곤두박질치거나 억지로 불 속을 걸어서 통과해야 할 때는, 우리가 꿈속에서 경험하는 고통이 매우 실제처럼 느껴집니다.

지금까지 내가 한 몇 가지 질문들보다 대답하기가 좀 더 어려울 수 있는 질문을 하나 해 보겠습니다. 꿈에서 깨지 않으면서 꿈 상태에서 겪는 그런 종류의 고통으로부터 벗어나려면 어떤 방법을 쓸 수 있을까요?

나는 이 질문을 대중 강연 시간에 여러 번 던졌고 다양한 대답을 많이 들었습니다. 그중 일부는 아주 재미있습니다. 어떤 사람은 천리안을 가진 가사도우미를 고용해서 그 사람이 당신의 고통을 본능적으로 알아차리고 꿈속에 개입해 당신을 고난에서 구하게 하는 방법을 제안했습니다. 얼마나 많은 천리안의 가사도우미가 고용 시장에 나와 있을지, 그들이 이력서에 천리안을 특기 사항으로 적음으로써 자신의 고용 확률을 높일 수 있을지는 모르겠습니다.

어떤 사람들은 깨어 있는 상태일 때 명상하는 데 시간을 투자한다면 좀 더 즐거운 꿈을 꿀 확률이 자동적으로 높아질 것이라고 말했습니다. 안타깝게도, 세계 전역에서 만나 이야기를 나누어 본 사람들 가운데서 이것이 사실임을 확인한 적은 아직 한 번도 없습니다. 또 다른 사람들은 만약 건물에서 뛰어내리는 꿈을 꾸게 되면 갑자기 당신이 날 수 있음을 발견하게 될 것이라고 했습니다. 이것이 어떻게 혹은 왜 일어날 수 있는지는 모르겠지만 다소 위험한 제안인 것만은 분명해 보입니다.

아주 드물게 어떤 사람은 꿈속에서 당신이 단지 꿈꾸고 있을 뿐임을 깨닫는 것이 가장 가능성 높은 해결책이라고 말합니다. 내가 배워서 알고 있는 바로는 이것이 가장 좋은 답변입니다. 당신이 꿈속에 사로잡혀 있는 동안 단지 꿈꾸고 있을 뿐임을 깨달을 수 있다면, 꿈속에서 하고 싶은 모든 일을 할 수 있습니다. 상처 입지 않으면서 높은 건물에서 뛰어내릴 수 있습니다. 불에 데지 않으면서 불 속으로 뛰어들 수 있습니다. 물에 빠져 죽지 않으면서 물 위를 걸을 수 있습니다.

그리고 꿈속의 자동차를 운전하다가 사고가 나면 다치지 않은 채 차에서 빠져나올 수 있습니다.

그러나 중요한 것은 모든 현상의 비어 있음을 깨닫는 수련을 통해 깨어 있는 삶에서도 놀라운 일을 이룰 수 있다는 점입니다. 대부분의 사람들은 꿈속에서 경험하는 한계나 함정과 똑같은 망상에 사로잡힌 채 깨어 있는 삶을 살아갑니다. 그러나 매일 몇 분만이라도 자신의 생각과 지각을 점검하는 데 시간을 투자한다면 차츰 자신감을 얻게 될 것입니다. 또한 나날의 경험이 예전에 생각했던 것만큼 견고하지 않고 바꿀 수 없는 것이 아니라는 깨달음을 자각하게 될 것입니다. 한때 진실로 받아들였던 뉴런들의 수다는 서서히 변하게 될 것이고, 감각과 관련된 세포들과 뇌세포 사이의 소통도 이에 따라 바뀔 것입니다. 그 변화는 거의 대부분 아주 천천히 일어날 것임을 기억하십시오. 당신은 자신의 본성에 맞추어 그 변화가 알맞은 때에 일어나게 해야 합니다. 만약 그 과정을 재촉하려 한다면 잘된다 하더라도 실망하게 될 것이고 최악의 경우에는 다칠 수도 있습니다. 예를 들어 공에 대해 고작 며칠만 수행해 본 뒤에 불 속을 통과해 가 보라고 나는 충고하지 않겠습니다.

당신의 완전한 가능성인 참본성을 진정으로 깨닫는 데 필요한 인내심과 성실함을 영화 〈매트릭스 1편〉보다 더 잘 보여 주는 예는 없습니다. 아마도 여러분 중 상당수가 나보다 몇 년 앞서 이 영화를 보았을 것입니다. 이 영화는 무척 인상 깊었는데, 매트릭스에 사로잡힌 사람들이 경험하는 보통의 현실이 결국은 환영임이 드러나기 때문입니다. 그뿐만 아니라 대부분의 일생 동안 실제라고 받아들인 개인적인 한계들이 사실은 자기 마음이 투영한 것뿐임을 주인공 네오가 깨닫게 되기까지 상당한 시간이 걸렸기 때문입니다. 자신이 이용할 수 있는 모든 장비와 훈련의 혜택을 볼 수 있었음에도 불구하고 말입니다. 개인적인 한계에 처음 직면해야 했을 때 네오는 두려워했습니다. 나는 그의 두려움에 쉽게 공감할 수 있었습니다. 지도자이자 스승인 모피어스가 있었음에도 네오는 자신에게 진정한 능력이 있다는 사실을 여전히 믿기 어려워했습니다. 나의 스승들이 자기 참본성의 완전한 가능성을 실제로 보여 줌으로써 그것이 나에게 처음으로 드러났을 때 나 자신의 본성이라는 진실을 내가 믿기 어려워한 것처럼 말입니다. 영화 후반부가 되어서야 자신에게 주어진 가르침이 진실이었음을 스스로 경험해야 했을 때 비로소 네오는 공기 중에서 총알을 멈추게 하고, 공중을 날아다니고, 실제로 일이 일어나기 전에 미리 볼 수 있었습니다.

그러나 네오는 이것들을 점진적인 방식으로 배워야만 했습니다. 그러므로 2, 3일 동안 명상을 해 본 뒤에 당신이 물 위를 걷거나 건물에서 뛰어내릴 수 있으리라고 기대하지 마십시오. 그보다 당신이 알아차리게 될 첫 번째 변화는 마음이 더욱 열리고 자신감이 더 생기며 자신에게 더욱 솔직해지는 것입니다. 또한 주위 사람들의 생각과 동기를 예전보다 더 빨리 알아차릴 수 있게 되는 것입니다. 그것은 작은 성취가 아닙니다. 지혜의 시작입니다.

수행을 계속하다 보면 당신이 가진 참본성의 모든 경이로운 특성이 서서히 스스로를 드러낼 것입니다. 당신은 자신의 참본성이 피해 입을 수도 없고 파괴될 수도 없음을 알아차리게 될 것입니다. 다른 사람들이 자기 스스로를 이해하기도 전에 그들의 생각과 동기를 읽는 법을 배우게 될 것입니다. 앞날을 좀 더 선명하게 내다볼 수 있게 되고 자신과 주위 사람들이 하는 행동의 결과를 알 수 있게 될 것입니다. 그리고 아마도 가장 중요한 점일 텐데, 당신 몸에 어떤 일이 생기든 자신의 두려움에도 불구하고 당신의 참본성은 본질적으로 파괴될 수 없음을 깨닫게 될 것입니다.

18
삶은 선택의 결과

어떤 순간이 주어지든 당신은 선택할 수 있다. 스스로가 허약하고 제한적이라는 믿음을 강화하는 일련의 생각과 감정과 기분을 따르기로 선택할 수도 있고, 자신의 참본성이 순수하고 비조건적이며 상처 입을 수 없음을 기억하기로 선택할 수도 있다. 무지의 잠 속에 머물러 있을 수도 있고, 자신이 언제나 깨어 있었고 지금도 깨어 있다는 사실을 기억할 수도 있다. 어느 쪽이든 당신은 진정한 자기 존재의 무한한 본성을 표현하고 있다. 어느 쪽을 선택하든 본래 옳고 그른 것이란 없다.

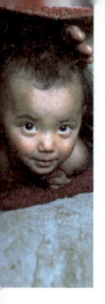

이렇게 드문 인간 존재의 이점을 생각해 보라.

잠곤 콩툴 〈확신의 햇불〉

지금까지 현대 과학자들이 연구한 모든 생명체 가운데 오직 인간만이 자기 삶의 방향을 의식적으로 선택할 능력을 타고났다고 절대적인 확신을 갖고 이야기할 수 있습니다. 또한 인간은 그러한 선택이 자신을 일시적인 행복의 협곡으로 이끌 것인지, 아니면 지속적인 평화와 행복의 나라로 이끌 것인지를 구분할 능력도 타고났습니다. 비록 유전적으로는 일시적인 행복을 추구하도록 설계되었을지라도 우리는 우리 안에서 더 오래 지속되는 깊은 자신감과 평화와 행복의 기분을 알아차리는 능력도 타고났습니다. 인간은 이성과 감정과 생존 본능을 결합할 필요성을 인식하는 능력 면에서는 자각 능력을 가진 모든 존재들 가운데 독보적인 위치를 차지하는 듯합니다. 또한 그렇게 함으로써 자기 자신과 후손뿐 아니라 아픔, 두려움, 고통을 느끼는 생명체 전부를 위해 모두가 만족스럽고 평화로운 상태에서 공존하는 우주를 만들 수 있습니다.

우리가 지금 깨닫고 있지는 못할지라도 이러한 우주는 이미 존재하고 있습니다. 불교 가르침의 목적은 이러한 우주가 지금 이 순간 존재한다는 사실을 알아차리게 하는 것입니다. 다시 말해 실제로 우리 존재 안에 내재하는 무한한 가능성 그 이상도 이하도 아닌 것이 존재함을. 그러나 이것을 깨닫기 위해서는 마음을 쉬게 하는 방법을 배울 필요가 있습니다. 자연스러운 자각 상태에서 마음을 휴식하는 경우에만 우리는 우리가 자신의 생각도 느낌도 지각도 아님을 깨닫게 됩니다. 생각과 느낌과 지각은 몸의 기능들입니다. 불교도로서 내가 배운 모든 것과 현대 과학에 대해 배운 모든 것은 인간이라는 존재가 단순히 그 몸 이상이라는 사실을 일깨워 줍니다.

이 책에서 제시한 명상법들은 당신의 온전한 가능성, 즉 참본성이라는 깨달음으로 향하는 길의 첫 번째 단계일 뿐입니다. 마음을 고요하게 하는 법, 마음과 친해지는 법, 자애와 자비를 키우는 법을 연습하면 그것만으로도 당신 삶에 꿈꾸지 못했던 변화를 가져올 수 있습니다. 고난 앞에서 어느 누구인들 자신감과 고요함을 느끼고 싶어 하지 않겠으며, 고립감을 줄이거나 없애고 싶어 하지 않겠습니까? 또는 아무리 간접적일지라도 다른 사람의 행복과 안녕에 기여하고 싶어 하지 않겠습니까? 이렇게 함으로써 우리 자신과 우리가 사랑하고 돌보는 사람들 그리고 아직 태어나지 않은 세대가 번성할 수 있는 환경을 만들 수 있도록. 이러한 기적을 이루는 데 필요한 것은 약간의 인내심과 조금의 성실함, 그리고 당신 자신과 주변 세상에 대한 조건적인 생각을 내려놓겠다는 작은 의지일 뿐입니다. 우리에게 필요한 것은 꿈속 풍경과도 같은 삶에서 깨어나 꿈속에서 하는 경험과 꿈꾸는 자의 마음 사이에는 아무런 차이가 없다는 사실을 알아차리려는 약간의 수행뿐입니다.

꿈속 풍경의 범위가 무한하듯 당신의 참본성 또한 무한합니다. 과거 불교 스승들을 둘러싼 이야기는 물 위를 걸은 사람, 다치지 않고도 불 속을 통과해 지나간 사람, 멀리 떨어져 있는 추종자와 텔레파시로 소통한 사람들에 대한 놀라운 얘깃거리로 가득합니다. 나의 아버지는 눈 주위의 민감한 피부 층과 근육을 절개하는 외과 수술을 아무런 통증도 느끼지 않고 받을 수 있었습니다.

지금 내가 하고자 하는 어떤 스승에 대한 얘기도 매우 흥미롭습니다. 자각 있는 존재로서 완전한 가능성을 이룬 20세기 사람인 그는 티베트 불교 카규파의 수장이었던 16대 카르마파입니다. 1950년대 후반 티베트를 뒤흔든 고난의 시간이 지난 뒤, 카르마파와 그를 따르는 많은 무리가 북인도 시킴 지역에 새로이 정착했습니다. 그곳에서 카르마파는 티베트를 빠져나온 사람들의 번창하는 공동체를 뒷받침할 목적으로 커다란 사원과 학교 몇 개, 다양한 기관을 설립했습니다. 일단 시킴 지역의 공동체가 확고하게 만들어지자 카르마파는 세계 순회강연을 통해 사람들을 가르치기 시작했습니다. 그 당시는 티베트 불교의 특성을 막 알게 된 사람들이 점점 늘어나고 있었습니다. 유럽과 북미 지역을 방문하던 중 그는 기적이라고 부를 만한 것들을 행했습니다. 예컨대 단단한 바위 표면에 자신의 발자국을 남기거나 미국 남서부의 가뭄을 겪는 지역에 비를 내리게 했습니다. 한번은 호피 족 인디언이 사는 사막지대에 저절로 봄이 찾아오게 한 적도 있습니다.

그러나 16대 카르마파가 자연스러운 마음의 특성을 가장 생생하게 입증한 것은 그의 입적을 눈으로 직접 지켜본 사람들에게 보여 준 죽음의 방식을 통해서였습니다. 1981년 카르마파는 시카고 외곽의 한 병원에서 암 치료를 받았습니다. 그의 투병 과정은 의료진을 어리둥절하게 만들었는데, 몸의 증상이 뚜렷한 이유도 없이 왔다 갔다 하는 것 같았기 때문입니다. 때로는 증상이 한꺼번에 사라졌다가 그전까지 멀쩡하던 다른 부위에서 다시 나타나곤 했습니다. 어떤 이의 진술에 따르면 마치 '그의 몸이 기계와 농담을 주고받는 것' 같았다고 합니다. 그 시련의 시간 동안 카르마파는 한 번도 통증을 호소한 적이 없었습니다. 그는 병원 관계자들의 행복에 훨씬 큰 관심을 보였고, 많은 직원들은 정기적으로 그에게 들러서 병마의 참화에도 불구하고 그에게서 퍼져 나오는 커다란 평온함과 자비심을 다만 경험하곤 했습니다.

카르마파가 입적하자, 치료 기간 내내 그의 곁을 지킨 라마승들과 다른 티베트 인들은 위대한 스승이 입적한 후의 티베트 관습에 따라 카르마파의 시신을 사흘간 손대지 않고 그대로 두게 해 달라고 요청했습니다. 카르마파가 병원 관계자들에게 매우 깊은 인상을 남겼기 때문에 행정 부서에서는 그 요청을 받아들였습니다. 그리고 시신을 병원 영안실로 즉시 내보내지 않았으며 입적 당시의 명상 자세로 앉아 있는 그의 몸을 입원실에 남겨 두도록 허락했습니다.

이 사흘 동안 카르마파를 검사한 의사들의 기록에도 나와 있듯이 카르마파의 시신에는 사후 경직이 일어나지 않았고, 심장 부근은 살아 있는 사람과 다를 바 없이 따뜻하게 유지되었습니다. 그로부터 20년이 넘는 세월이 흘렀지만 카르마파의 사후 육신 상태는 의학적 설명이 불가능하며, 그것을 지켜본 사람들에게 지금까지도 깊은 인상을 남기고 있습니다.

서양 병원에서 치료를 받고 그곳에 시신을 남기기로 한 16대 카르마파의 결정은 그가 인류에게 주는 마지막 선물이자 어쩌면 가장 커다란 선물일 것이라고 나는 추측합니다. 우리 역시 일반적인 말로는 설명하기 힘든 위대한 능력을 지닌다는 사실을 그는 서구의 과학 사회에 입증한 것입니다.

스승 찾기

> 진정한 영적 조언자에게 지도를 받아야 한다.
> 9대 걀와 카르마파 〈마하무드라-분명한 의미의 대양〉

과거 스승들과 당대 스승들에게서 발견되는 흥미로운 측면은 그들이 비슷한 수련 과정을 공유한다는 점입니다. 그 스승들은 이 책에서 제시한 것처럼 마음을 고요하게 하고 자비를 키우는 많은 명상 수련을 수행함으로써 시작했습니다. 그 후 자신보다 더 지혜롭고 경험이 풍부한 스승의 지도에 따라 자신의 완전한 가능성에 도달했습니다. 만약 당신이 앞으로 더 나아가고 싶다면, 자신의 완전한 가능성을 탐험하고 경험하고 싶다면, 안내자가 필요합니다. 스승이 필요합니다.

훌륭한 스승의 자질은 무엇일까요? 우선 그 스승은 계보에 따라 수련을 거쳤어야 합니다. 그렇지 않으면 자만심에 빠져 수행 규칙이나 지침을 그냥 꾸며낼지도 모르고 책에서 읽은 내용을 줄곧 오해하고 있을지도 모릅니다. 확립된 전통 계보에 따라 수련한 스승에게 지도받는 것에는 위대하지만 미묘한 힘도 있습니다. 앞에서 설명한 상호의존성의 힘입니다. 계보에 따라 수련한 스승과 공부할 때 당신은 그 계보 '가족'의 일부가 됩니다. 당신이 태어나게 된 가족이나 성장한 가족으로부터 무언의 귀중한 가르침을 얻는 것과 마찬가지로 당신은 진정한 계보를 잇는 스승을 다만 관찰하고 스승과 상호작용함으로써 소중한 가르침을 얻게 될 것입니다.

특별한 계보의 단련법에 따라 수련한 것과 더불어 자질을 갖춘 스승은 또한 자비심도 보여 줄 수 있어야 하고, 자신의 깨달음에 대해 결코 이야기하지 않으면서 행동을 통해 미묘한 방식으로 그 깨달음을 확인시켜야 합니다. 자신이 성취한 것을 이야기하는 스승은 피하십시오. 그런 종류의 말이나 자랑은 그들이 전혀 깨달음을 얻지 못했다는 분명한 신호이기 때문입니다. 몇 가지 순수 체험을 한 스승들은 자신의 성취에 대해 결코 이야기하지 않습니다. 대신 그들은 자기 스승의 특징에 대해 이야기하는 경향이 있습니다. 그럼에도 당신은 황금 덩어리로부터 반사되어 나오는 빛처럼 그들을 감싸는 위엄의 기운을 통해 스승의 특성을 감지할 수 있습니다. 당신은 황금 자체를 보는 것이 아니라 황금빛의 찬란함만을 보게 됩니다.

행복 선택하기

> 의도는 마음의 카르마이다.
> 구나프라바 〈아비달마의 보물〉

적을 해치우고 점수를 따기 위해 버튼을 누르는 데만 정신이 팔린 채

비디오 게임에 몰두하고 있는 아이를 다만 지켜본다면, 그러한 게임이 얼마나 중독적인지 알게 될 것입니다. 그렇다면 한 걸음 뒤로 물러서서 당신이 어른으로서 해 온 경제적, 낭만적 혹은 그 밖의 '게임'들이 얼마나 그만큼 중독적이었는지 살펴보십시오. 어른과 아이의 주된 차이는 어른은 그 게임으로부터 물러날 수 있는 경험과 이해력을 지닌다는 점입니다. 어른이라면 자신의 마음을 좀 더 객관적으로 바라보겠다는 선택을 할 수 있으며, 그렇게 하면서 자신과 같은 선택을 할 수 없었던 다른 사람에 대해 자비심을 키울 수 있습니다.

앞에서 설명했듯이, 일단 자신의 참본성을 자각하려는 수행 습관을 기르는 데 헌신한다면 매일매일의 경험 속에서 반드시 변화를 보게 될 것입니다. 당신을 괴롭히던 것들이 이제는 당신을 화나게 하는 힘을 서서히 잃을 것입니다. 당신은 직관력을 갖게 되고 더 현명해지며 마음이 더 편안해지고 열릴 것입니다. 장애물을 더 큰 성장을 위한 기회로 인식하기 시작할 것입니다. 또한 한계와 허약함이라는 착각이 서서히 사라짐에 따라 마음 깊은 곳에서 자기 존재의 진정한 위대함을 발견하게 될 것입니다.

무엇보다도 자신의 잠재 능력을 알아차리게 됨에 따라 주위 모든 사람의 내면에도 그것이 있음을 깨닫게 될 것입니다. 참본성은 선택받은 몇 사람에게만 있는 특성이 아닙니다. 자신의 참본성을 깨달았다는 진정한 표시는 그것이 얼마나 일상적인가를 깨닫는 것입니다. 즉 모든 살아 있는 존재가 그것을 공유하고 있음을 보게 되는 능력입니다. 비록 모두가 스스로 그 사실을 깨닫지는 못하더라도 말입니다. 따라서 당신은 당신에게 소리 지르는 사람이나 피해를 주는 행동을 하는 사람에게 마음을 닫는 대신 마음을 더욱 열게 됩니다. 그들이 그저 얼간이가 아니라 당신처럼 행복과 평화를 원하는 사람이라는 사실을 깨닫게 됩니다. 그들은 자신의 참본성을 깨닫지 못했고 허약함과 두려움의 기분에 압도되었기 때문에 얼간이처럼 행동하고 있을 뿐입니다.

당신은 더 잘하겠다는 염원, 더 깨어 있는 마음으로 모든 행동에 접근하겠다는 염원, 다른 사람을 향해 더 깊이 마음을 열겠다는 단순한 염원과 함께 자신의 수행을 시작할 수 있습니다. 당신의 경험이 고통에 의해 조건 지어질지 아니면 평화에 의해 조건 지어질지를 결정하는 가장 중요한 단 한 가지 요소는 동기입니다. 지혜와 자비는 사실 같은 속도로 발달합니다. 마음이 더 깨어 있을수록 자비로워지기가 더 쉽다는 사실을 발견하게 될 것입니다. 그리고 다른 사람에게 마음을 더 열수록 자신의 모든 행동에 더욱 깨어 있게 됩니다.

어떤 순간이 주어지든 당신은 선택할 수 있습니다. 스스로가 허약하고 제한적이라는 믿음을 강화하는 일련의 생각과 감정과 기분을 따르기로 선택할 수도 있고, 자신의 참본성이 순수하고 비조건적이며 상처 입을 수 없음을 기억하기로 선택할 수도 있습니다. 무지의 잠 속에 머물러 있을 수도 있고, 자신이 언제나 깨어 있었고 지금도 깨어 있다는 사실을 기억할 수도 있습니다. 어느 쪽이든 당신은 진정한 자기 존재의 무한한 본성을 표현하고 있습니다. 무지, 허약함, 두려움, 분노, 욕망은 참본성이 지닌 무한한 잠재 능력의 표현입니다. 그러한 선택을 하는 데 본래 옳고 그른 것이란 없습니다. 불교 수행의 열매는 단순히 이것을 깨닫는 것입니다. 우리의 참본성은 그 범위가 무한하기 때문에 이러저러한 마음의 괴로움은 우리가 선택할 수 있는 것 이상도 이하도 아니라는 점입니다.

우리는 그렇게 할 수 있기 때문에 무지를 선택합니다. 그렇게 할 수 있기 때문에 자각을 선택합니다. 삼사라와 니르바나는 단순히 관점의 차이일 뿐입니다. 이것은 우리의 경험을 점검하고 이해하는 방법에 있어서 우리가 무엇을 선택하는가에 달려 있습니다. 니르바나에 마법 같은 것도 없고, 삼사라에 나쁘거나 잘못된 것도 없습니다. 자신을 제한적이고 두려움 많고 허약하고 과거의 경험에 의해 상처받았다고 생각하기로 결정한다면, 당신이 그렇게 '선택'했다는 것과 자신을 다르게 경험할 기회는 언제든지 가능하다는 사실만은 기억하십시오.

본질적으로 불교의 길은 익숙한 것과 실질적인 것 사이에서 선택을 제시합니다. 의심할 여지 없이 익숙한 생각 패턴과 행동 패턴을 유지하는 데는 일정한 편안함과 안정감이 있습니다. 그 편안함과 익숙함의 지대 밖으로 걸어 나오는 것은 정말 무서워 보일 수도 있는 낯선 경험의 영역으로 옮겨 가는 것을 의미합니다. 그곳은 내가 안거수행 때 경험한 것처럼 불편한 중간 지대입니다. 익숙하지만 두렵게 하는 쪽으로 되돌아가야 할지, 아니면 단지 익숙하지 않기 때문에 두려워 보이는 곳을 향해 앞으로 나아가야 할지 당신은 알지 못합니다.

어떤 면에서, 자신의 완전한 잠재 능력을 자각하려는 선택을 할 때 생기는 불확실성은 명상을 배우는 사람 몇 명이 내게 얘기한 학대적인 관계를 끝내는 것과 비슷합니다. 어떤 관계를 끝낼 때는 어느 정도 주저하는 마음이나 실패감을 느끼게 됩니다. 학대적인 관계를 끊는 것과 불교 수행의 길에 들어서는 것의 주된 차이점은, 당신이 불교 수행의 길에 들어설 때는 자신과의 학대적인 관계를 끝내게 된다는 점입니다. 자신의 진정한 잠재 능력을 깨닫기로 선택할 때 자신을 하찮게 여기는 빈도가 서서히 줄어들기 시작하고, 자신에 대한 의견이 더욱 긍정적이고 건전해지며, 살아 있음의 순수한 기쁨과 자신감이 커집니다. 동시에 당신은 주위 모든 사람이 그 사실을 알든 모르든 그들도 똑같은 잠재 능력을 가지고 있음을 깨닫기 시작합니다. 그들을 위협적인 사람이나 적으로 대하는 대신 그들의 두려움과 불행을 인식하고 공감할 수 있게 됩니다. 자연스레 문제보다는 해결책을 강조하는 방식으로 그들에게 반응할 수 있게 됩니다.

궁극적으로 행복은 마음의 괴로움을 자각하는 불편함과 그것들에게 지배당하는 불편함 사이에서 선택을 하는 것으로 귀결됩니다. 자신의 생각과 느낌과 지각 작용을 단지 자각하며 휴식하고 그것들이 마음과 몸의 상호작용으로 만들어진 것임을 깨닫는 것이 언제나 유쾌하리라고 약속할 수는 없습니다. 사실 자신을 이렇게 바라보는 것은 때로 극도로 불쾌할 수도 있다고 충분히 장담할 수 있습니다. 그러나 그것이 피트니스센터에 가는 것이든 새 직업을 갖는 것이든 다이어트를 시작하는 것이든, 새로운 일을 시작하는 것에 대해서는 똑같이 말할 수 있습니다.

처음 몇 달은 언제나 어렵습니다. 어떤 업무를 완수하는 데 필요한 모든 기술을 배우기란 쉽지 않습니다. 운동을 하도록 자신에게 동기 부여하는 것은 어렵습니다. 매일 건강에 좋은 음식을 먹는 것은 쉽지 않습니다. 그러나 얼마 후 그 어려움은 줄어들고 당신은 기쁨이나 성취감을 느끼기 시작하고 자신에 대한 전체적인 기분이 변화하기 시작합니다.

명상도 같은 방식으로 작용합니다. 처음 며칠간은 기분이 매우 좋을 것입니다. 그러나 일주일쯤 지나면 수행은 고역이 되어 버립니다.

시간을 내기가 어렵고 앉아 있는 것은 불편하며 집중도 할 수 없고 그냥 피곤해집니다. 마치 달리기 선수들이 자신의 훈련량에 반 킬로미터를 추가하려고 할 때 그렇듯이 당신도 벽에 부딪힙니다. 몸은 '못하겠어.'라고 말하고, 마음은 '해야 해.'라고 말합니다. 두 소리 모두 특별히 유쾌하지는 않습니다. 사실 둘 다 조금 부담스럽습니다.

불교는 종종 '중도'로 불립니다. 제3의 선택 사항을 제시하기 때문입니다. 만약 어떤 소리나 촛불에 1초 이상 집중할 수 없다면 반드시 멈추십시오. 그러지 않으면 명상은 하기 싫은 일이 되어 버립니다. 당신은 결국 이렇게 생각할 것입니다.

'아, 너무나 싫다. 7시 15분이야. 자리에 앉아서 행복한 마음을 키워야 해.'

누구도 이런 식으로는 결코 진전을 이루지 못합니다. 반면 1, 2분 더 명상을 계속할 수 있다고 생각한다면 그 순간 멈추십시오. 당신은 자신이 알아차리게 되는 것에 놀라게 될 것입니다. 자신의 저항 이면에 있는 인정하고 싶지 않던 특정 생각이나 느낌을 발견하게 될 것입니다. 혹은 자신이 생각했던 것보다 사실은 더 오래 마음을 휴식할 수 있음을 발견하게 될 것입니다. 이 발견만으로도 자신에 대해 더 큰 자신감을 가질 수 있고, 동시에 몸에서는 코르티솔 수준이 낮아지고 도파민 수준이 올라가며 좌뇌 전두엽 활동이 더 커집니다. 또한 이런 생물학적 변화는 당신의 하루를 크게 탈바꿈시킬 수 있고, 고요함, 안정감, 자신감을 얻기 위한 신체적 기준점이 되어 줍니다.

그러나 가장 좋은 부분은 얼마나 오래 명상을 하든 혹은 어떤 기법을 이용하든 관계없이 모든 불교 명상 기법이 궁극적으로는 자비심을 만들어 낸다는 점입니다. 당신이 그 사실을 알아차리든 알아차리지 못하든 상관없습니다. 자신의 마음을 바라볼 때마다 주위 사람들도 자신과 비슷하다는 사실을 깨닫지 않을 수 없습니다. 행복해지려는 자신의 갈망을 볼 때 다른 사람 안에도 똑같은 갈망이 있음을 볼 수밖에 없습니다. 자신의 두려움, 분노, 혐오를 분명하게 바라볼 때 주위 모든 사람들도 똑같은 두려움, 분노, 혐오를 느끼고 있음을 알게 될 수밖에 없습니다. 자신의 마음을 바라볼 때 자신이 상상했던 다른 사람과의 모든 차이는 저절로 사라지고 고대의 사무량심 기도는 자신의 심장 박동처럼 자연스럽게 지속됩니다.

모든 자각 있는 존재가 행복과 행복의 원인을 갖게 되기를.
모든 자각 있는 존재가 고통과 고통의 원인에서 해방되기를.
모든 자각 있는 존재가 즐거움과 즐거움의 원인을 갖게 되기를.
모든 자각 있는 존재가 집착과 혐오에서 벗어나 대평안에 이르기를.

옮긴이의 글

히말라야 산중 불교와
현대 과학의 만남

오늘날 많은 사람들이 달라이 라마를 비롯한 티베트 불교에 관심을 기울이고 있고, 여러 티베트 린포체들의 가르침을 받아들이고 있다. 티베트 불교에는 다른 어떤 특별함이라도 존재하는 것일까.

  인도에서 처음 탄생한 불교는 인접 지역인 네팔과 티베트뿐 아니라 중국을 거쳐 우리나라와 일본에까지 전해졌고, 태국, 미얀마, 캄보디아, 스리랑카, 베트남 등 동남아시아로도 퍼져 갔다. 북방 경로와 남방 경로를 통해 전해진 불교는 각각 대승불교와 소승불교로 나뉘면서 분파를 형성했다. 전성기를 맞이하던 불교는 힌두교 영향력이 커지고 이슬람 세력이 유입되면서 인도 내에서 점차 쇠퇴의 길을 걷게 되었다. 그런데 히말라야 산맥으로 고립되어 있던 티베트에서는 불교가 명맥을 유지했고, 인도에서 전해진 초기 불교의 가르침이 비교적 본래 모습대로 남았다. 티베트 불교에서는 스승이 제자에게 구전으로 가르침을 전하는 전통을 지키며 붓다의 가르침을 보전했다.

  1950년대 중국의 티베트 점령 후 많은 티베트 인들이 인도로 망명하는 길을 선택했고, 그 후 티베트 불교는 바깥세상에 알려지게 되었다. 오늘날 티베트 불교 스승들은 세계 각지를 돌며 불교의 가르침을 전파하고 있다. 많은 사람들이 그 가르침에 열광하는 것은 티베트 불교가 지켜 온 순수성 때문이 아닐까 추측하게 된다.

이 책은 티베트 불교계의 떠오르는 별 욘게이 밍규르 린포체의 첫 저서이다(우리나라에서는 그의 두 번째 책 〈티베트의 즐거운 지혜〉가 먼저 출간되었다). 그는 17세기 명상의 대가이자 학자인 욘게이 밍규르 도르제 린포체의 7대 환생자인 동시에 최고의 명상 스승으로 여겨지는 캬브제 캉규르 린포체의 환생자이다. 네팔에서 태어나고 자란 그는 인도와 네팔, 부탄을 오가며 티베트 불교 스승들인 타이 시투 린포체, 뇨슐 켄 린포체, 살자이 린포체 등으로부터 지혜로운 가르침을 전수받았다.

욘게이 밍규르 린포체의 아버지 툴쿠 우르겐 린포체는 티베트의 이름난 명상 스승으로, 네팔에 자리한 그의 수행처에는 많은 과학자들이 마음공부와 명상 수련을 위해 모여들곤 했다. 뛰어난 스승들에게 강도 높은 수련을 받는 동안 밍규르 린포체는 이 과학자들로부터 신경 과학, 생물학, 물리학, 화학, 심리학 등을 배웠다. 그 과정이 마치 한 손에는 불교, 다른 한 손에는 현대 과학을 들고서 두 가지 언어를 동시에 배우는 것 같았다고 린포체는 고백한다.

어린 시절 공황장애 증상을 겪었던 사람이라고는 믿을 수 없을 정도로 지금의 그는 여유롭고 평화로운 모습을 유지하고 있다. 어떻게 이런 변화가 일어날 수 있었을까? 자신을 공황장애에서 벗어나게 한, 티베트 스승들에게 배운 명상 수련법을 설명하는 동시에 그는 서양 과학자들에게 들은 현대 과학 이론을 바탕으로 그러한 변화를 가져오는 명상의 작용과 효과를 뇌 과학을 통해 설명한다. 이 세상에 존재하는 8만 4,000가지 번뇌만큼이나 많은 8만 4,000가지 명상법 중에서 우리가 쉽게 사용할 수 있는 몇 가지를 알려 주지만, 그 효과가 즉각적으로 나타날 것이라고 장담하지는 않는다. 성급하게 명상에 돌진하지 말라고, 명상 효과가 천천히 나타나더라도 실망하지 말라고 미리 일러 준다. 명상의 효과를 뇌 과학과 결부시켜 이야기하는 그의 설명은 과학적으로 증명된 것이 아니면 잘 믿으려 하지 않는 현대인들에게 명상의 효과를 객관적으로 보여 주는 좋은 지표가 된다.

이 책에서 수많은 명상법과 더불어 알려 주고 있듯이 명상은 어렵고 힘든 것이 아니다. 등을 곧게 편 채 콧구멍을 통해 들어오고 나가는 호흡에 의식을 집중하는 단순한 행위도 훌륭한 명상법의 하나이다. 린포체는 말한다. "명상의 진정한 핵심은 어떤 일이 일어나든 일어나지 않든 순수한 자각 상태에서 휴식하는 것입니다. 무슨 일이 일어나든 다만 마음을 열고 그 일에 깨어 있고 그 일을 놓아 주십시오. 만약 아무 일도 일어나지 않거나 알아차리기도 전에 생각 등이 사라져 버리면 그 자연스럽고 투명한 상태에서 다만 휴식하십시오."라고.

대학 시절에 어느 책을 읽다가 부록으로 들어 있던 긴장 완화 테이프를 듣게 되었는데, 안내자의 말에 따라 30분 동안 온몸의 긴장을 풀고 머리, 팔, 가슴과 등, 다리 등에 차례로 집중하는 것이 그 내용이었다. 테이프를 듣고 나면 몸이 개운해지면서 푹 자고 일어난 듯한 느낌이 들곤 했다. 명상을 따로 배운 적도 없고 평소 명상하는 데 시간을 낸 적도 없었기 때문에 '나도 언젠가는 명상이란 걸 해야 할 텐데.'라고 생각하며 오랜 시간 그 테이프를 들어 왔는데 이 책을 읽고 나서야 그동안 내가 해 온 것이 다름 아닌 명상이었음을 깨닫게 되었다. 일상생활을 하면서 짧고 간단한 명상이라도 자주 반복한다면 책에서 설명하는 마음의 투명함을 느끼게 될 것이라 믿는다.

  사람과의 관계처럼 책과의 관계도 시절인연에 따라 맺어지는 것 같다. 연기의 원리에 따라 이 책은 내게로 왔고, 나를 거쳐 세상 속으로 나아가게 되었다. 이 책과 인연을 맺게 해 주고 번역과 출간에 많은 도움을 준 류시화 시인께 감사드린다.

2012년 가을

이현

이현

조지메이슨 대학교 법학 석사 과정을 졸업했고, 10년 가까이 법률과 관련된 일을 했다. 새로운 문물을 접하는 것을 좋아하고, 삶과 죽음의 문제, 우리가 살아가고 있는 이 지구라는 행성, 사람 사이의 소통과 심리학에 관심이 많다. 삶의 보다 본질적인 의미를 찾고자, 이 세상에 작게나마 보탬이 되는 일을 하고자 명상 서적을 우리말로 옮기고 있다. 번역한 책으로, 인생의 정점에서 갑자기 불치병에 걸려 쓰러진 한 법대 교수의 감동적인 실화를 소개한 〈살아 있는 것은 아프다〉가 있다.

티베트 린포체의 세상을 보는 지혜

1판 1쇄 인쇄 2012년 10월 25일
1판 2쇄 발행 2021년 1월 15일

지은이 욘게이 밍규르 린포체
옮긴이 이현
사진 ⓒ Kazuyoshi Nomachi

펴낸이 고세규 **펴낸곳** 문학의숲
신고번호 제300-2005-176호 **신고일자** 2005년 10월 14일

주소 서울 마포구 동교로 13길 34(121-896)
전화 02-325-5676 **팩스** 02-333-5980
이메일 bjbooks@naver.com
홈페이지 www.godswin.com
ISBN 978-89-93838-19-0 03840

이 책의 한국어판 저작권은 EYA(Eric Yang Agency)를 통한 Harmony Books(an imprint of the Crown Publishing Group, a division of Random House, Inc.)와의 독점 계약으로 한국어 판권을 '문학의숲(고즈윈)'이 소유합니다. 저작권법에 의하여 한국 내에서 보호받는 저작물이므로 무단 전재 및 복제를 금합니다.